Mirow
Wege aus der Komplexitätsfalle

Michael Mirow

Wege aus der Komplexitätsfalle

Strukturen und Strategien
im Unternehmen neu denken

HANSER

Alle in diesem Buch enthaltenen Informationen wurden nach bestem Wissen zusammengestellt und mit Sorgfalt geprüft und getestet. Dennoch sind Fehler nicht ganz auszuschließen. Aus diesem Grund sind die im vorliegenden Buch enthaltenen Informationen mit keiner Verpflichtung oder Garantie irgendeiner Art verbunden. Autor und Verlag übernehmen infolgedessen keine Verantwortung und werden keine daraus folgende oder sonstige Haftung übernehmen, die auf irgendeine Weise aus der Benutzung dieser Informationen – oder Teilen davon – entsteht.

Ebensowenig übernehmen Autor und Verlag die Gewähr dafür, dass die beschriebenen Verfahren usw. frei von Schutzrechten Dritter sind. Die Wiedergabe von Gebrauchsnamen, Handelsnamen, Warenbezeichnungen usw. in diesem Werk berechtigen auch ohne besondere Kennzeichnung nicht zu der Annahme, dass solche Namen im Sinne des Warenzeichen- und Markenschutz-Gesetzgebung als frei zu betrachten wären und daher von jedermann benützt werden dürften.

Bibliografische Information der Deutschen Nationalbibliothek:

Die Deutsche Nationalbibliothek verzeichnet diese Publikation in der Deutschen Nationalbibliografie; detaillierte bibliografische Daten sind im Internet über <http://dnb.d-nb.de> abrufbar.

Dieses Werk ist urheberrechtlich geschützt. Jede Verwertung, die nicht ausdrücklich vom Urheberrechtsgesetz zugelassen ist, bedarf vorheriger Zustimmung des Verlages. Das gilt insbesondere für Vervielfältigungen, Bearbeitungen, Übersetzungen, Mikroverfilmungen und die Einspeicherung und Verarbeitung in elektronischen Systemen.

© 2022 Carl Hanser Verlag, München
www.hanser-fachbuch.de
Lektorat: Lisa Hoffmann-Bäuml
Herstellung: Carolin Benedix
Satz: Eberl & Koesel Studio GmbH, Altusried-Krugzell
Coverrealisation: Max Kostopoulos
Titelmotiv: © gettyimages.de/filo
Druck und Bindung: Hubert & Co. GmbH und Co. KG BuchPartner, Göttingen
Printed in Germany

Print-ISBN: 978-3-446-47248-8
E-Book-ISBN: 978-3-446-47310-2
ePub-ISBN: 978-3-446-47368-3

Der Komplexität begegnen

Eine kaum zu bändigende Informationsflut, künstliche Intelligenz, zunehmende Beschleunigung in den technischen Entwicklungen, neue Geschäftsmodelle sowie ein immer aggressiverer globaler Wettbewerb prägen den unternehmerischen Alltag. Hinzu kommt eine immer deutlicher eingeforderte Verantwortung von Großunternehmen für die brennenden gesellschaftspolitischen Themen unserer Zeit wie Klimawandel, globale Ungleichgewichte in der Verteilung von Einkommen und Vermögen oder auch dem Schutz der Privatsphäre vor dem unstillbaren Datenhunger der Digitalunternehmen. Die Komplexität der Herausforderungen für alle am Wirtschaftsprozess Beteiligten hat ein nie gekanntes Ausmaß erreicht.

Dieser Komplexitätsfalle zu entrinnen ist eine der wichtigsten unternehmerischen Herausforderungen unserer Zeit! Der Komplexität kann allerdings nicht mit einfachen Rezepten begegnet werden. Gefordert sind vernetztes, ganzheitliches Denken und Handeln, eine Balance zwischen Freiheit und Kontrolle und große Agilität in einem sich schnell bewegenden Umfeld als wichtigste Voraussetzungen zur Entwicklung einer Strategie. Einer Strategie, die das Unternehmen im globalen Wettbewerb erfolgreich in die Zukunft führt!

Wichtige Impulse zum Umgang mit der allgegenwärtigen Komplexität, zum Ausweg aus der Komplexitätsfalle können aus der Kybernetik oder auch Systemtheorie abgeleitet werden, die bisher eher im Bereich der Wissenschaft angesiedelt ist. Sie bietet aber auch konkrete und praktische Lösungsansätze für die Gestaltung von Struktur, Führung und Strategie komplexer Wirtschaftsunternehmen in Zeiten überbordender Komplexität.

Die Synthese zwischen konzeptionellen Überlegungen und der Kunst des Möglichen im Unternehmensalltag wird in diesem Buch an zahlreichen Beispielen erläutert. Damit wird auch ein weiter Bogen über meinen persönlichen Berufsweg gespannt: von den Anfängen meiner Beschäftigung mit Systemtheorie und Kybernetik an der Technischen Universität Darmstadt und der Universität Frankfurt/Main über die jahrzehntelange Tätigkeit für die Siemens AG, davon viele Jahre als Verantwortlicher für die Gestaltung der weltweiten Strategien, Strukturen und Führungssysteme, und nun als Lehrender, Coach und Berater. Aufgrund meines Erfahrungsschatzes spielt die Siemens AG in diesem Werk eine zentrale Rolle. Siemens ist mit seiner 175jährigen Geschichte nach wie vor eines der erfolgreichsten Industrieunternehmen der Welt und zeigt eindrucksvoll, wie Komplexität gemeistert werden kann.

Dieses Werk richtet sich an alle, die sich mit den strategischen und strukturellen Fragen eines Unternehmens beschäftigen dürfen, die daran glauben, dass traditionelle Handlungsmuster sich nur unzureichend eignen, um die Komplexität in den Griff zu bekommen, die von einem der komplexesten Unternehmen der Welt lernen wollen, und die sich nicht davor scheuen, einen Blick über den Tellerrand zu werfen.

Dieses Vorhaben wäre nicht möglich gewesen ohne den intensiven fachlichen Austausch mit meinen Arbeitskollegen bei Siemens, Kollegen anderer Unternehmen, der wissenschaftlichen Welt und Beratern. Sie alle namentlich aufzuzählen würde hier den Rahmen sprengen. Ihnen allen sei daher hier ein herzliches „Danke!" zugerufen. Auch die intensiven Diskussionen mit meinen Studentinnen und Studenten an der LMU München, der TU Berlin, der Universität Innsbruck, dem Collège des Ingénieurs und der Bayerischen Eliteakademie haben wesentlich dazu beigetragen, meine Überlegungen in verständlicher Form aufzubereiten und zu präsentieren.

Besonderen Dank schulde ich Dr. Franz Bailom, Prof. Dr. Kurt Matzler und Klaudia Weber, die mich immer wieder ermuntert haben, dieses komplexe Vorhaben anzugehen und mich in vieler Hinsicht mit Anregungen und Kritik unterstützt haben. Dem Hanser Verlag und meiner geduldigen Lektorin Lisa Hoffmann-Bäuml danke ich für viele Anregungen und dass sie sich mit mir auf das Abenteuer dieser Veröffentlichung eingelassen haben. Meiner Familie leiste ich Abbitte für viele Stunden und Tage geistiger und auch physischer Zurückgezogenheit.

München, Winter 2021/2022   Michael Mirow

Inhalt

Der Komplexität begegnen V

1 Einführung – Unternehmen in der
  Komplexitätsfalle 1

2 Komplexität, Autonomie, Information 5
2.1 Komplexität als Chance und Bürde 6
2.2 Führung und Autonomie –
    eine neue Balance tut not! 14
2.3 Von der Macht der Institution
    zur Macht der Information 19

3 Konglomerate und Monolithen –
  das Ende der Dinosaurier? 27
3.1 Konglomerate: Ist das Ganze mehr
    als die Summe seiner Teile? 28
3.2 Konglomerate – Führen im Zeitalter
    der Digitalisierung 32
3.3 Synergie – Unwort oder Verheißung?
    Vom Traum zur Realität 38

3.4	Das Ende der Monolithen – gehört dem Netzwerk die Zukunft?	44

4	**Unternehmensorganisation – die Struktur muss passen**	**55**
4.1	Ordnung muss sein – aber wie?	55
4.2	Unternehmensorganisation – mit der Matrix leben?	67
4.3	Unternehmenszentralen: Wertschaffer oder Wertvernichter?	75

5	**Wie künstlich kann Intelligenz sein? – Ein Exkurs**	**83**
5.1	Was ist Intelligenz?	83
5.2	Künstliche Intelligenz und Bewusstsein	88
5.3	Auf dem Weg zu Goethes „Homunculus"?	95

6	**Macht der Führung – Macht der Märkte**	**105**
6.1	Was ist „Macht"?	106
6.2	Unternehmen und Umfeld – der Weg zu einer Allianz der Mächtigen	107
6.3	Macht der Exekutive – Macht der Märkte. Eine schwierige Balance	108

7	**Die Rückkehr des ehrbaren Kaufmanns**	**113**
7.1	Unternehmen im Widerstreit der Interessen	113
7.2	Die Basis – das Wertesystem des Unternehmens	118
7.3	Wertesysteme in einer globalisierten Wirtschaft	121
7.4	Die Ethik des „ehrbaren Kaufmanns"	124

8 Strategie – welcher Weg führt zum Ziel? . 127

- 8.1 Organisationen als zielgerichtete Systeme 128
- 8.2 Die vier Grundpfeiler der strategischen Planung 129
- 8.3 Digitalisierung – wird alles anders? 146
- 8.4 Quo vadis? – Welcher Weg führt zum Ziel? 153
- 8.5 Der Siegeszug der Portfoliomatrix 162
- 8.6 Wie wird aus den Teilen ein Ganzes? 168

9 Innovation – wie kommt das Neue in die Welt? 179

- 9.1 Inkrementelle und disruptive Innovationen 180
- 9.2 Strategic Visioning: Die Fokussierung der Freiheit 187

10 Vom Denken zum Handeln: Die Kunst der Umsetzung 193

- 10.1 Kommunikation 194
- 10.2 Methodendisziplin 197
- 10.3 Prozessdisziplin 199
- 10.4 Kontrolle und Konsequenz 201

11 Das strategische Führungssystem – ein Beispiel 207

- 11.1 Strategiekonferenz – erweiterter Führungskreis 208
- 11.2 Jährliche Strategiegespräche – Bereich und Unternehmensleitung 209
- 11.3 Sonderprojekte 219

11.4	Quartalsgespräche	220
11.5	Der Planungskalender fasst alles zusammen	222
12	**Unternehmensstrategien im 21. Jahrhundert: Was ist neu – was bleibt?**	**225**
12.1	Zunehmende Komplexität und Beschleunigung	226
12.2	Strategien im Datenraum	230
12.3	Positionierung im gesellschaftlichen Umfeld	234
12.4	Was bleibt – was ist neu?	238
13	**Anhang: Information – Entropie – Ordnung**	**243**
13.1	Was ist Information?	244
13.2	Syntaktik, Semantik, Pragmatik – die drei Ebenen der Kommunikation	246
13.3	Information und Ordnung	248
13.4	Ordnung und Entropie	249
13.5	Selbstorganisation und die Grenzen der Erkenntnis	253
14	**Literaturhinweise**	**257**
15	**Index**	**265**
16	**Der Autor**	**273**

1

Einführung – Unternehmen in der Komplexitätsfalle

Jede Unternehmensleitung muss sich mit der Schnelllebigkeit, den immer stärker ansteigenden Unsicherheiten auseinandersetzen und Antworten parat haben auf Fragen, die noch nicht gestellt wurden. Die Entwicklung einer tragfähigen Strategie, die Antwort gibt auf die Frage, welcher Weg zum Ziel führt, nimmt in diesem Kontext eine herausragende Stellung ein. Sie ist weit mehr als das Handhaben von bestimmten Techniken – diese gehören selbstverständlich dazu. Letztlich geht es um die Antizipation des Zukünftigen aus dem Kontext der aktuellen Situation heraus, es geht um die Kunst des Möglichen oder sogar das Wagen des aus aktueller Sicht vielleicht Unmöglichen, und es geht um die Schaffung von Strukturen und Führungssystemen, die es ermöglichen, diesen Weg zu finden und zu gehen.

Wir beginnen unsere Ausführungen mit der Frage, wie Unternehmen die dramatisch steigende Komplexität ihres Umfelds und auch ihrer internen Strukturen bewältigen können. Hierbei geht es sowohl um die Strukturierung einer hochkomplexen Organisation als auch darum, wie mit dieser Struktur umgegangen wird – der Führung. Die Auswirkungen der Digitalisierung werden diskutiert. Es wird aufgezeigt, wie die Macht der Information in zunehmendem Maße die herkömmliche Macht der Institutionen verdrängt.

Aus diesen Überlegungen heraus leiten wir einige Thesen ab zur Zukunft von Konglomeraten sowie monolithisch aufgebauten Großunternehmen. Die mitunter zweifelhafte Rolle der immer wieder zitierten Synergien und die Folgen der globalen Vernetzung werden erörtert.

Daraus folgt fast zwangsläufig die fast philosophisch anmutende Frage, wie mächtig der Mächtige in einem global agierenden Großunternehmen noch sein kann. Sie ist aber – wie wir sehen werden – in ihrer Konsequenz von eminent praktischer Bedeutung.

Große Hoffnungen werden darauf gesetzt, der Komplexitätsfalle mithilfe der künstlichen Intelligenz zu entkommen. In einem Exkurs werden wir der Frage nachgehen, wie Intelligenz in Zusammenhang mit der Systemtheorie definiert werden kann und – im weiteren Sinne – wie künstlich Intelligenz überhaupt sein kann. Wo liegen ihre Grenzen und welchen Einfluss kann sie auf Gestaltung und Führung von Unternehmen haben?

Die unausweichliche Einbettung der Unternehmen in den Wertekanon unserer Gesellschaft erfordert eine Neuorientierung der Wertesysteme eines Unternehmens. Wie müssen Unternehmen sich in einer multikulturellen Welt aufstellen? Wie können sie ihrer neuen Rolle in der Gesellschaft gerecht werden? Der alleinige Zweck des Geldverdienens muss infrage gestellt werden. Die „Rückkehr des ehrbaren Kaufmanns" ist angesagt.

In der Systemtheorie spielt die Entwicklung von Simulationsmodellen für das Unternehmen in seinem Umfeld eine überlebenswichtige Rolle. Am Beispiel der Strategieentwicklung werden wir darstellen, wie solche Modelle sich in ein strategisches Planungssystem einfügen. In diesem Zusammenhang erörtern wir auch die Frage nach den Auswirkungen der Digitalisierung auf die Entwicklung von Strategien und Systemen. Wie können auch in Zukunft die Klippen der Komplexitätsfalle umschifft werden?

Jedes Unternehmertum lebt von der Kraft des Neuen. Sie ist Lebenselixier und wichtigster Treiber für Wachstum und Stärke im Wettbewerb. Auch wenn Innovation im Sinne Schumpeters als ein Akt schöpferischer Zerstörung interpretiert werden kann, darf diese „Zerstörung" jedoch nicht zum Untergang führen. In jedem gewachsenen Unternehmen ist die Balance zu wahren zwischen der Entfesselung des Neuen und der Bewahrung von Bewährtem. Nur dann kann die Einheit, Führbarkeit und damit auch Überlebensfähigkeit des Unternehmens gesichert werden. Wir müssen Antworten finden auf die Frage, wie das Neue in die Unternehmenswelt kommt und wie Unternehmen sich aufstellen müssen, um diesem Neuen eine Chance zu geben.

Schnell ist ein Gedanke gedacht. Erst die aus dem Gedanken erwachsene Tat aber führt zum Erfolg. Eine Strategie zu erdenken ist nur ein erster Schritt. Entscheidend ist, wie konsequent, effizient und damit auch effektiv sie umgesetzt wird. Dem Geheimnis der Umsetzung werden wir uns in einem gesonderten Kapitel widmen.

Am konkreten Beispiel eines strategischen Führungssystems werden wir zeigen, wie die dargestellten Konzepte in einem integrierten Führungssystem zusammengeführt und damit im Unternehmensalltag umgesetzt werden können.

Zum Abschluss wagen wir einen Blick in die Zukunft. Die Digitalisierung verändert das unternehmerische Geschehen in einem vor einigen Jahren noch kaum vorstellbaren Ausmaß. Das gilt zum einen für das unternehmerische Umfeld, zum anderen aber genauso auch für die Gestaltung der Strukturen und Anläufe der Unternehmen selbst und ihrer

Strategien. Hier sind wir gleichzeitig Treiber und Getriebene, Täter und Opfer. Hinzu kommt, dass sich die Weltgemeinschaft erstmals einer alle Regionen der Welt erfassenden dramatischen Bedrohung durch den Klimawandel ausgesetzt sieht, die alle Aspekte unseres Lebens und unserer Wirtschaft berührt. Wie wirken sich diese und andere Themen auf die Strategieentwicklung im 21. Jahrhundert aus?

Mit diesem Buch versuchen wir, Wege aus der Komplexitätsfalle aufzuzeigen. Wir müssen die Komplexität, die wir selbst geschaffen haben, hinnehmen. Sie ist Teil unserer Kultur und auch Lebensqualität. Wir können sie weder leugnen noch beseitigen. Die Systemtheorie gibt uns einen Denkrahmen, der es ermöglicht, Sinnvolles von Unsinnigem zu trennen und die Wege des Erfolgs von Irrwegen des Misserfolgs zu unterscheiden.

Im *Anhang* werden für interessierte Leser die angesprochenen Zusammenhänge zwischen Information, Ordnung und der statistisch ausgedeuteten Entropie aus der Thermodynamik in beliebigen Systemen erläutert. Damit wird die Brücke aufgezeigt, die hochkomplexe soziale und naturwissenschaftliche Systeme verbindet.

2
Komplexität, Autonomie, Information

Die zunehmende Dynamik fordert ihren Tribut

Zu Beginn unseres Jahrhunderts ist unser unternehmerisches Umfeld gekennzeichnet durch zunehmend beschleunigte technische Entwicklungen, neue Geschäftsmodelle, eine kaum zu bewältigende allgegenwärtige Informationsflut und einen immer aggressiveren weltweiten Wettbewerb. Die Erfordernisse von Agilität und Dynamik in Verbindung mit einer konsistenten und auf Wettbewerbsstärke ausgerichteten Strategie sind für Unternehmer Chance und Bürde zugleich: Chance für die schnellen, innovativen und disruptiven Unternehmer, die neue Märkte und Kunden erschließen und sich an die Spitze der Erneuerung stellen. Bürde für jeden, der sich von der enormen Informationsflut, der Dynamik und den technologischen Herausforderungen des wettbewerblichen Umfelds überfordert fühlt. Der Kampf ist gnadenlos. Wer sich nicht anpasst, wird nicht überleben.

2.1 Komplexität als Chance und Bürde

Der Weg in die Komplexitätsfalle

Getrieben wird diese Entwicklung durch die zunehmende Komplexität. Da ist zunächst das Umfeld: Globalisierung, Digitalisierung, nahezu unbegrenzte und oft kostenlose Verfügbarkeit von Informationen zu jeder Zeit und an jedem Ort, technische Innovationen oder der Verdrängungswettbewerb durch neue Geschäftsmodelle, um nur einige zu nennen, drängen das Management zu schnellem Handeln nach der Devise: Schneller, aber auch gründlicher. Jeder Fehler wird vom Kunden und vom Wettbewerb schnell und nachhaltig geahndet – bis hin zur Bedrohung oder gar zum Verlust der Existenz.

Unternehmen müssen die enorme Komplexität externer Informationen zielgerichtet verarbeiten und ihr Handeln schnell und konsequent an den Anforderungen der Umwelt und den selbst gesetzten Zielen ausrichten. Die notwendige Vielfalt des eigenen Handelns wächst zwingend mit zunehmender Komplexität der für das Unternehmen relevanten Umwelt. Wie viel Information kann in welcher Zeit verarbeitet und in zielgerichtetes Handeln umgesetzt werden? Welche Handlungsoptionen stehen überhaupt zur Verfügung? Jedes Unternehmen ist gleichzeitig Opfer und Täter, erhöht es doch durch sein eigenes Tun die Komplexität der Umwelt, der es dann wieder zu begegnen gilt (Bild 2.1). Diese dramatische Entwicklung wird oft unterschätzt. Die Gefahr, ein Opfer dieser Falle zu werden und an der Komplexität zu scheitern, ist groß und wird täglich größer.

2.1 Komplexität als Chance und Bürde

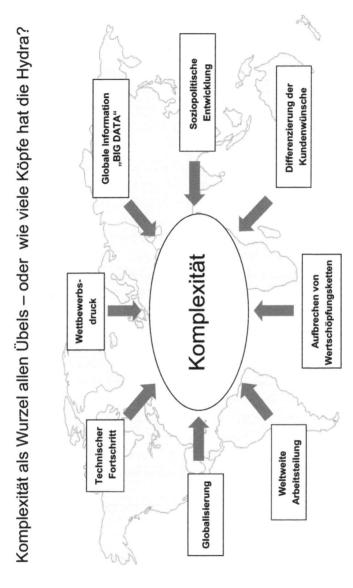

Bild 2.1 Mehrere Einflussfaktoren treiben die Komplexität

Die Komplexitätsfalle – eine unterschätzte Gefahr

Eine wichtige Grundlage für die Gestaltung und Führung komplexer Systeme wurde durch die Erkenntnisse der Kybernetik oder – allgemeiner gefasst – der Systemtheorie geschaffen (wir werden in den weiteren Ausführungen diesen Begriff verwenden).

Sie geht zurück auf den amerikanischen Mathematiker und Philosophen Norbert Wiener, der 1948 sein berühmtes Buch *Cybernetics or Control and Communication in the Animal and the Machine* veröffentlichte. Er begründete damit eine neue Wissenschaft: die Kybernetik. Mit der Wahl dieses Buchtitels erhob Wiener den Anspruch, allgemeine Regeln für die Struktur und das Funktionieren aller Arten von hochkomplexen Systemen zu entwickeln – seien es Maschinen, einzelne Lebewesen oder auch eine Gemeinschaft von Lebewesen. Er baute damit auf der in den 1940er-Jahren von dem Biologen Ludwig von Bertalanffy entwickelten Allgemeinen Systemtheorie auf *(Wiener 1949; Bertalanffy 1949)*. Seither wurde die Kybernetik oder die Systemtheorie in den Anwendungsdimensionen Technische Systeme, Biologische Systeme und Soziale Systeme weiterentwickelt. Zahlreiche Verbindungen zwischen den verschiedenen Gebieten wurden gefunden, weitere Anwendungen in interdisziplinären Ansätzen entwickelt und die theoretischen Grundlagen erweitert *(Mirow 1999)*.

Kybernetik/Systemtheorie – eine allgemeine Theorie der Organisation

Für die Struktur und Führung komplexer Unternehmen in einer ebenfalls komplexen Umwelt können aus der Systemtheorie wichtige und im unternehmerischen Alltag umsetzbare Erkenntnisse gewonnen werden.

Die allgegenwärtige Komplexität kann nicht beseitigt werden. Wir müssen lernen, mit ihr umzugehen, und dafür geeignete Instrumente entwickeln. Aus der Systemtheorie können fundamentale Gesetzmäßigkeiten für den zielgerichteten Umgang mit Komplexität abgeleitet werden. Damit werden Wege aufgezeigt zur Entwicklung von Strukturen und Strategien, die es ermöglichen, der Komplexitätsfalle zu entgehen und damit Gesundheit und Überleben des Unternehmens langfristig zu sichern.

Ashbys „Law of Requisite Variety"

Aufbauend auf den Erkenntnissen der Systemtheorie hat der britische Kybernetiker W. Ross Ashby sich in den 1950er-Jahren intensiv mit dem Phänomen der Komplexität befasst. Insbesondere ging es ihm um die Wechselwirkungen zwischen der internen Komplexität eines Systems wie beispielsweise eines Unternehmens und der externen Komplexität des – in unserem Beispiel – unternehmerischen Umfelds. Er formalisierte diesen Zusammenhang in seiner berühmten „Law of Requisite Variety" (Gesetz der Komplexitätsentsprechung) *(Ashby 1956)*. Dieses Gesetz besagt, dass die Handlungskomplexität einer Organisation mindestens so groß sein muss wie die Komplexität, die von außen auf die Organisation einwirkt, wenn sie diese äußere Komplexität erfolgreich kontrollieren will. „Only variety can destroy variety" – einfacher und prägnanter kann man es nicht ausdrücken! Dieses zunächst aus der Untersuchung technischer Regelsysteme abgeleitete Gesetz wurde bald in seiner allgemeinen Bedeutung erkannt und auf die Gestaltung hochkomplexer Führungssysteme angewendet. Ashby gab damit den visionären Ideen von Norbert Wiener, dem Begründer der Kybernetik, eine formale Basis, deren Logik für alle komplexen Systeme gilt.

2 Komplexität, Autonomie, Information

Abschirmung oder aktive Bewältigung?

Abschirmung oder aktive Bewältigung – zwei Möglichkeiten des Umgangs mit Komplexität

Als einfache Möglichkeit, sich gegen eine überhandnehmende Umweltkomplexität – zumindest in wichtigen Bereichen – zu schützen und damit Ashbys Gesetz zumindest kurzfristig zu überlisten, bietet sich die Abschirmung an. Eine Mauer, der Panzer einer Schildkröte oder auch eine feste Regel in einer sozialen Organisation können jeweils vor einer Vielfalt von äußeren Einwirkungen schützen, sie schirmen vor Einflüssen ab, die das Bestehen der Organisation (Stadt, Schildkröte oder Organisation) gefährden. Formal gesehen stellt eine Abschirmung letzten Endes eine Art Grenzwert dar in Form einer mehr-eindeutigen Reaktion: Einer großen Vielfalt von Umwelteinflüssen kann mit einer einzigen Reaktion – nämlich der Abschirmung – erfolgreich begegnet werden. Schildkröten z.B. haben mit ihren Panzern diese Strategie über viele Millionen Jahre mit Erfolg praktiziert. Dieser Erfolg erübrigte eine Weiterentwicklung des Systems „Schildkröte" über einen sehr langen Zeitraum. Zur Abschirmung wurden mittelalterliche Städte oder gar ganze Reiche von Mauern umgeben (z.B. der römische Limes gegen die Germanen oder die Chinesische Mauer gegen die Mongolen). Im Laufe der Geschichte wurden diese physischen Barrieren bis in unsere heutigen Tage ersetzt durch institutionelle Barrieren, wie z.B. Handelsschranken aller Art, Bündnisvereinbarungen, Nichtangriffspakte. Auch politische Systeme, die sich von großen Teilen der Welt isolieren, zählen zu derartigen Abschirmungsmaßnahmen. Auf Unternehmensebene gilt Ähnliches: Tarifverträge, Normen, große Finanzpolster oder auch (verbotene) Kartellabsprachen sind bekannte und mitunter kurzfristig durchaus erfolgreiche Strategien, sich von hoher Umweltkomplexität in definierten Bereichen abzuschirmen.

Abschirmung: Der Weg in die Stagnation

Das allerdings funktioniert nur so lange, bis ein Konkurrent einen Paradigmenwechsel einleitet und diese Abschirmung einreißt. Das waren für die Schildkröten auf den Galapagos-Inseln die Matrosen, welche die armen Tiere einfach auf den Rücken legten und als lebenden Proviant auf ihre Schiffe luden. Es waren neue Waffen zur Pulverisierung von Mauern oder auch damit verbundene Änderungen in der Art der Kriegsführung. In der politischen Welt sind es oft Veränderungen im Machtgefüge, wirtschaftliche Not oder eine rebellierende Bevölkerung, die ideologische Mauern einreißen. In der Welt der Wirtschaftsunternehmen reißen meistens neue und agile Wettbewerber, die mit innovativen Technologien und Geschäftsmodellen Kunden und Märkte für sich gewinnen, die von der Tradition aufgerichteten Mauern ein. Im Finanzbereich haben sich aggressive Investoren und Hedgefonds zu sehr effektiven „Mauerbrechern" entwickelt. Sie zwingen z. B. Unternehmen, die sich hinter großen Finanzpolstern verstecken, damit eventuell zurückgehaltene Investitionen nachzuholen, sich über Akquisitionen zu stärken, „überflüssige" Mittel an die Kapitaleigner auszuschütten oder auch Kapazitäten stillzulegen, um nur einige Werkzeuge aus dem vielfältigen Arsenal aktivistischer Investoren zu nennen. Damit werden die von vorsichtigen Bewahrern errichteten Mauern schnell ad absurdum geführt. Jedes hochkomplexe System wird sowohl die Abschirmung gegen definierte Umwelteinflüsse als auch die aktive Bewältigung von Umwelteinflüssen in seinem Verhaltensarsenal haben. In jedem Fall gilt es, eine Balance zu finden zwischen den Vorteilen eines „geschützten Raumes" und der Freiheit des Handelns.

Die Geschichte zeigt, dass über kurz oder lang jede Abschirmung überwunden wird. Die damit verbundene Unbeweglichkeit führt in vielen Fällen unweigerlich zum Untergang. Die Welt gehört auch in Zukunft nicht den Beharrenden, die sich mit Mauern abschirmen, sondern den Agilen, die sich aktiv mit der Komplexität der Umwelt, mit neuen Technologien, neuen Kundenbedürfnissen und neuen Geschäftsmodellen auseinandersetzen.

Die aktive Bewältigung von Komplexität sichert die Zukunft

Wie aber kann ein komplexes System wie z. B. ein Unternehmen die enorme Komplexität seiner Umwelt überhaupt bewältigen? Mit seinen zur Verfügung stehenden Handlungsoptionen kann kein Unternehmen jemals Ashbys Gesetz erfüllen. Es wird immer ein Komplexitätsgefälle geben zwischen den Handlungsoptionen eines Unternehmens und den möglichen Zuständen der Umwelt. Um dieses Komplexitätsgefälle zu vermeiden, müsste das Unternehmen eine Art Parallelwelt von gleicher Komplexität neben die existierende Welt stellen – eine Utopie. Ohne hier die grundsätzliche, von Albert Einstein aufgegriffene und seither immer wieder lebhaft diskutierte Frage, ob Gott würfelt oder nicht oder – anders ausgedrückt – ob es wirklich den Zufall in physikalischen Systemen gibt (Einstein: Gott würfelt nicht!) *(Einstein 1926)* aufzugreifen, reicht für uns die Aussage, dass kein Unternehmen alle Bewegungen seines Umfelds jemals vollständig voraussagen kann. Wir sprechen also hier von einer subjektiven Unmöglichkeit.

Die Unmöglichkeit, der Umweltkomplexität jenseits von Abschirmungen vollständig gerecht zu werden, ist auch Ashby und der Systemtheorie nicht entgangen. Die Antwort: Wenn ich keine eindeutigen Ursache-Wirkungs-Beziehungen zwischen Umwelteinflüssen und eigenen Handlungsalternativen herstellen kann, muss ich eben mit dem mir gegebenen Vorrat an Optionen ausprobieren, was hilft. Wenn ich nicht weiß, was auf mich zukommt, kann ich auch nicht wissen, wie ich reagieren muss. Damit aber überlasse ich es dem Zufall, ob eine meiner Handlungsoptionen greift.

Das heißt aber nichts anderes, als dass ich als Unternehmer Handlungsfreiheit brauche, um überhaupt eine Aktion im Hinblick auf ein unbekanntes Umweltverhalten auslösen zu können. Handlungsfreiheit ist hier definiert als die Möglichkeit, sich aus Sicht des Beobachters unvorhersehbar zu verhalten *(Mirow 1999)*.

Unternehmen brauchen Handlungsfreiheit

Die Forderung nach Handlungsfreiheit gilt sowohl für das Verhalten in Bezug auf die Umwelt als auch intern. Je mehr Handlungsfreiheit ich intern auf den verschiedenen Stufen der Organisation zulasse, desto mehr Optionen eröffnen sich im Außenverhältnis. Gleichzeitig muss aber die Freiheit auch durch Führung gebändigt werden, um chaotische Situationen zu vermeiden und einen einheitlichen Auftritt nach außen zu gewährleisten.

Die Wirkung blinder Handlungsfreiheit allerdings ist unvorhersehbar. Damit schließen die notwendigen Freiräume auch die Möglichkeit ein, zu scheitern. Unbekanntem mit hinsichtlich seiner Auswirkungen Unbekanntem zu begegnen, kann zum Erfolg führen oder auch zum Untergang. Dieser Gefahr kann mit Simulationsmodellen begegnet werden, anhand derer das eigene Handeln in seiner Wirkung auf die Umwelt getestet wird. Dieses Thema werden wir im Zusammenhang mit der Entwicklung von Unternehmensstrategien aufgreifen und vertiefen.

Es geht um eine Neubewertung

- der Balance zwischen Führung auf Unternehmensebene sowie Freiheit und damit auch Autonomie der Teileinheiten,
- der Politik der Beschaffung und Strukturierung interner und externer Informationen,
- der Verarbeitung dieser Informationen,
- der stringenten Formulierung einer Strategie, die einen nachhaltigen Wettbewerbsvorteil und damit auch das langfristige Überleben des Unternehmens sicherstellt.

2.2 Führung und Autonomie – eine neue Balance tut not!

Die Digitalisierung erfordert ein neues Verständnis für den Umgang mit Komplexität. Eine Unternehmenskultur, die einseitig auf hierarchische Befehlsstrukturen ausgerichtet ist, wird scheitern. Geboten ist Handlungsfreiheit auf allen Ebenen der Organisation unter dem Dach eines übergeordneten gemeinsamen Zieles. Nur dann ist es möglich, Ashbys „Law of Requisite Variety" zu erfüllen. Dieses zu fordern, findet allgemeinen Beifall. Die Realisierung jedoch ist ein schwieriger Balanceakt (Bild 2.2). Ein Zuviel an Freiheit gefährdet die Stabilität der Organisation – die Komplexitätsfalle schnappt zu. Ein Zuwenig an Handlungsfreiheit wird der Komplexität der Umwelt nicht gerecht und führt zu Stagnation und Untergang.

An den Anfang stellen wir eine Aussage, die zunächst unpopulär erscheinen mag: Jedes Unternehmen, das eine gewisse Größe erreicht hat, braucht eine hierarchische Struktur. Da-

2.2 Führung und Autonomie – eine neue Balance tut not!

mit ist eine – aus der Regelungstechnik abgeleitete – Hierarchie von Regelkreisen (Strukturhierarchie) gemeint: Einzelne Geschäftseinheiten (z. B. Business Units) werden zu Divisionen oder Bereichen zusammengefasst, diese wiederum zu größeren Einheiten, die dann als Sektoren, Business Areas oder ähnlich bezeichnet werden (die Bezeichnungen der Einheiten auf den verschiedenen hierarchischen Ebenen variieren von Unternehmen zu Unternehmen). Drei bis vier solcher Ebenen sind in großen Unternehmen geübte Praxis, unbeschadet der Tatsache, dass es in der Tiefe der jeweiligen Business Units immer noch eine weitere Auffächerung in unterschiedliche Funktionsbereiche oder auch Projekte gibt.

Diese Arbeitsteilung ist der Notwendigkeit geschuldet, Komplexität zu bewältigen: Für jede Geschäfts- oder auch Funktionsebene werden Ziele festgelegt bzw. vereinbart, die mit den verfügbaren Ressourcen erreicht werden müssen. Bei Abweichungen greift der übergeordnete Regelkreis mit dem Einsatz zusätzlicher Ressourcen ein, um nach Möglichkeit sicherzustellen, dass das Ziel erreicht wird. Auf diese Weise kann über eine relativ kleine Anzahl von Stufen ein erstaunliches Ausmaß an Komplexität bewältigt und in zielgerichtetes Verhalten umgesetzt werden.

So weit, so einfach und doch unzureichend: Eine noch so tief gestaffelte Hierarchie von Regelkreisen kann nie der Komplexität der realen Umwelt eines Unternehmens gerecht werden. Es ist und bleibt unmöglich, für jeden Einfluss aus dem Umfeld eines Unternehmens (z. B. Märkte, Kunden, Technologien, Wettbewerber, staatliche Regularien) eine entsprechende Reaktion parat zu haben. Handlungsfreiheit auf allen Stufen im Regelsystem des Unternehmens tut not, um mit dem Unvorhergesehenen umgehen zu können. Dem durch diese Handlungsfreiheit ermöglichten Trial-and-Error-Verhalten – das auch fatal enden kann – müssen Planungs- und Simulationsmodelle enge Grenzen setzen. Mit ihrer

Hilfe soll das Wechselspiel zwischen externen Einflüssen und denkbaren Aktionen/Reaktionen vor dem realen Einsatz möglichst präzise antizipiert werden. Sie mindern die Risiken von ungezügeltem Trial-and-Error-Verhalten.

> *Handlungsfreiheit muss auf jeder Stufe der Organisation gewährt werden*

Auch diese Modelle können jedoch – selbst im Zeitalter von Digitalisierung und „Big Data" – die wirkliche Komplexität nur in groben Ansätzen abbilden. Das Ausmaß des Handelns unter Ungewissheit, um diesen traditionellen Begriff aus der Betriebswirtschaftslehre zu gebrauchen, lässt sich auch durch solche Maßnahmen nur sehr begrenzt einschränken. Dies auch, weil interne und externe Komplexität – vor allem bedingt durch die technischen Entwicklungen – einander immer wieder antreiben und hochschaukeln.

Handlungsfreiheit auf allen Ebenen der Organisation ist daher geboten. Nur nahe am Ort des Geschehens, beim Kunden oder Lieferanten, können wirkungsvolle Maßnahmen geplant werden. Nur dort kann die Konsequenz des eigenen Handelns schnell genug erkannt und auch umgesetzt werden. Eine Abstimmung über mehrere Hierarchiestufen hinweg paralysiert das Unternehmen, ohne die Entscheidungsqualität zu verbessern.

> *Wer Handlungsfreiheit zulässt, gewährt Autonomie*

Handlungsfreiheit und die damit gewährte Autonomie gelten für die Beurteilung des Umweltgeschehens genauso wie für die eigenen Reaktionen. Sie sind nicht teilbar. Freiheit des Handelns impliziert aber auch die Freiheit zu einer eigenen und autonomen Deutung des Umweltgeschehens. Diese muss nicht notwendigerweise mit dem Weltbild der übergeordneten Unternehmensebene übereinstimmen. Dem aus der Gewährung von Autonomie entstehenden „Eigensinn" *(Varela 1984; Kirsch 1992, Mirow 2012)* kann man nicht entgehen. Man kann nur versuchen, damit konstruktiv umzugehen oder ihn gegebenenfalls durch Ausübung übergeordneter Führungsmacht einzuschränken.

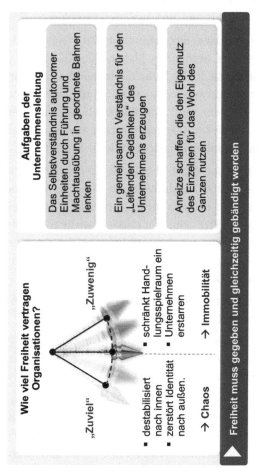

Bild 2.2 Die Führung komplexer Systeme ist ein Balanceakt

Die Digitalisierung verändert auch hier die Koordinaten und verschiebt die Balance.

- Einerseits hat die Unternehmensleitung durch Nutzung neuer Informationsquellen die Möglichkeit, das eigene Weltbild deutlich zu schärfen. Auch die zu erwartenden Reaktionen und ihr Wechselspiel mit der Umwelt können in Simulationsmodellen optimiert und – vor allem – schneller konzipiert und auch umgesetzt werden.
- Andererseits müssen die Planungsmodelle wesentlich breiter aufgesetzt werden als bisher. Für die internen Modelle reichen die in der Mehrzahl immer noch primär aus dem Rechnungswesen gespeisten Simulationen nicht mehr aus. Kunden- und Marktinformationen müssen hier ebenso einfließen wie gegenwärtige und vor allem auch für die Zukunft erwartete technische Parameter.

Es wäre aber ein Fehler, diese Übung nur auf die Ebene der Unternehmensleitung zu beschränken. Je näher am Ort des Geschehens man sich befindet, desto verfeinerter und spezifischer für die jeweilige Situation müssen solche Simulationsmodelle ausgerichtet werden. Im Rahmen der von der Unternehmensleitung vorgegebenen Leitlinien müssen die Entscheidungen vor Ort entwickelt und umgesetzt werden.

Wir haben es also mit zwei Bewegungen zu tun, die sich gegenseitig aufschaukeln:

- Einerseits ermöglicht die Digitalisierung die Erarbeitung immer komplexerer Entscheidungsmodelle in immer kürzerer Zeit.
- Andererseits erfordert die Geschwindigkeit der Veränderungen an den Märkten immer noch schnellere und präzisere Aktionen. Diese können meistens nur vor Ort kompetent und schnell entschieden und umgesetzt werden.

Die Koordinaten der Arbeitsteilung zwischen der Unternehmensleitung und den verschiedenen Entscheidungsebenen im Unternehmen müssen neu kalibriert werden: Wie viel Handlungsfreiheit kann auf welcher Ebene gewährt werden, ohne dass das Unternehmen an der Komplexitätsfalle scheitert, seine Identität verliert und im Chaos zerbricht? Wie viel Führung ist notwendig und möglich, ohne dass das Unternehmen erstarrt und vom Wettbewerb überholt wird?

Dazu gibt es einige Leitplanken, jede Menge Erfahrungswissen, aber sicher kein allgemeingültiges Patentrezept. Zu unterschiedlich sind Märkte, Wettbewerber, Technologien und auch – last, but not least – die Führungspersönlichkeiten. Eines jedoch ist sicher: Die Digitalisierung verändert diese Balance.

2.3 Von der Macht der Institution zur Macht der Information

Digitalisierung erfordert eine neue Balance zwischen Führung und Autonomie. Freiheit auf allen Ebenen der Organisation ist erforderlich, um mit der zunehmenden Komplexität des Markt- und Wettbewerbsgeschehens umzugehen. Wer Freiheit gibt, verleiht auch Autonomie zur Deutung der Umwelt und erzeugt damit „Eigensinn" im unternehmerischen Handeln. Dieser Eigensinn muss gegebenenfalls auf Ebene der Unternehmensleitung gebändigt werden. Das erhöht die Komplexität der Führungsaufgabe. Das wiederum kann abgemildert werden durch bessere und gezieltere Information. Dadurch gibt es eine Chance, große Unterschiede in der Deutung der Umwelt über verschiedene Stufen der Hierarchie auszugleichen. Man nähert sich einem gemeinsamen Verständnis.

Flexibilität und Geschwindigkeit in bisher unbekannten Dimensionen sind eine unausweichliche Konsequenz von Vernetzung und Digitalisierung. Gleichzeitig wächst die Gefahr, dass das Management auf allen Ebenen von einer Informationsflut überrollt wird. Die Konsequenz: „Analysis Paralysis". Die Organisation wird durch die Informationsflut entscheidungsunfähig. Aktiv vorausschauendes Handeln wird erschwert.

Informationsüberflutung führt zu Analysis Paralysis

Jedes Unternehmen besteht aus einer Hierarchie von Regelkreisen, die ihrerseits ein definiertes Maß an Handlungsfreiheit brauchen, um in einem hochkomplexen Markt- und Wettbewerbsumfeld erfolgreich agieren und planen zu können. Dabei ist offensichtlich: Leistungsfähige Simulations- und Planungsmodelle helfen durch Vorwegnahme zukünftigen Geschehens, ein unter realen Umständen vielleicht fatales Trial-and-Error-Verhalten zu vermeiden. Sie werden unterstützt durch digitale Assistenz- und Analysesysteme. Diese Planungswerkzeuge bedienen sich idealerweise interner und externer Informationsquellen.

Je schneller und umfassender Informationen beschafft und verarbeitet werden können, desto präziser können Handlungen geplant und nach ihrer wahrscheinlichen Wirksamkeit beurteilt werden. Doch viele, insbesondere große und komplexe Unternehmen bevorzugen primär interne Informationsquellen zum Aufbau ihrer Planungsmodelle. Extrapolationen von Zeitreihen vergangener Erfolge – oder auch Misserfolge – bestimmen den Blick in die Zukunft. Sie basieren überwiegend auf Daten des Rechnungswesens oder bestenfalls auf jenen der hauseigenen Marktforschung.

Diese enge Sicht reicht jedoch in der heutigen Zeit mit ihrer bisher nicht gekannten Dynamik nicht mehr aus. Das gilt für

2.3 Von der Macht der Institution zur Macht der Information

technologische Entwicklungen ebenso wie für das Markt- und Wettbewerbsgeschehen. Zwar versucht eine Vielzahl von Anbietern intelligenter Datenbanken, den Unternehmen bei der Informationsbeschaffung unter die Arme zu greifen. Letztlich erhöht das aber eher die Informationsflut, statt die Information zu verbessern.

Was bisher erst in den Anfängen existiert, ist eine integrative, spezifisch auf das jeweilige Unternehmen bezogene Analyse der wichtigsten Trends in dessen Umfeld. Es geht nicht darum, immer mehr Informationen zu bekommen, sondern vielmehr darum, eine gezielte Auswahl relevanter Informationen in einem Modell zu verarbeiten. Das klingt einfacher, als es ist. Durch die ungeheure Menge verfügbarer Daten – „Big Data" – und den Einsatz von künstlicher Intelligenz steigt auch die Anzahl möglicher Korrelationen in bisher ungeahnte Höhen.

Damit wächst gleichzeitig auch die Zahl unsinniger Korrelationen. Bekannt ist das Beispiel der Korrelation zwischen Geburtenrate und Anzahl der brütenden Storchenpaare in einer Region. Andere kuriose Beispiele sind etwa die Korrelation zwischen dem Pro-Kopf-Verzehr von Mozzarella-Käse und der Anzahl der promovierten Bauingenieure oder auch dem Alter von Miss America und den Morden mithilfe von Heißdampf oder anderen heißen Objekten (weitere kuriose Beispiele finden sich bei *Vigen 2015*). Andererseits gibt es aber überraschende Zusammenhänge, die bei näherer Betrachtung Sinn machen können, wie z. B. die Buchungen/Stornierungen von Flügen in den USA in Abhängigkeit vom Datum der Buchung zur Prognose von Flugpreisen oder der Ladezustand eines Handy-Akkus in Verbindung mit dem Wochentag als möglicher (oder fragwürdiger?) Hinweis auf die Kreditwürdigkeit eines Kunden. Hier die Spreu vom Weizen, Sinn von Unsinn zu trennen, ist nicht immer einfach. Nur Großunternehmen werden sich den damit verbundenen Aufwand für

Experten und zur Auswahl sinnvoller Korrelationen und zur Entwicklung der notwendigen Algorithmen leisten können. Eher mittelständische Unternehmen bedienen sich hierzu vorzugsweise externer Dienstleister *(siehe z. B. in-manas)*.

Diese primär aus externen Quellen erarbeitete Analyse wird in der nächsten Stufe mit dem internen Modell des Unternehmens zusammengeführt. Dabei handelt es sich im Wesentlichen um die aus internen Quellen erstellte modellhafte Darstellung der geschäftlichen Zusammenhänge im Unternehmen. Ein solcher integrativer Ansatz kann zu einem „Quantensprung" in der Qualität unternehmerischer Entscheidungen führen, ist aber noch keineswegs selbstverständlich.

Da auf verschiedenen Ebenen der Organisation jeweils spezifische Entscheidungsmodelle entwickelt werden, fließen naturgemäß auch die jeweiligen subjektiven Weltsichten in diese Modelle ein. Aufgabe der Unternehmensleitung ist es, diese verschiedenen Sichtweisen wieder zusammenzuführen. Auch aus dieser Sicht hat sich vielfach der Einsatz externer Dienstleister bewährt, von denen angenommen wird, dass sie ein höheres Ausmaß an Objektivität haben. Der Auseinandersetzung mit verschiedenen „Wahrheiten" oder, wie der Physiker und Philosoph Carl Friedrich von Weizsäcker es ausdrückte, dem „Kampf der Wahrheiten" können wir allerdings nicht entgehen.

Das richtige Maß an zu gewährender Freiheit muss sich in vielen Unternehmen erst einpendeln

---

Wird zu viel Freiheit gewährt, verliert das Unternehmen seine Identität und droht zu zerfallen. Zu wenig Freiheit und weitgehende Konzentration der Entscheidungshoheit auf der Leitungsebene führen zu Erstarrung und Langsamkeit. Die

2.3 Von der Macht der Institution zur Macht der Information

Gefahr falscher Entscheidungen aufgrund hoher Komplexität und fehlender Informationen wächst.

Gelingt dieser Balanceakt, kann die Organisation flacher, schneller und agiler werden. Information und ihre schnelle und zielgerichtete Verarbeitung werden zu einer der wichtigsten Waffen im Wettbewerb. Gewinnen werden jene Unternehmen, die durch einen Informationsvorsprung schneller und treffsicherer handeln können.

Die Schwestern Freiheit und Autonomie gilt es zu bändigen

Die institutionelle Macht der Hierarchie wird allerdings nie gänzlich verschwinden können. Auch die besten Informationen führen, soweit sie in die Zukunft weisen, immer zu unterschiedlichen Sichtweisen und Deutungen der Welt, zwischen denen auf einer übergeordneten Ebene zu wählen ist. „Bauchentscheidungen" des Topmanagements ohne rationale Grundlage werden jedoch seltener. Die Zukunft gehört eher dem „informierten Entscheider am Puls des Geschehens" als dem „impulsiven Bauchentscheider". Dieser Trend fordert aber auch neue Spielregeln: Handlungsfreiheit setzt die Freiheit in der Beschaffung von Informationen voraus – und zwar für alle!

Niemand kann dem Topmanagement die Möglichkeit nehmen, auf die gleichen Informationsquellen wie die untergeordneten Ebenen zuzugreifen. Es muss sich zu wichtigen Details sein eigenes Bild verschaffen können. Wird davon aber durchgängig Gebrauch gemacht, verliert die Arbeitsteilung ihren Sinn, und das Unternehmen gerät erneut in die Komplexitätsfalle.

Alle Analysen der verantwortlichen Geschäftseinheiten auf der Topebene nachzuvollziehen (die Quellen sind ja für alle verfügbar), würde zu erheblichen Zeit- und Reibungsverlusten führen, zumal auch hier unterschiedliche Interpretationen unvermeidbar sind. Umso wichtiger wird es, über alle Ebenen des Unternehmens hinweg Verabredungen zu treffen, wer was zu entscheiden hat. Diese Verabredungen müssen in letzter Konsequenz auch das Gebot der Nichteinmischung einschließen. Das setzt wiederum viel Vertrauen voraus in das Urteilsvermögen der untergeordneten Ebenen und darin, dass die gebotene Gründlichkeit bei der Informationsbeschaffung tatsächlich eingehalten wird. Dennoch: In Einzelfällen (!) muss ein kleiner und kompetenter Stab auf Ebene der Unternehmensleitung die Möglichkeit und das Mandat haben, die Prämissen und Details wichtiger Entscheidungsvorlagen zu überprüfen und gegebenenfalls infrage zu stellen.

Dies ist allerdings erfahrungsgemäß nur in einer sehr geringen Anzahl von Entscheidungsfällen erforderlich. Meist deuten schon sehr früh schwache oder mitunter bereits starke Signale aus dem Umfeld der Planungsgruppe auf eine gebotene Skepsis gegenüber vorgelegten Plänen hin. Eine Überprüfung ist dann angezeigt. Welcher Art diese Signale sind und wie damit umgegangen werden kann, werden wir noch erörtern.

Trotz allem Bedürfnis nach mehr Information gilt:

Aus der Informationsflut darf keine Informationssintflut werden

Es geht nicht nur darum, eine neue Dimension der Informationsbeschaffung und Entscheidungsvorbereitung zu erschließen *(Hidalgo 2016)*. Auch der Umgang mit diesen Instrumenten muss verantwortungsvoll gestaltet und zwischen allen Ebenen der Organisation verabredet werden. Sonst besteht eben die Gefahr, dass aus einer Informationsflut eine Informationssintflut wird. Ob dann der rettende Berg Ararat noch erreichbar ist?

- *Mit der zunehmenden Dynamik von Technologien und Märkten steigt die Komplexität exponentiell an. Den Unternehmen droht eine Komplexitätsfalle.*
- *Komplexität kann nur mit Komplexität bewältigt werden. Unternehmen müssen sich ihr stellen und sie bewältigen. Sie kann nicht beseitigt werden.*
- *Ein Komplexitätsgefälle ist unausweichlich. Die Komplexität des Umfelds wird immer die Komplexität der eigenen Handlungsmöglichkeiten übersteigen.*
- *Wenn ich nicht weiß, was auf mich zukommt, kann ich auch nicht wissen, wie ich reagieren soll.*
- *Handlungsfreiheit und Autonomie auf allen Ebenen sind geboten.*
- *Planungsmodelle simulieren Umfeld und eigenes Verhalten. Blinde Handlungsfreiheit wird so zur sehenden Vorausschau.*
- *Freiheit und Autonomie müssen durch Führung gebändigt werden.*
- *Ein Zuviel an Autonomie gefährdet die Einheit des Unternehmens, ein Zuwenig führt zu Erstarrung und Untergang. Die richtige Balance muss immer wieder gefunden werden.*
- *Aus der Informationsflut darf keine Informationssintflut werden.*

3

Konglomerate und Monolithen – das Ende der Dinosaurier?

Investoren fordern Zerschlagung

Die Geschäftskonzepte breit aufgestellter Unternehmen werden zunehmend infrage gestellt. Angezweifelt wird auch, ob die Zentrale dieser Unternehmen einen zusätzlichen Wert schafft, der über die Summe des Wertes der einzelnen Bereiche hinausgeht. Die oft beschworenen Synergien zwischen teilweise sehr unterschiedlichen Unternehmensbereichen entpuppen sich mehr und mehr als unrealistische Wunschträume. Investoren sind eher der Meinung, dass die einzelnen Bereiche des Unternehmens in der Summe einen größeren Wert haben als das Unternehmen als Ganzes, und fordern dessen Zerschlagung. Dahinter steckt mehr oder weniger latent auch die berechtigte Frage, wie solche komplexen Gebilde in heutiger Zeit überhaupt noch effizient und wertschaffend geführt werden können. Die Komplexitätsfalle schnappt unbarmherzig zu.

3 Konglomerate und Monolithen – das Ende der Dinosaurier?

3.1 Konglomerate: Ist das Ganze mehr als die Summe seiner Teile?

Die zunehmende Dynamik im Markt- und Wettbewerbsumfeld verlangt von jeder Organisation ein hohes Maß an Schnelligkeit und Flexibilität. Komplexe und vielschichtige Führungsstrukturen bremsen die Wertentwicklung und sind eine Gefahr für die Wettbewerbsfähigkeit. Schlanke und auf ein oder wenige verwandte Geschäfte ausgerichtete Strukturen können schneller und flexibler auf die Änderungen von Märkten und Technologien reagieren.

Darüber hinaus werden Akquisitionen, Joint Ventures oder Verkäufe erheblich erleichtert, wenn die zur Diskussion stehende Einheit bereits selbständig oder sogar börsennotiert ist. In letzterem Fall können dann unter Umständen eigene Aktien als „Währung" zur Gründung eines Joint Ventures eingesetzt werden.

Ein Beispiel dafür ist die im Juli 2020 angekündigte Akquisition des Unternehmens Varian durch die Siemens Healthineers AG. Der Kaufpreis betrug 16,4 Mrd. US-Dollar und wurde zum größeren Teil über die Ausgabe neuer Aktien finanziert. Es handelte sich dabei um die größte Akquisition in der Geschichte von Siemens. Healthineers – bis dahin ein integrierter Bereich der Siemens AG – wurde 2017 an die Börse gebracht. Die Ausgliederung wurde damals unter anderem damit begründet, dass man auf diese Weise eine größere Flexibilität z. B. bei einer Großakquisition hätte. Als „Währung" könnten dann eigene Aktien aus einer Kapitalerhöhung eingesetzt werden. Die Gültigkeit dieses Argumentes wurde durch die Akquisition von Varian bestätigt. Ohne den Einsatz eigener Aktien wäre diese Akquisition wohl kaum zustande gekommen. Nachfolgend einige der wichtigsten Argumente, die von den Befürwortern einer Zerschlagung von komplexen Konglomeraten ins Feld geführt werden:

- Mangelnde Transparenz führt dazu, dass Potenziale zur Schaffung zusätzlicher Werte brachliegen.
- Synergetische Zusammenhänge zwischen sehr unterschiedlichen Geschäften werden bezweifelt.
- Jedes einzelne Geschäft erfordert die volle Aufmerksamkeit der Führung. Jede „Ablenkung" durch jeweils unterschiedliche Geschäftsmodelle und Führungsanforderungen in einem Konglomerat vernichtet Wert.
- Die Entscheidungswege sind lang und komplex. Zeitvorteile werden zu Zeitnachteilen.

Weitere wichtige Beweggründe bleiben allerdings oft im Hintergrund:

- Investmentbanker und Fondsmanager lockt das große Geschäft. Mit dem Versprechen, große Wertsteigerungen zu erzielen, sammeln weltweit agierende Hedgefonds von Investoren Milliarden ein. Damit beteiligen sie sich – meist nur mit einer Aktienminderheit – an Unternehmen, bei denen sie Wertsteigerungspotenzial durch eine Zerschlagung sehen. Oft reicht schon eine lediglich angekündigte Forderung nach grundlegenden strukturellen Maßnahmen (z. B. Verkauf unrentabler Sparten bis zur vollständigen Zerschlagung oder auch nur ein neuer und von beharrendem Denken „unbelasteter" CEO), um die Börsenkurse in Bewegung zu bringen.
- Analysten sehen sich gerne in der Rolle der Besserwisser und spekulieren über ungehobene Schätze, nicht zuletzt auch im Interesse ihrer Arbeitgeber, der Banken und Investmenthäuser. Dieses Argument sollte nicht unterschätzt werden *(Mirow 2011)*.

Dennoch: Es gibt auch Befürworter für eine breitere Aufstellung von Unternehmen. So machen aktivistische Investoren oder Analysten mitunter auch vor fokussierten Unternehmen nicht halt. Die gegen breit aufgestellte Unternehmen angeführten Argumente werden dann auf den Kopf gestellt: Eine Verbreiterung der Geschäftsbasis schaffe zusätzliches Wachstum, Synergien werden beschworen und Wertsteigerungen errechnet. Und: Vorschläge für mögliche Akquisitionen zur Verbreiterung des Portfolios werden mitgeliefert – „Honi soit qui mal y pense" („Ein Schelm, wer Böses dabei denkt").

Die Unternehmensleitungen selbst schwanken zwischen dem Wunsch nach Kontinuität und Machterhalt und der zunehmend spürbaren Ohnmacht, die effiziente Führung eines hochkomplexen und breit aufgestellten Unternehmens in Zeiten großer Veränderungen sicherzustellen. Für den Erhalt des Status quo führen sie vor allem folgende Argumente ins Feld:

- Synergiepotenziale zwischen einzelnen Sparten schaffen zusätzlichen Wert. Sie reichen von technologischen Gemeinsamkeiten – hier wird oft die Digitalisierung zitiert – über Synergien im Finanzbereich, dem Führungskräftepotenzial bis hin zu übergreifenden Vertriebspotenzialen und wertschaffenden Marken.

- Eine breite Aufstellung bewirkt Risikostreuung. Schwächephasen in einzelnen Sparten können durch andere, gut gehende Geschäfte kompensiert werden. Das aggregierte Gesamtrisiko des Unternehmens wird dadurch verringert, das Rating für Kredite kann besser werden.

- Eine breite Aufstellung sichert langfristig die Stabilität und Gesundheit des Unternehmens.

3.1 Konglomerate: Ist das Ganze mehr als die Summe seiner Teile?

- Kunden – insbesondere im Investitionsgüter- und Anlagengeschäft – haben größeres Vertrauen in die langfristige Stabilität und Zuverlässigkeit eines Lieferanten, der über lange Zeit auf einer Vielzahl von Märkten erfolgreich tätig ist.

Die Situation ist nicht eindeutig. Einerseits wirken starke Kräfte in Richtung auf eine Zerschlagung der Konglomerate. Andererseits gibt es aber durch die Digitalisierung und damit mögliche neue bzw. verbesserte Führungsinstrumente auch viele Chancen einer effizienteren und wertsteigernden Führung von breit aufgestellten Unternehmen. Die vielfältigen Überlagerungen und Verflechtungen der Interessen aller Beteiligten lassen in den meisten Fällen kein eindeutiges Urteil zu. Jede Interessengruppe führt gute Argumente für ihren jeweiligen Standpunkt ins Feld. Hinzu kommen oft durch kurzfristige finanzielle Interessen motivierte Kampagnen von aktivistischen Investoren, Hedgefonds oder auch von einzelnen Aktionärsgruppen. Deren Argumente gehen mal in Richtung Zerschlagung, mal in Richtung einer „Verbreiterung der Basis" – je nach Interessenlage.

Wir wollen uns in den folgenden Kapiteln in erster Linie mit den Vor- und Nachteilen der jeweiligen Modelle aus der Perspektive der Führung befassen. Wie stichhaltig sind die von den verschiedenen Parteien vorgebrachten Argumente? Welche Schlussfolgerungen sind aus der Diskussion der Pros und Kontras für die Gestaltung zukünftiger Führungssysteme abzuleiten? Dabei werden die Erkenntnisse der Systemtheorie ebenso eine Rolle spielen wie die Möglichkeiten, die sich aus dem Ausschöpfen des Potenzials der Digitalisierung ergeben.

3.2 Konglomerate – Führen im Zeitalter der Digitalisierung

Komplexität und Geschwindigkeit in der Entwicklung von Technologien und Märkten bedingen einander und nehmen zu. Sie sind enorme Herausforderungen für das Management. Die Digitalisierung katapultiert diese Thematik in völlig neue Dimensionen. Die naheliegende Antwort der Unternehmen ist eine weitgehende Dezentralisierung der Geschäftsführung bei gleichzeitiger Zentralisierung strategischer Richtungsentscheidungen. Wie kann die Einheit des Unternehmens trotzdem gewährleistet werden?

Zwischen Autonomie und Führung – wie kann die Einheit des Unternehmens gesichert werden?

Wie viel Autonomie – wie viel Führung?

Einerseits begründen Komplexität und die Herausforderungen aus Zeitwettbewerb und Innovation in Verbindung mit der Digitalisierung die Forderung nach stärkerer Dezentralisierung und Autonomie der einzelnen Geschäftseinheiten. Der Markt verlangt immer schnellere Reaktionen. Zeitwettbewerb wird zur dominierenden Kraft. Diese wiederum kann sich nur voll entfalten, wenn Entscheidungen nicht durch lange Wege und viele Instanzen verzögert werden. Sie müssen möglichst direkt auf der geschäftsführenden Ebene getroffen und auch umgesetzt werden. Geschäftsspezifisches Wissen um Kunden, Märkte und Technologien ist entscheidend. In einem breit aufgestellten Konglomerat kann dieses Wissen in der erforderlichen Breite und Tiefe nur mit großem Aufwand und unter Zeitverlusten auf der Ebene des Gesamtunternehmens bereitgestellt werden.

Es gibt aber auch eine Gegenbewegung: Durch schnelle und gezielte Informationsbeschaffung und -verarbeitung, z. B. durch Auswertung großer Datenmengen („Big Data"), künstliche Intelligenz und immer komplexere Simulationsmodelle kann auch die Unternehmensleitung in kurzer Zeit fundierte und realistische Handlungsalternativen entwickeln. Die Umsetzung liegt dann in der Verantwortung der Geschäftseinheiten. Dadurch können Zielkonflikte und unterschiedliche Deutungen des externen und internen Umfelds vermieden werden. Offen bleibt, ob damit ein Verlust an unmittelbarer Kunden- und Marktnähe kompensiert werden kann.

Diese zwei gegenläufigen Tendenzen unter einen Hut zu bringen, ist ein schwieriger Balanceakt. Während die Forderung nach mehr Dezentralisierung, nach dem „Loslassen" relativ populär ist, ist der Aufbau einer zentripetalen „Gegenkraft" eine große Herausforderung. Sie ist aber notwendig, um die zentrifugalen Kräfte der notwendigerweise mit großer Autonomie ausgestatteten Bereiche wieder einzufangen und zu einem Unternehmensganzen zusammenzufügen. Dazu bedarf es einer strategischen Klammer, einer Leitlinie, die klar aussagt, wofür das Unternehmen steht und welche Ziele es verfolgt:

- Wofür steht das Unternehmen?
- Welche Märkte, Kunden oder Technologien befinden sich im Zentrum seiner Aktivitäten?
- Was soll erreicht werden?

Die strategische Leitlinie sichert den Zusammenhalt,
Freiheit und Autonomie sichern das Geschäft

Die Leitlinie muss so formuliert sein, dass jeweils eine eindeutige Aussage möglich ist, wie etwa „ja, das gehört zu uns" oder „nein, das gehört nicht zu uns". Das ist nicht einfach. Es erfordert eine klare Positionierung am Markt sowie die Festlegung von Zielen. Die Bereitschaft muss da sein, gegebenenfalls kurzfristig auch schmerzhafte Konsequenzen zu ziehen, wenn ein Geschäft die Kriterien nicht erfüllt.

Beispiel Siemens: Sechs Fragen zur strategischen Leitlinie

Anlässlich des 150-jährigen Gründungsjubiläums der Firma Siemens im Jahre 1997 hatte die Unternehmensleitung sich zur Aufgabe gemacht, eine „Vision" für das Unternehmen zu präsentieren. Bald stellte sich heraus, dass eine solche Vision angesichts des breiten Tätigkeitsspektrums von Siemens zu allgemein, ja fast beliebig ausfallen müsste. Sie könnte dazu dienen, schöne Hochglanzbroschüren zu verteilen und die eine oder andere Sonntagsrede zu halten. Für die konkrete Gestaltung des Unternehmensportfolios wäre sie jedoch keine Hilfe. Auch die Recherchen nach derartigen Visionen vergleichbar breit aufgestellter Unternehmen zeigten, dass die Inhalte austauschbar waren und sich eher durch die Kraft ihrer poetischen Gestaltung unterschieden. Nach intensiven Diskussionen auf allen Ebenen des Unternehmens wurde stattdessen eine sechs Punkte umfassende strategische Leitlinie entwickelt:

1. **Was sind unsere Märkte?**

   Elektrotechnik und Elektronik: Diese Märkte bieten auf absehbare Zeit große Wachstumschancen, dort hat das Unternehmen seit seiner Gründung durch Werner von Siemens und Georg Halske im Jahre 1847 seine Wurzeln. Nicht zuletzt hat Siemens mit dieser Technologie und ihren umfassenden Anwendungsbereichen unser aller Leben nachhaltig geprägt.

2. **Was wollen wir erreichen?**

   Führende Wettbewerbspositionen: Diese strategische Forderung zielt auf eine klare Nummer-eins- oder Nummer-zwei-Position, bezogen auf das jeweilige Geschäft. Für Bereiche, in denen das Unternehmen diese Position nicht einnimmt, muss ein glaubwürdiger Plan entwickelt werden, wie sie erreicht werden kann. Andernfalls sollte das Geschäft z. B. in eine andere Konstellation eingebracht werden, die eine langfristig positive Entwicklung ermöglicht. Damit wurde gleichzeitig auch klar, auf welche Bereiche aus dem breiten Spektrum der Elektrotechnik und Elektronik wie z. B. die Unterhaltungselektronik (gegen die großen asiatischen Hersteller) oder auch die kommerzielle Datenverarbeitung (damals gegen den Branchenriesen IBM) Siemens verzichtet.

3. **Welchen Anspruch haben wir?**

   Technologische Führerschaft: Dieses Ziel unterstreicht den Anspruch des Unternehmens seit seiner Gründung vor nunmehr über 170 Jahren. Er begründet den nachhaltigen Erfolg.

4. **Wo sind wir tätig?**

   Globale Geschäfte: Siemens bearbeitet den Weltmarkt. Regionale Nischengeschäfte gehören nicht zum Geschäftsportfolio des Unternehmens.

5. **Wie wollen wir wachsen?**

   Attraktive Märkte: Der Fokus der Aktivitäten liegt auf Märkten, die weiterhin gute Wachstums- und Ertragschancen bieten.

6. Risikoausgleich

Das Unternehmensportfolio soll unter den Rahmenbedingungen 1 bis 5 breit aufgestellt sein. Damit soll im Interesse der langfristigen Gesundheit und Überlebensfähigkeit des Unternehmens ein solider Risikoausgleich gewährleistet werden. Es wird nicht alles auf eine Karte gesetzt.

Die letzte Bedingung – der notwendige Risikoausgleich – wurde in der jüngsten Vergangenheit aufgeweicht. Es überwiegt die Notwendigkeit, die Komplexität der Führung eines breit aufgestellten Portfolios zu reduzieren und sich stärker zu fokussieren – ein Tribut an die schnellere technologische Entwicklung und die größere Dynamik der Märkte, ausgelöst vor allem durch Digitalisierung und Globalisierung. Wir kommen darauf zurück.

Diese auf den ersten Blick fast wie eine Selbstverständlichkeit wirkenden Forderungen wurden in der Folge mit einem konkreten Gerüst von Kriterien untermauert, die für jedes einzelne Geschäft eine klare Aussage zulassen, ob die Bedingung erfüllt ist oder nicht. Ein klares „Ja" oder „Nein" musste möglich sein.

Damit war eine Grundlage geschaffen, um das Portfolio von Siemens nachhaltig zu größerer Wettbewerbsfähigkeit, höherem Wachstum und nachhaltiger Profitabilität zu entwickeln.

Im Zeitraum von 1998 bis 2008 wurden in diesem Zusammenhang insgesamt über 1.200 Transaktionen mit externen Partnern (Kauf oder Verkauf von Geschäftseinheiten, Joint Ventures) durchgeführt. Die Börse honorierte diese Anstrengungen mit einer Verdreifachung des Unternehmenswertes innerhalb dieser zehn Jahre.

Diese hier beispielhaft dargestellten strategischen Leitlinien beantworten Fragen, die sich für jedes Unternehmen stellen:

3.2 Konglomerate – Führen im Zeitalter der Digitalisierung

> *Wofür stehen wir, was zeichnet uns aus und*
> *was hält uns zusammen?*

Sie sind die Grundlage für die wirtschaftliche Gestaltung des Geschäftsportfolios. Wichtig ist, diese Aussagen – jenseits von Hochglanzbroschüren und Internetauftritten – mit konkreten und operativ nachvollziehbaren Kriterien zu untermauern. Das Einhalten der Kriterien muss überprüfbar sein und zu klaren Konsequenzen führen können. Das ist Voraussetzung für eine sinnvolle Arbeitsteilung in der strategischen Gestaltung des Unternehmens, eine ausgewogene Balance zwischen der geschäftlichen Autonomie der Bereiche und der strategischen Führung auf der Ebene des Gesamtunternehmens.

Die aus einer solchen strategischen Positionierung notwendige Bereinigung eines Portfolios führt oft zu großen Widerständen vonseiten der Betroffenen. Diese werden häufig mit dem Argument begründet, dass mit der Trennung von einem Geschäft ein großer Schatz von Synergien verloren gehe. Umgekehrt werden viele Akquisitionen mit demselben Argument gerechtfertigt. Das Thema „Synergie" ist in jeder Auseinandersetzung über strategische Fragen als eine Art „Hintergrundrauschen" präsent. Hier scheiden sich oft die Geister. Einige sehen im Thema Synergie eine Verheißung ungehobener Schätze, andere eher ein Unwort bzw. ein Versprechen, gespeist aus unrealistischen Erwartungen. Als eine Art Zwischenaktmusik werden wir uns diesem Thema im nächsten Abschnitt widmen.

3.3 Synergie – Unwort oder Verheißung? Vom Traum zur Realität

Kaum einem Argument wird so viel Bedeutung beigemessen wie den Verheißungen des Wortes „Synergie", wenn es um die Rechtfertigung einer Großfusion oder um die Verteidigung eines breit aufgestellten Portfolios von Geschäften geht. Gleichzeitig wird im Fall des Misserfolgs einer Akquisition oder einer nicht eingetretenen Wertsteigerung meist ebenfalls auf Synergien hingewiesen, die sich nicht in der erwarteten Höhe haben realisieren lassen. Die im Unternehmenswert ausgedrückte Differenz zwischen vorher (Synergieversprechen) und nachher (nicht realisiert) kann existenzbedrohend sein.

Was ist Synergie?

„Synergie" beschreibt die Vorteile des Zusammenwirkens verschiedener Einheiten mit dem Ergebnis gegenseitiger Förderung oder eines gemeinsamen Nutzens *(Wikipedia: Synergie)*. Ziel ist es, dass das Ganze mehr wird als die Summe seiner Teile. In Unternehmen kann die Synergiewirkung vor allem durch Kosten- oder Marktvorteile sowie durch übergreifende Technologien realisiert werden.

Kostenvorteile leiten sich in erster Linie aus Größenvorteilen (Economies of Scale) ab. Durch bessere Fixkostenabdeckung, höhere Kapazitätsauslastung oder zunehmende Lerneffekte sinken die Kosten pro Einheit.

Auf der Marktseite können sich Synergien beispielsweise durch eine bereichsübergreifende Bündelung der Anfragen von Kunden zu verschiedenen Produkten oder durch Einsparungen bei geschäftsübergreifenden Marketingkampagnen ergeben. Auch im Einkauf können Synergiepotenziale unterschiedlichster Art wie z. B. Volumenvorteile etwa bei Büroausstattungen, Rohstoffen oder Dienstleistungen argumentiert werden.

Bei synergetischen Technologievorteilen geht es vor allem um gemeinsame Plattformen, sei es in konventionellen Geschäften z. B. im Bereich der Vorfertigung, sei es in softwaregetriebenen Geschäften mit potenziell übergreifenden Digitalisierungs- oder Kommunikationsplattformen.

> *Synergien können alle Stufen der Wertschöpfungskette umfassen*

„S - y - n - e - r - g - i - e" - es mag auch diesem klangvollen und immer etwas geheimnisumwitterten Wort geschuldet sein, dass es meistens dann von höchster Managementebene ins Feld geführt wird, wenn eben noch nicht so ganz klar ist, worin die Kostenvorteile, die Marktvorteile oder auch die Technologievorteile einer geplanten Akquisition wirklich bestehen, wie groß ihr Potenzial ist und – vor allem – wie und bis wann das alles realisiert werden kann.

Sehr treffend, wenn auch etwas überspitzt hat Joe Kaeser, damaliger Vorstandsvorsitzender der Siemens AG, 2019 in einem *Interview mit dem Handelsblatt* (Höpner/Rexer/Afhüppe 2019) zum Ausdruck gebracht:

> *„Die Synergiediskussion ist meistens nichts anderes, als der Mittelmäßigkeit einen Sinn zu geben."*

Synergieträume – Beispiele

In einem Fall ging es um ein fertigungsintensives konventionelles Produkt in einer sehr traditionellen Branche (Nachrichten- und Energieübertragungskabel). Mit der Akquisition eines großen Wettbewerbers sollte eine führende Stellung auf dem Weltmarkt erreicht werden. Economies of Scale versprachen auf den ersten Blick signifikante Kostenvorteile, der geplante Kaufpreis werde sich in kurzer Zeit amortisieren – so das erste Argument. Bei näherem Hinsehen zeigte sich allerdings, dass sich mit dem Kauf des Wettbewerbers die Anzahl der Fertigungsstätten von fünf auf 18 erhöhen würde. Es bedurfte einiger Anstrengungen, das Topmanagement davon zu überzeugen, dass allein mit der Volumenausweitung bei Fortbestehen der Fertigungsstruktur nur sehr geringe Synergien und damit Economies of Scale kostenwirksam werden konnten, wie z.B. im Einkauf oder Vertrieb. In der Fertigung selber würden sich Kostensenkungspotenziale erst einstellen, wenn etwa ein Großteil der bestehenden Fertigungen geschlossen würde und man sich auf wenige Standorte in ausgewählten Regionen konzentrierte. Folgende Fragen bedürfen beispielsweise dann einer Antwort:

- Welche Fertigungen werden bis wann geschlossen?
- Welche politischen Widerstände (intern und extern) müssen dabei überwunden werden?
- Wie viele Mitarbeiter sind davon betroffen?
- Welche Wirkung haben die Maßnahmen in der Öffentlichkeit?

Es stellte sich dann schnell heraus, dass – ganz abgesehen von den damit verbundenen Kosten – die Widerstände gegen eine derartig umfangreiche Fertigungskonsolidierung und die damit verbundenen Risiken, die auch weit über das spezi-

3.3 Synergie – Unwort oder Verheißung? Vom Traum zur Realität

fische Geschäft hinausgingen, den erhofften Kosten- und Marktvorteil ziemlich unrealistisch erscheinen ließen. Die geplante Fusion fand nicht statt.

Ein weiteres Beispiel ist die gescheiterte „Hochzeit im Himmel" zwischen Daimler und Chrysler *(Nesshöver/Herz 2007)*. Auch hier wurde im Vorfeld viel über Synergien in Milliardenhöhe gesprochen. Diese erwartete man vor allem aus dem Einkauf, aus Gleichteilefertigungen, gemeinsamen Plattformen oder aus gemeinsamen Entwicklungen. Nicht berücksichtigt wurde, dass Daimler mit Mercedes als Premiumhersteller und Chrysler als Massenhersteller völlig konträre Ideen hatten, was Qualität wirklich bedeutet und welche Konsequenzen die „schwäbische" Qualitätstradition für eine Automobilproduktion z. B. in Detroit hätte. Damit verflüchtigten sich die Synergieträume im Fertigungsbereich sehr schnell, war es doch faktisch nicht möglich, in einer überschaubaren Zeit auch die unterschiedlichen Philosophien miteinander „zu verheiraten". Darüber hinaus wurde nicht bedacht, dass die Kunden bei einem Premiumfahrzeug ganz andere Ansprüche an Qualität, Design und Komfort haben. Sie sind auch bereit, dafür eine Prämie zu zahlen – nicht umsonst weisen die Premiumhersteller im Vergleich signifikant höhere Margen aus. Bei einem Massenhersteller diktieren vor allem Kosten und Preise das Geschehen. Allein an diesen Widersprüchen ist die Fusion nach wenigen Jahren und vielen Milliarden Verlust krachend gescheitert. Der Synergietraum wurde nie Realität.

Geträumt wird auch viel von gemeinsamen Plattformen für unterschiedliche Geschäfte – vor allem im Softwarebereich. Die Entwicklungskosten einer Plattform sind hoch. Je breiter der Einsatz ist, desto geringer sind die Stückkosten. Insofern werden auch hier schnell große Synergieeffekte errechnet. In der Realität steckt der Teufel meistens im Detail der Spezifikationen, die es möglichst allen Beteiligten recht machen sollen. So landet man unversehens eher bei einer „Eier legenden Wollmilchsau" als bei einem wettbewerbsfähigen Produkt.

Synergieüberlegungen führten z. B. bei Siemens dazu, dass ein Projekt zur Entwicklung einer übergreifenden Softwareplattform für die Anwendung in den Industrie-, Kraftwerks- und Kommunikationsbereichen bis hin zur Medizintechnik aufgesetzt wurde. Bald stellte sich jedoch heraus, dass allein bis zur Einigung auf die Spezifikationen kostbare Jahre vergehen würden. Im Endeffekt drohte ein hochkomplexes Produkt herauszukommen, das zwar alle Spezifikationen zu erfüllen versprach, aber so teuer und bezüglich der Weiterentwicklung so unflexibel geworden wäre, dass es besser, schneller und billiger schien, auf diese „Synergien" zu verzichten. Das Projekt wurde nach erheblichen Kosten und endlosen internen Diskussionen eingestellt.

Es gäbe noch viele fruchtbare Nester für kostspielige Synergiemonster aufzuzählen. Das reicht von monströsen IT-Abteilungen auf Konzernebene über allzu großzügig ausgestattete Zentralfunktionen bis hin zu zentral organisierten Dienstleistungen wie z. B. Gebäudemanagement oder Kasinodienste.

„Echte" Synergien zu heben, ist mühsame tägliche Detailarbeit

---

Damit es keine Missverständnisse gibt: Ja, es gibt Synergien. Bevor diese aber zur Grundlage wichtiger unternehmensstrategischer Entscheidung werden können, bedarf es vieler und oft mühsamer Detailarbeit. Den „spitzen Bleistift" (heute wohl eher eine gute Excel-Tabelle) kann kein noch so kühner Traum ersetzen. Richtige Fragen müssen gestellt und beantwortet werden wie z. B.:

3.3 Synergie – Unwort oder Verheißung? Vom Traum zur Realität

- Welche Kosten können an welcher Stelle eingespart werden?
- Was muss getan werden, um technische Synergien wirklich zu heben (z.B. Bereinigung des Produktspektrums, gemeinsame Spezifikationen und Entwicklungen)?
- Wie viel Aufwand ist bis wann erforderlich, um noch von früher getrennte Produktlinien zu pflegen und zu warten?
- Welche Standorte sollen geschlossen werden?
- Wie viel Mitarbeiter sind davon betroffen? Und vor allem:
- Wer macht was und bis wann?

Das alles kann aufwendig sein. Ein Beispiel dafür ist die gelungene Fusion der Kraftwerkssparte von Siemens (damals noch KWU – Kraftwerk Union) mit der aus dem Konkurs von Westinghouse erworbenen Westinghouse Power Generation in den 1990er-Jahren. Ein minutiöser Integrationsplan wurde mit über 100 gemischten Arbeitsgruppen über alle Ebenen der Organisation erstellt. Dabei wurde im Detail festgelegt, welche Kosteneinsparungen an welcher Stelle mit welchen konkreten Maßnahmen in welchem Zeitraum erreicht werden mussten. Verantwortliche wurden benannt, jedes Quartal war über den Fortschritt zu berichten. Der Aufwand hat sich gelohnt: Der Wert der Transaktion hatte sich bereits nach weniger als zwei Jahren verdoppelt. Heikle politische Probleme, wie die notwendige Restrukturierung sehr traditionsreicher Werke für große Dampfturbinen oder Kraftwerksgeneratoren in Deutschland (Siemens) bzw. USA (Westinghouse), konnten durch Einbeziehung aller Beteiligten zufriedenstellend gelöst werden. Das Ganze wäre allerdings nie so vorteilhaft verlaufen, hätte man nicht eine in beiden Kulturbereichen verankerte und mit großem politischem Geschick agierende Führungspersönlichkeit für diese Aufgabe gewinnen können.

3.4 Das Ende der Monolithen – gehört dem Netzwerk die Zukunft?

Die Digitalisierung hat die Bedingungen, unter denen Unternehmen Werte schaffen, dramatisch verändert. Früher war die Wertschöpfungskette eines Unternehmens noch relativ einfach zu überblicken. Heute ist sie immer weniger durch einen einfachen Prozess beschreibbar, der mit der Beschaffung von Rohstoffen beginnt und mit der Bereitstellung des Produkts endet. Sie gleicht einer Art Patchwork von miteinander verbundenen Fragmenten einzelner Wertschöpfungsketten – und zwar von Unternehmen aller Größenordnungen. Die Lebensräume großer Unternehmen, die an gigantische Monolithen erinnern, lösen sich auf in vernetzte Wertschöpfungslandschaften. Welcher Logik folgt die Gestaltung dieser Wertschöpfungsnetze? Welche Gefahren lauern hinter dieser Bewegung? Die Vorteile der Vernetzung müssen mögliche Nachteile aus der Erhöhung der Komplexität im Umgang mit einem Netzwerk, das außerhalb der unternehmerischen Kontrolle liegt, ausgleichen. Und wie werden sich solche Netzwerke unter dem Einfluss der Digitalisierung entwickeln?

Im Digitalzeitalter entstehen Vernetzungen zuallererst dadurch, dass die Unternehmen ihre Kunden- und Lieferantenbeziehungen digitalisieren und automatisieren. Produktionspläne werden mit den Lieferanten automatisch abgestimmt, der Waren- und Informationsfluss ignoriert Unternehmensgrenzen, Bestell- und Abrechnungsvorgänge laufen weitestgehend selbständig ab. Nur bei gravierenden Abweichungen greift das Management in die Abläufe dieser weitgehend autonomen Netzwerke ein. Das ist heute geübte Praxis. Maßgebliche Treiber dieser Entwicklung sind vor allem die enormen Fortschritte in der Kommunikationstechnologie z. B. in Richtung der höchst leistungsfähigen 5G-Netze sowie spezielle Anwendungen von Algorithmen der künstlichen Intelligenz. Das alles läuft auf der operativen Ebene ab und eröffnet enorme Potenziale für weitere Kostensenkungen. Der unternehmensübergreifende Einsatz von 5G-Netzen im „Internet of Things" wird zu einem neuen Motor für die Produktivitätsentwicklung.

Noch wichtiger sind jedoch die strategischen Entscheidungen über die Struktur der Wertschöpfungskette sowie die Auswahl und Zusammenarbeit mit Partnern jenseits der Unternehmensgrenzen. Diese Entscheidungen liegen auf einer höheren Ebene und sind Voraussetzung für die operativen Verbesserungen.

Vernetzung ja – aber wie, wie viel und wo?
Eine strategische Entscheidung

Eines wird oft übersehen: Jede Vernetzung, die über Unternehmensgrenzen hinausreicht, schränkt die eigene Handlungsfähigkeit ein und erhöht die Komplexität. Die traditionellen Führungsinstrumente werden teilweise durch Marktmechanismen ersetzt. In den Vordergrund tritt die gemeinsame Wertschaffung innerhalb des Netzwerks. Strategien müssen abgestimmt, Kapazitäten gemeinsam geplant, technologische Entwicklungen verabredet und Risiken geteilt werden. Das alles reicht weit über eine herkömmliche Kunden-Lieferanten-Beziehung hinaus.

Die nachhaltige Positionierung des eigenen Unternehmens in einer solchen Wertschöpfungskette erfordert eine Antwort auf die Frage, welches die Kernkompetenzen des Unternehmens, die Kraftlinien seines Erfolgs wirklich sind.

Kernkompetenzen, die Kraftlinien des Erfolgs bestimmen das Netz

Welche Kompetenzen sollen innerhalb der Unternehmensgrenzen bleiben? Welche Bedeutung haben sie für die Weiterentwicklung des Unternehmens? Wie hoch ist ihr Anteil an der Wertschöpfung? Die Antwort darauf ist schwierig. Gehört eine wichtige Stufe der Wertschöpfung, wie z. B. die Produktion, nicht zu den gewollten und beherrschten Kernkompetenzen, sollte sie dann nicht besser an einen kompetenteren Lieferanten ausgegliedert werden? Wieweit wird damit der eigene unternehmerische Spielraum eingeschränkt? Ist es vielleicht besser, diese Wertschöpfungsstufe aus eigener Kraft zu einer wettbewerbsfähigen Kernkompetenz aufzubauen? Was kostet das und welche Risiken sind damit verbunden (z. B. Kapazitätsrisiko, Kostennachteile, Zeit)?

Welche Kraftlinien bestimmen die Entwicklung eines derartigen Wertschöpfungsnetzwerks? Hier kann eine falsche Positionierung schnell zur Existenzfrage werden. Trotz aller Diskussion über Offenheit und Vernetzung: Jedes Unternehmen definiert sich letzten Endes über seine Grenzen. Es gibt keine „grenzenlosen Unternehmen", so schön diese Idee auch klingen mag. Durch die Vernetzung nehmen aber auch die wechselseitigen Abhängigkeiten zu. Der organisatorische Durchgriff ist nicht mehr gegeben; er wird durch Marktmechanismen abgelöst. Damit taucht auch die Machtfrage auf: Wer sitzt in einem solchen Netzwerk am längeren Hebel? Wer ist von wem stärker abhängig – der Lieferant vom Kunden oder der Kunde vom Lieferanten?

Macht im Wertschöpfungsnetz – wer ist der Stärkere?

In der Automobilzulieferindustrie z. B. existiert häufig eine starke Abhängigkeit der Zulieferer von ihren Großkunden,

den Automobilherstellern. Diese bestellen bei ihren Lieferanten oft Komponenten, die für den vollständigen Lebenszyklus einer Modellreihe entwickelt werden. Die daraus entstehende Abhängigkeit liegt auf der Hand. Einen alternativen Kunden gibt es nicht, diese Teile sind nirgendwo sonst abzusetzen. Das Kapazitätsrisiko verbleibt nahezu vollständig beim Lieferanten. Läuft die Modellreihe plangemäß oder gar besser, ist alles in Ordnung; anderenfalls trägt der Lieferant das volle Risiko, das auch nur sehr schwer wegverhandelt werden kann.

Den umgekehrten Fall, nämlich die potenzielle Abhängigkeit des Kunden vom Lieferanten, finden wir häufig in der Elektronikindustrie, wenn es z. B. um die an einen externen Lieferanten vergebene Bestückung von Leiterplatten mit elektronischen Bauelementen geht. Das geschieht heute mittels hochflexibler Automaten, die schnell von einer Konfiguration auf eine andere wechseln können. Große Fertigungsvolumina sichern niedrige Kosten. Nur: Wie kann garantiert werden, dass der Lieferant im Fall von Kapazitätsengpässen nicht plötzlich andere Prioritäten setzt, die vielleicht für ihn lukrativer sind?

Genau diese Frage ist pandemiebedingt in den letzten Jahren zu einer existenziellen Bedrohung für viele Unternehmen geworden. Eine vorausschauende Absicherung der Lieferketten, sei es durch sehr gute Verträge, sei es aber eben auch durch einen bewussten Verzicht auf Vernetzung und Aufbau einer eigenen Fertigung, ist plötzlich zu einer Frage des Überlebens geworden. Hier trennt sich auch die Spreu vom Weizen. Es gibt große Unterschiede in den Ausmaßen, in denen Unternehmen der gleichen Branche von den Auswirkungen dieser Lieferkettenprobleme betroffen sind. Noch ist es zu früh, konkrete und empirisch halbwegs abgesicherte Schlussfolgerungen für die Zukunft aus diesem Debakel zu ziehen. Eines aber ist sicher: die Wertschöpfungsstrukturen großer Unternehmen müssen ohne Tabus auf den Prüfstand gestellt werden. Was kann aus einem Netzwerk bezogen werden und was muss ein Unternehmen in eigener Verantwortung unbedingt in der Hand behalten?

Ein gutes Beispiel aus jüngster Zeit ist die Sicherung der Verfügbarkeit von Halbleiterchips. In den letzten Jahrzehnten haben sich nahezu alle breit aufgestellten Großunternehmen von ihren Halbleiteraktivitäten getrennt. Sie wurden entweder verkauft oder ausgegliedert und als selbständige Unternehmen an die Börse gebracht. Das gilt beispielsweise für die Halbleitersparte von Siemens (heute Infineon), ebenso wie für IBM, Rockwell oder Motorola und sogar die traditionell tief integrierten japanischen Unternehmen wie Toshiba. Ausgelöst wurde diese Bewegung durch die hohe Kapitalintensität der Produktion, enorme Entwicklungsaufwendungen sowie große Zyklizität dieses Geschäftes, das auch eine ganz eigene Klasse von Investoren anzieht.

Unternehmen wie Apple haben das daraus resultierende Problem der potenziellen Abhängigkeit sehr früh erkannt und ihre eigenen Prozessoren entwickelt. In der Automobilindustrie war auch wieder Tesla der Pionier, der seinen eigenen Zentralprozessor entwickelte. Inzwischen plant der Automobilzulieferer Bosch große Investitionen in eine Halbleiterfertigung und Volkswagen prüft diese Option. Auch die Politik hat sich dieses eminent strategischen Themas inzwischen angenommen. Allerdings wird dabei leicht übersehen, wie lange es dauert, solche Hochtechnologiekapazitäten aufzubauen und – vielleicht noch wichtiger – genug Mitarbeiter zu finden, die das notwendige Know-how mitbringen für den Aufbau und Betrieb einer sich in physikalischen Grenzgebieten bewegenden Produktion.

Schlägt das Pendel zu weit aus – droht ein Kompetenzverlust?

Es scheint heute fast eine Modeerscheinung zu sein, sich von der Herstellung bestimmter elektronischer Baugruppen oder – wie im Fall Apple – vollständig von der Fertigung elektronischer Geräte zu trennen und sich allein auf Entwicklung und Marketing zu konzentrieren. Das mag unter Kostengesichtspunkten der richtige Weg sein. Abgesehen von der bereits angesprochenen Frage der Liefersicherheit: Ist es langfristig wirklich sinnvoll, eine Unternehmensgrenze z. B. zwischen Entwicklung und Produktion und Produktion und Vertrieb zu legen? Dies vor allem, wenn es sich um technisch anspruchsvolle Produkte mit kurzen Lebenszyklen handelt? Wenn ohne Fertigungskompetenz entwickelt und ohne direkten Zugriff auf Kapazitäten verkauft wird, droht schnell der Verlust von Know-how. Auch die Lieferzuverlässigkeit kann leiden. Damit ist mittelfristig auch die Wettbewerbsfähigkeit bedroht. Ein weiteres Risiko besteht darin, dass der Lieferant sich das notwendige Design- und Marketing-Know-how aneignen kann und dann mit dem kompletten Produkt selber in den globalen Markt eintritt. Das gilt insbesondere für Länder mit einem großen Heimatmarkt wie z. B. China oder auch Indien. Erhalten diese Unternehmen dann auch noch politische Unterstützung vielfältiger Art, können sie ihre Kostenvorteile, von denen zuvor die Gerätehersteller z. B. in den USA profitiert haben, gegenüber dem Endverbraucher voll ausspielen. Dann ist der Schritt vom Heimatmarkt in die Welt nicht mehr weit. Erste Bewegungen, z. B. im Geschäft mit Smartphones aus China, deuten bereits in diese Richtung.

Ein weiteres und oft unterschätztes Merkmal eines unternehmensübergreifenden Wertschöpfungsnetzwerks ist das bereits angesprochene Phänomen der unterschiedlichen Deutungen der für das jeweilige Unternehmen relevanten Welt. Je mehr autonome Organisationen an einer Wertschöpfungskette beteiligt sind, desto mehr unterschiedliche Deutungen der Gegenwart und vor allem der zukünftigen Entwicklung gibt es. Die Deutung der Welt und ihre Zukunftsbilder müssen zur Deckung gebracht werden. Der Hersteller von Elektronikbauteilen hat wahrscheinlich ein anderes Bild von seiner Zukunft als sein Kunde, der das Gerät an den Endverbraucher verkauft. Ein Automobilhersteller wiederum sieht sich und seine eigene Zukunft wieder anders als sein Zulieferer. Diese divergierenden Bilder und – mehr noch – die zugrunde liegenden unterschiedlichen Interessen und daraus resultierenden Handlungen zur Deckung zu bringen, erfordert die Kunst des Zuhörens, Sensibilität und Geschick. Ein solcher Prozess, der schon innerhalb eines Unternehmens schwierig ist, wird im grenzüberschreitenden Miteinander nicht einfacher.

Die Gestaltung eines Wertschöpfungsnetzwerks wird damit zu einer eminent wichtigen strategischen Frage. Sie allein auf das Schlagwort „Outsourcing" zu reduzieren wird seiner Bedeutung nicht gerecht. Die Entscheidung, welche Wertschöpfungsaktivität im eigenen Unternehmen behalten werden soll und welche besser aus einem Netzwerk beschafft wird, sollte nicht nur von Kostenopportunismus bestimmt sein.

Vernetzung oder auch „Entnetzung" sind strategische Fragen jenseits der Kostenoptimierung
---

Ein Beispiel für die strategische Ausgestaltung einer komplexen Wertschöpfungskette, in der bei kritischen Wertschöpfungsstufen die Vernetzung bewusst minimiert wurde, ist Tesla. Elon Musk musste und muss immer wieder schmerzhaft erkennen, dass der Weg von einer großen Idee zur erfolgreichen Massenfertigung von Automobilen nicht nur steinig ist, sondern auch direkt ins Verderben führen kann. Die Konsequenz: Er kaufte sich nicht nur die besten Fertigungsfachleute der Welt, sondern auch noch einen der wichtigsten Zulieferer für Montagelinien im Automobilbereich, das deutsche Unternehmen Grohmann Engineering *(o. V. 2016)*. Damit schlug er zwei Fliegen mit einer Klappe: Er sicherte sich die exklusive Belieferung mit den neuesten und nach seinen Bedürfnissen maßgeschneiderten Fertigungstechnologien und beschädigte gleichzeitig die traditionellen Lieferbeziehungen zu seinen Konkurrenten, den anderen großen Automobilherstellern. Elon Musk erkannte auch, dass die Zukunft der Elektromobilität maßgeblich von der Batterietechnik abhängt. Es muss sichergestellt sein, dass für jedes Fahrzeug die nötigen Batterien mit der neuesten Technologie verfügbar sind. Konsequenterweise baute er in der Wüste Kaliforniens die heute größte Batteriezellenfertigung der Welt für Lithium-Ionen-Akkus und kaufte den technologisch führenden Kondensatorhersteller Maxwell. Eine weitere Fertigung für Batteriezellen ist inzwischen in unmittelbarer Nachbarschaft zur ersten europäischen Autoproduktionsstätte Teslas in der Nähe von Berlin in Planung. Er sieht die Notwendigkeit, für die Batterie als Kern des Elektroantriebs eine eigene Kompetenz und Fertigung aufzubauen. In diese Strategie gehört auch die bereits erwähnte Entwicklung eines eigenen Zentralprozessors für die von Tesla produzierten Autos. Vor dem Hintergrund der hohen Börsenbewertung von Tesla war Elon Musk auch immer in der Lage, diese Projekte zu finanzieren.

Angesichts dieser Dynamik schienen die endlosen Diskussionen über staatliche Unterstützungen, Standorte und komplexe Kooperationsmodelle für den Aufbau einer europäischen Fertigung für Batteriezellen und in jüngster Zeit auch Halbleiterchips buchstäblich aus der Zeit zu fallen. Das haben die großen Automobilhersteller inzwischen erkannt und sind nun dabei, auf eigenes Risiko große Summen in den Aufbau von Kompetenzen und Kapazitäten für Batteriezellen und vereinzelt (z. B. Bosch, Volkswagen) auch für Halbleiter zu investieren.

Auch die Erkenntnis, dass mit der Elektromobilität die Software zu einer zentralen Kompetenz der Automobilhersteller gehört, wird wahrscheinlich zu einer in ihren Folgen noch kaum absehbaren Veränderung in der Struktur der Zulieferindustrie führen. So berichtete das *Handelsblatt (Tyborski 2021)* von der Bestrebung des Volkswagen-Konzerns, die großen Zulieferer von Softwarekomponenten für einzelne Systeme, Bosch, Conti und ZF, zu entmachten. „Die etablierten Partnerschaften zwischen Autobauern und Zulieferern werden bei der Entwicklung von Software fürs Auto aufgebrochen", sagte Dirk Hilgenberg, Chef von VWs Softwaretochter Cariad. Er kündigt den Zulieferern eine „Partnerschaft" an, in der VW die Entwicklung diktiert. Die Hoheit über die Software und damit auch die Daten will sich der Konzern in Zukunft nicht mehr nehmen lassen. Als Vorbild und Benchmark gilt hier Tesla. „Schauen Sie sich Tesla-Chef Elon Musk an. Seine Autos fahren, sammeln Daten, er macht alles selbst. Das ist auch unser Ziel" sagt Hilgenberg. Allerdings hat Tesla auf diesem Gebiet einen Vorsprung, der eher nach Jahren als nach Monaten zu bemessen ist. Wer diesen Kampf letzten Endes gewinnen wird und wie das geschieht, ist noch offen.

Ein weiteres Beispiel von „Entnetzung" stammt aus der Fertigungsstrategie der Firma Osram in den 1990er-Jahren (noch in der Hochzeit der Glühlampenproduktion). Osram war – etwa gleichauf mit General Electric und Philips – einer der drei Weltmarktführer für die Herstellung von Glühbirnen, bevor diese aus Energiespargründen vom Markt genommen werden mussten. Ein spezielles Fertigungs-Know-how sicherte Osram damals über viele Jahre eine führende Kostenposition. Damit dieser Vorsprung gehalten werden konnte, stellte Osram die Fertigungsmaschinen selber her. Für die Branche war es eher ungewöhnlich, sich selbst als Lieferanten für die eigene Fertigungstechnologie zu etablieren. Hier wurde jedoch aus gutem Grund „entnetzt" statt vernetzt.

Was bestimmt meinen geschäftlichen Erfolg beim Kunden und damit meinen Wettbewerbsvorteil? Darauf gilt es sich zu fokussieren, darauf müssen alle Anstrengungen gerichtet sein. So wichtig auch die Optimierung der Kostenposition ist: Wenn sie nur um den Preis erreichbar ist, eine im Wettbewerb entscheidende Kernaktivität aufzugeben, sollte man lieber zweimal nachdenken.

Die eingangs getroffene Aussage, dass bisher fest gefügte und in Grenzen eingehegte Unternehmen sich in zunehmend offene Wertschöpfungslandschaften verwandeln, bleibt gültig. Die Beherrschung von Technologiewandel und Komplexität erfordert eine zunehmende Arbeitsteilung innerhalb einer sich immer vielfältiger gestaltenden Wertschöpfungslandschaft. Sie gleicht damit eher einer leicht veränderbaren Zeltstadt als unverrückbar in Beton gegossenen Strukturen. Dennoch: Die Frage, welche Kompetenzen unverzichtbar sind, welche Kraftlinien den unternehmerischen Erfolg bestimmen, sollte immer im Mittelpunkt einer kritischen Analyse stehen. Die Digitalisierung eröffnet uns neue Horizonte hinsichtlich der Produktivität und auch der Geschwindigkeit, mit der neue Ideen ihre Märkte finden können. Sie kann helfen, diese Potenziale über den Aufbau strategischer Netzwerke zu heben. Diese Chancen gilt es zu nutzen – mit Augenmaß.

3 Konglomerate und Monolithen – das Ende der Dinosaurier?

- *Konglomerate und Unternehmensmonolithen sind Gefangene in der Komplexitätsfalle.*
- *Konglomerate: Ist das Ganze wirklich mehr als die Summe seiner Teile? – Zweifel sind erlaubt.*
- *Zeitwettbewerb und zunehmende Komplexität können durch Synergien nur noch schwer oder gar nicht kompensiert werden.*
- *Die Verheißungen großer Synergiepotenziale halten der Realität oft nicht stand.*
- *Fokussierung reduziert die Komplexität und setzt Kräfte für den Kampf im Wettbewerb frei.*
- *Monolithische Lebensräume großer Unternehmen werden zu vernetzten Wertschöpfungslandschaften.*
- *Was gehört zum unverzichtbaren Kern des Geschäfts? Die Gestaltung des Wertschöpfungsnetzwerks ist eine der wichtigsten strategischen Aufgaben.*
- *Jede Vernetzung ist verbunden mit einer Aufgabe eines Teils der unternehmerischen Autonomie zugunsten der Kräfte des Marktes.*
- *Die Gestaltung der Wertschöpfungsketten der Unternehmen wird zunehmend durch die Herausforderungen der Digitalisierung bestimmt.*
- *Es darf nicht nur um Vernetzung gehen. Auch Entnetzung im Sinne des Aufbaus einer eigenen Kompetenz für Kernaktivitäten gehört zum strategischen Arsenal.*
- *Traditionelle Lieferketten sind im Umbruch und werden strategisch neu ausgerichtet.*

4

Unternehmensorganisation – die Struktur muss passen

Warum nicht der Schwanz mit dem Hund wedeln sollte

Ordnung vermindert Komplexität. Jedes Unternehmen muss sich eine Struktur geben, in der Einheiten oder Bereiche ihre verabredeten Ziele in einer hochkomplexen Umwelt verfolgen können. Damit das funktioniert, müssen sie mit einem hohen Maß an Autonomie ausgestattet sein. Nach welchen Kriterien erfolgt die Gliederung des Unternehmensganzen in Teileinheiten? Wie können die Teile einer Organisation wieder in ein funktionierendes Ganzes integriert werden? Welche Rolle spielen die viel gescholtenen, aber unabdingbaren „Zentralen" und welchen Beitrag können sie zur Beherrschung der Komplexität leisten?

4.1 Ordnung muss sein – aber wie?

Jedes breit aufgestellte Unternehmen muss in mehrere Untereinheiten aufgeteilt werden, die im Rahmen eines hierarchisch strukturierten Netzes von Regelkreisen miteinander verbunden sind. Diesen Einheiten muss ein hohes Maß an

Freiheit und Autonomie zugestanden werden. Nur eine dezentrale Struktur mit möglichst weitgehend autonom agierenden Untereinheiten kann in einem hochkomplexen Umfeld mit einer entsprechenden Handlungskomplexität agieren und damit Ashbys „Law of Requisite Variety" erfüllen.

Doch nach welchen Kriterien soll eine dezentrale Strukturierung erfolgen? Bei dieser Frage scheiden sich bereits die Geister. Was zählt? Der Kunde, die Region, die Technologie, der Fertigungsprozess oder gar – auch das kommt vor – schlicht „Größe" (z. B. Umsatz, Mitarbeiter)?

Das ist aber nur die eine Seite der Medaille. Auf der anderen Seite stellt sich die Frage, wie dennoch die Einheit des Unternehmens gewährleistet werden kann. Wie können die einzelnen Elemente wieder in ein Unternehmensganzes integriert werden? Wie wird aus dem Ganzen mehr als die Summe seiner Teile?

Wir wollen das Thema anhand des Beispiels der Neuorganisation von Siemens 1989 erläutern, bei der das Unternehmen buchstäblich vom Kopf auf die Füße gestellt wurde.

Beispiel Siemens: Von der Funktion zum Produkt

Ende der 1980er-Jahre musste sich der Siemens-Konzern die Frage stellen, ob seine seit den 1960er-Jahren in den Grundzügen unveränderte, eher funktional (Entwicklung, Fertigung, Vertrieb) orientierte und in ihrer Zeit sehr erfolgreiche Organisation die Wettbewerbsfähigkeit des Unternehmens auch in Zukunft würde sichern können *(Mirow 1994-2, 1997)*.

Die Globalisierung erforderte eine Neuordnung der internationalen Führungsstrukturen, insbesondere im Hinblick auf die Arbeitsteilung zwischen dem weltweiten Produktunternehmer und den regionalen Organisationen vor Ort. Gleichzeitig führte die schon damals in Gang gekommene rasante Entwicklung der Elektronik zu einem sich immer weiter verschärfenden Zeitwettbewerb mit einer noch nicht da gewesenen Beschleunigung der Innovationszyklen. All dies erforderte Veränderungen. Größere Flexibilität und eine bessere Integration aller Elemente der Wertschöpfungskette, von der Entwicklung über Einkauf und Produktion bis hin zum Vertrieb mit seiner unmittelbaren Verbindung zum Kunden. Der Geschäftserfolg musste als Ergebnis eines integrativen Ansatzes gesehen werden, der alle Schritte von der Produktentwicklung bis zur Kundenzufriedenheit als Regelkreis miteinander vernetzter Komponenten unter einer Führung zusammenfasst. Das erforderte intern klare Verantwortlichkeiten und eine volle Transparenz hinsichtlich der Ursachen von Erfolg oder auch Misserfolg auf allen Stufen der Wertschöpfungskette. Extern forderte eine zunehmend kritische Öffentlichkeit (z. B. Aktionäre, Medien, Politik) mehr Transparenz hinsichtlich der Kosten und Ergebnisse der einzelnen Geschäftsbereiche des Unternehmens.

Die bisherige Ausrichtung auf die Maximierung von Synergien innerhalb der großen funktionalen Blöcke Entwicklung, Fertigung und Vertrieb konnte diesen neuen Forderungen nach Kosten- und damit auch Ergebniswahrheit nicht mehr gerecht werden. Unendliche Diskussionen über die Angemessenheit von Verrechnungspreisen zwischen den Funktionsblöcken, mangelnde Transparenz hinsichtlich der Kosten und Rentabilität der einzelnen Produktgruppen und Projekte sowie die fehlende Gesamtverantwortung für die Geschäftsbereiche überwogen bei Weitem die vermuteten, aber kaum mit harten Fakten belegten Synergievorteile der funktionalen Organisation. Trotz großer Erfolge in der Vergangenheit schien die Wettbewerbsfähigkeit und damit die langfristige Gesundheit des Unternehmens gefährdet.

Die geplante Neuorganisation von Siemens sollte frei von allen einschränkenden Vorgaben sozusagen auf der grünen Wiese konzipiert werden. Damit stellte sich als Erstes und Wichtigstes die Frage: Nach welchen Kriterien soll das Unternehmensganze in einzelne Teileinheiten strukturiert werden?

- Geht es primär um Kunden, Kundengruppen (Branchen) oder Regionen, in denen ja die Kunden sitzen?
- Stehen die Produkte oder auch Anlagen im Vordergrund?
- Geht es eher um Fertigungsprozesse oder gar um Technologien?
- Welche Kriterien bieten sich sonst noch an?

Jeder, der eine solche Strukturierungsaufgabe zu bewältigen hat, sieht sich schnell in homerische Diskussionen verwickelt über die überragende Bedeutung des jeweils vertretenen Funktionsbereichs für die Zukunft des Geschäfts, ja des gesamten Unternehmens. Es bleibt nicht aus, dass es dabei auch um Macht und Einfluss geht, um die aus dem eigenen Kokon heraus gesponnene Sicht der Welt und – last but not least – auch um Karrieren. Diese Konflikte lassen sich einfacher lösen, wenn es möglich ist, ein Dach der Objektivität über die verschiedenen Interessen zu wölben.

Als ein solches Dach bietet sich die gemeinsame Einsicht an, die Struktur an dem stärksten Hebel auszurichten, nämlich dem Hebel, der den stärksten Einfluss auf das Erreichen des strategischen Zieles einer Stärkung bzw. Erhaltung der Wettbewerbsfähigkeit hat. Das können sowohl die Kosten als auch eine im Wettbewerb entscheidende Kompetenz sein. Die entscheidende Frage ist: Wo ist der stärkste Hebel?

Sinngemäß geht es um die Frage nach dem mächtigsten Glied in der Wertschöpfungskette des jeweiligen Geschäfts, nach dem größten Kostenfaktor oder der wichtigsten Kompetenz, die dann auf dieser Ebene auch den stärksten Hebel zur

Steigerung der Wettbewerbsfähigkeit darstellen. Dort wirken Kostensenkungen, Kompetenz- oder Zeitvorteile am stärksten. Dort entscheidet sich der Kampf um Wettbewerbsvorteile, dort sollte daher auch das Machtzentrum der Entscheidungen liegen.

> *Besser wedelt der Hund mit dem Schwanz als der Schwanz mit dem Hund. Aber: Was an einem Unternehmen ist Hund und was ist Schwanz?*

Kosten – wo ist der stärkste Hebel?

Wird z. B. ein Halbleiterunternehmen für die Herstellung von Speicherbausteinen nach Kundengruppen oder Regionen gegliedert, betrifft der daraus gewonnene Vorteil der Kundennähe vielleicht 15 % der Wertschöpfung. Der überwiegende Teil der restlichen 85 % liegt jedoch in dem hochkomplexen Produktionsprozess mit oft mehr als 500 Prozessschritten, die sich teilweise im molekularen Bereich bewegen. Ganz abgesehen davon, dass in eine moderne Halbleiterfabrik eine Größenordnung von mehreren Milliarden Euro investiert werden muss: Die Beherrschung des Produktionsprozesses drückt sich vor allem in der Ausbeute aus, also dem Anteil korrekt funktionierender Chips. Die Zuverlässigkeit jedes einzelnen Prozessschrittes muss bei 99 % plus fünf bis sechs Stellen nach dem Komma liegen, um eine akzeptable Gesamtausbeute zu erzielen. Hier scheiden sich Gewinn von Verlust, Wettbewerbsfähigkeit von Untergang. Das Unternehmen ist auch ohne funktionierendes Marketing bzw. ohne Vertrieb nicht lebensfähig, doch in diesem Fall ist es die untrennbare Einheit Technologie/Produktion/Qualität, die über die Wettbewerbsfähigkeit entscheidet.

Eine Analyse der Wertschöpfungskette in verschiedenen Branchen führt mitunter zu überraschenden Erkenntnissen. Im Maschinenbau, bei Serienprodukten oder in der Schwerindustrie wird der Schwerpunkt der Wertschöpfung meistens in der Produktion liegen. Anders verhält es sich mit dem branchen- und kundenspezifischen Anlagengeschäft wie z. B. Stahlwerke, Fertigungslinien für die Automobilindustrie oder Erdölraffinerien. Dort muss sich die Organisation auf die Bedürfnisse des einzelnen Kunden oder – falls möglich – einer Branche ausrichten. Entsprechend liegt der Schwerpunkt der unternehmerischen Tätigkeit in der spezifischen Ausrichtung auf die Branche oder gar auf den einzelnen Kunden. Dort entscheidet sich die Wettbewerbsfähigkeit.

Diesen Grundsätzen folgend wurde im Fall Siemens in der überwiegenden Anzahl der Geschäfte eine produktorientierte (divisionale) Organisation eingeführt, die alle Stufen der Wertschöpfungskette vereinte. Lediglich die großen Anlagengeschäfte wie die Ausrüstung von Stahlwerken, der chemischen oder auch der Zement- oder Zuckerindustrie, um nur einige Beispiele zu nennen, wurden nach Branchen gegliedert. Die in diese Anlagen einzubauenden Produkte (z. B. Motoren, Steuerungen, Schalter) werden von den Produktbereichen zugeliefert – zu Marktpreisen!

Im Konsumgütergeschäft, in dem Konzerne wie Unilever, Nestlé oder Procter & Gamble tätig sind, zeigt sich ein anderes Bild: Hier ist die erfolgsentscheidende Stufe der Wertschöpfung die jeweilige Marke, in einer weiteren Untergliederung mitunter sogar die Marke für eine bestimmte Region mit ihrem jeweils besonderen Erscheinungsbild. Es überrascht daher nicht, dass solche Unternehmen überwiegend regional ausgerichtet sind.

> *Eine Analyse der Wertschöpfungskette führt mitunter zu überraschenden Erkenntnissen*

Ein Beispiel für eine ganz andere Art der Wertschöpfungskette wäre die Entwicklung einer Standardsoftware. Die Kosten der Fertigung tendieren gegen null, während der Schwerpunkt eindeutig in der Entwicklung liegt bzw. auch, etwa im Fall eines stark erklärungs- oder wartungsbedürftigen Produkts, im Service.

Für die rein datengetriebenen Digitalkonzerne wie Facebook oder Google gelten im Prinzip die gleichen Überlegungen. In diesen Fällen haben wir es jedoch aufgrund der neuartigen Geschäftsmodelle sowie der Tatsache, dass die eigentliche Wertschöpfung in der Sammlung der Daten, der Entwicklung der Algorithmen und dann ihrer Verarbeitung in den großen Rechenzentren der „Cloud" liegt, mit anderen Strukturen zu tun. Wir kommen darauf zurück.

Kompetenz als zweite Kraftlinie der Strukturierung

Zu kurz gegriffen wäre es jedoch, die Wettbewerbsfähigkeit eines Unternehmens nur auf die Kosten zu reduzieren. Besondere Kompetenzen in Technologie, Fertigung oder auch Marketing/Vertrieb können Kostennachteile unter Umständen ausgleichen. Eine einzigartige Technologie oder auch ein geniales (und vom Wettbewerb schwer auszuhebelndes) Marketingkonzept kann Kostennachteile kompensieren oder gar marginalisieren. Neben die Kosten tritt in einem solchen Fall die Kompetenz als wichtiges Kriterium für die Strukturierung. Dabei müssen wieder neue Fragen beantwortet werden, wie z. B.:

- Welche Kompetenz entscheidet auf welcher Stufe der Wertschöpfung wirklich über die Wettbewerbsfähigkeit des Unternehmens? Zum Beispiel eine besondere Technologie, ein spezieller Fertigungsprozess, ein besonderes Designkonzept oder auch ein Markenauftritt?
- Wie kann diese Kompetenz aufgebaut bzw. gesichert werden?
- Sichert sie auf Dauer einen Kostenvorteil, oder wird sie vom Kunden als einzigartig anerkannt, sodass er bereit ist, dafür eine Preisprämie zu zahlen?
- Welche Eintrittsbarrieren (z. B. spezifisches Know-how, Schutzrechte, Komplexität) gibt es für den Wettbewerb und wie haltbar sind sie?

Ein Beispiel dafür ist das Premiumsegment der deutschen Automobilindustrie. Die hohen Margen der deutschen Premiumhersteller beruhen sicher nicht primär auf einem genialen Kostenmanagement. Viel wichtiger ist die Kombination aus Fahreigenschaften, Spitzentechnologie, Designelementen und einem guten Marketing, die den Kunden veranlasst, eine Preisprämie für etwas „Besonderes" zu gewähren. Natürlich war und ist der Anreiz für die anderen Wettbewerber groß, sich ebenfalls in diesem lukrativen Segment zu etablieren. Wirklich gelungen ist das aber, trotz jahrzehntelanger Bemühungen, bisher keinem. Zu spezifisch ist das komplexe und in den Tiefen der Organisation verankerte Know-how um Technologien und Design und die Wünsche der Kunden, als dass es sich selbst mit großem Aufwand „nachbauen" ließe.

Die sich abzeichnende disruptive Entwicklung der individuellen Mobilität sowohl in der Antriebstechnik als auch in Gestalt neuer Mobilitätskonzepte wird allerdings dazu führen, dass auch hier die Karten neu gemischt werden. Wer wird gewinnen? Die erfahrenen Platzhirsche oder neue Wettbewerber, die von Traditionen und Erfahrungen unbelastet sind, wie Tesla, die Datengiganten Google und Apple oder auch Unternehmen mit innovativen Geschäftsmodellen wie z. B. Uber? Die Antwort kann heute keiner geben. Eines ist aber sicher: Es wird spannend!

Kompetenz kann Kosten aushebeln!

Die Einführung des zweiten Kriteriums – Kompetenz – zur Strukturierung eines Unternehmens schafft wichtige Spielräume für unternehmerische Entscheidungen. So liegt z. B. bei vielen elektronischen Produkten der Schwerpunkt der Wertschöpfungskette in der Produktion. Viele Unternehmen dieser Branche haben aber entschieden, ausgerechnet diesen Bereich (z. B. Leiterplattenbestückung, Montage) an fremde Unternehmen zu vergeben, da sie der Meinung sind, dass ihre eigentliche Kompetenz eher in den Bereichen Entwicklung, Design und Marketing liege, nicht aber in der Produktion selbst. Die Mehrzahl der US-amerikanischen Elektronikunternehmen lässt z. B. ihre Produkte bei Unternehmen wie Foxconn und Pegatron in Taiwan und China oder Flex in Singapur produzieren. Foxconn allein beschäftigt weltweit über eine Million Mitarbeiter und hat aus den damit verbundenen Volumina sowie niedrigen Lohnkosten fast uneinholbare Kostenvorteile. Die US-Elektronikunternehmen verzichten damit auf eine wichtige Stufe der Wertschöpfung und konzentrieren sich auf die „kreativen" Themen Entwicklung, Design und Marketing. Kurzfristig entlastet das die Kosten und verringert die Komplexität.

Langfristig ist damit allerdings die Gefahr verbunden, dass auf dem wichtigen Gebiet der Fertigung das Know-how verloren geht, mit der letztendlichen Konsequenz der elektronischen Deindustrialisierung einer ganzen Volkswirtschaft. Die schwerwiegenden Folgen, die so etwas haben kann, sind heute in Großbritannien zu sehen, wo in den 1960er- und

1970er-Jahren die Schwerindustrie abwanderte. Den gleichen Prozess haben wir in den letzten Jahrzehnten mit der Abwanderung der Textilindustrie nach Asien erlebt. So ein Prozess ist unumkehrbar, und auch in den USA werden die umstrittenen handelspolitischen Maßnahmen der derzeitigen Administration nicht zu einem Wiedererblühen der sogenannten „Rust-Belt-Industrien" – oder auch in Zukunft vielleicht der Hardwareproduktion in der Elektronikindustrie – führen.

Auf der anderen Seite zeichnet sich bereits die Gefahr ab, dass sich die großen Spezialisten der Elektronikfertigung in Fernost das Design- und Marketing-Know-how aneignen und damit den großen US-amerikanischen Elektronikanbietern massiv Konkurrenz machen, zumal sie dann den Vorteil eines direkten Informationsflusses innerhalb einer geschlossenen und nicht durch Unternehmensgrenzen unterbrochenen Wertschöpfungskette z. B. zwischen Entwicklung, Fertigung und Vertrieb ausspielen können. Hinzu kommt, dass sie den riesigen Heimatmarkt praktisch vor der Haustüre haben und auch zumindest zeitweilig von ihren Regierungen unterstützt werden.

Ein weiteres Risiko einer starken Abhängigkeit von Zulieferern ist die Stabilität der weltweiten Lieferketten in Krisenzeiten wie z. B. während der Corona-Pandemie oder auch in Zeiten politischer Instabilitäten mit Handelskriegen und weiteren dramatischen Folgen.

Kompetenz als Kriterium für Strukturierung ist naturgemäß ein Thema, das schwieriger zu objektivieren ist als die Ermittlung der Kosten auf den einzelnen Stufen der Wertschöpfungskette. Die Behauptung etwa, dass eine spezielle Kompetenz auch aus Sicht der Kunden einzigartig und damit wettbewerbsentscheidend sei, ist schnell aufgestellt, der Beweis dafür aber ist oft schwer zu erbringen. Wie dieses

Thema dennoch pragmatisch angegangen werden kann, werden wir noch diskutieren.

Struktur folgt Strategie

Zusammenfassend gilt: Ein Unternehmen sollte nach den Schwerpunkten seiner Wertschöpfungskette strukturiert werden. Als Zusatzkriterium ist eine bereits vorhandene oder auch angestrebte Kompetenz zu berücksichtigen. Gerade das eröffnet Spielräume für unterschiedliche Gestaltungsvarianten, manifestiert sich darin doch der unternehmerische Wille – das Geschäftsmodell des Unternehmens.

Was muss das Unternehmen in der Hand behalten, was können andere besser? Fragen wie z. B. die nach der Bedeutung der Fertigungskompetenz, der Vertriebskompetenz oder auch der Logistik, um nur einige Beispiele zu nennen, bedürfen einer Antwort.

> *„Structure follows strategy?" – In Grenzen!*

Die Unternehmensstruktur richtet sich damit auch nach der gewählten Strategie („structure follows strategy"), wie bereits Alfred Chandler Anfang der 1960er-Jahre formulierte *(Chandler 1962)*. Allerdings ist diese Aussage in ihrer Allgemeingültigkeit auch problematisch: Die gegebenen Kompetenzstrukturen, die Kultur und das vorhandene Investment begrenzen diese Aussage. So kann z. B. ein Volkswagen-Konzern oder ThyssenKrupp oder auch ein großes Chemieunternehmen nicht plötzlich beschließen, ein großes Softwareunternehmen zu werden. Das wird scheitern. Zu fern liegen die dafür benötigten Kompetenzen, zu viel Know-how und auch Investment ist im bisherigen Geschäft gebunden. Um es etwas krass auszudrücken: Die Geschichte lehrt, dass es bis jetzt keine General Motors gibt, die zu IBMs oder Microsofts geworden sind.

Obwohl es niemals nur eine einzige und „richtige" Lösung für die Struktur eines Unternehmens gibt, so haben wir hier doch einige „Leitplanken" aufgezeigt, die man zur Bestimmung dessen heranziehen kann, was Hund und was Schwanz sein soll, wo der strategische Hebel zur Sicherung des Wettbewerbsvorteils am wirksamsten greift. Durch Einführung der Dimension „Kompetenz" ist dem unternehmerischen Gestaltungswillen viel Spielraum gegeben. Umso wichtiger ist es, diesen möglichst durch gute und überprüfbare Argumente zu untermauern.

Ändert sich das alles im Zeitalter der Digitalisierung? Die Antwort ist klar: Nein! Die Abläufe werden schneller, die automatische Vernetzung der einzelnen Funktionen ohne Mitwirkung des Menschen nimmt zu. Notwendig sind daher durchgängige Prozesse ohne aufwendige Verrechnungsschwellen und komplexes Schnittstellenmanagement. Das alles führt aber nicht zu völlig neuen Strukturansätzen, sondern verleiht den hier angeführten Argumenten nur größeres Gewicht.

Die Strukturierung eines Unternehmens ist jedoch nur eine Seite der Medaille. Die andere Seite manifestiert sich in der Frage, wie die einzelnen Teile (Bereiche, Divisionen) wieder so miteinander verbunden werden können, dass ein gemeinsames Erscheinungsbild möglich, eine Unternehmensidentität erkennbar wird und – kurz gesagt – das Ganze eben doch mehr als die Summe seiner Teile ist.

4.2 Unternehmensorganisation – mit der Matrix leben?

Alles unter „Dach und Fach"? Und wenn ja: Unter wie vielen Dächern und Fächern?

„Die Matrix ist tot!" – „One man, one business!" Diese und ähnliche Aussagen über die mehrdimensionale Organisation von Konzernen prägten die Managementliteratur und vor allem die Inhalte hochkarätiger Managementseminare in den vergangenen Jahren. Stimmt das in dieser Absolutheit? Wird damit nicht jede multidivisionale Unternehmensstruktur infrage gestellt? Wie wird ein Ganzes mehr als die Summe seiner Teile? Wie kann die Identität eines Unternehmens nach innen und außen gewahrt werden? Was ändert sich mit der Digitalisierung?

Das Ganze muss mehr sein als die Summe seiner Teile

Breit aufgestellte Unternehmen rechtfertigen ihre Existenz damit, dass das Ganze mehr ist als die Summe seiner Teile. Dies setzt voraus, dass es Gemeinsamkeiten gibt, die zu Kosteneinsparungen oder größeren geschäftlichen Erfolgen führen. Das kann im technischen Bereich z. B. die Grundlagenentwicklung für mehrere Geschäftsbereiche, eine gemeinsame Produktplattform oder im Produktionsbereich eine gemeinsame Vorfertigung sein. Im Vertrieb wiederum geht es um die Betreuung von Schlüsselkunden, den einheitlichen Auftritt in einer Region oder um die Stärke einer Marke. Wichtig und oft schamhaft verschwiegen: der Vorteil einer gemeinsamen Kasse in Verbindung mit oft besseren Finanzierungskonditionen aufgrund höherer Bonität. Auch die Verwaltung mit Buchhaltung, gemeinsamen Diensten oder einer einheitlichen IT-Infrastruktur hat Hebel, die durch strategisch eingesetzte Gemeinsamkeit Wettbewerbsvorteile erzeugen können.

Wie bereits erörtert, ist in vielen Fällen von wortreich beschworenen Synergien der Wunsch größer als die Wirklichkeit. Ungeachtet dessen unterstellen wir hier einmal, dass es tatsächlich Synergien gibt, die in vielen Fällen reale und nachweisbare Vorteile bringen können. Somit kann es auch sinnvoll sein, mehrere Geschäfte unter einem gemeinsamen Dach zusammenzufassen. Wie kann dieser Schatz gehoben werden? Welche organisatorischen Voraussetzungen sind dafür nötig?

> *Wie gelingt das Heben „echter" Synergien?*

Im einfacheren Fall besteht die Aufgabe darin, zwischen unterschiedlichen Geschäften vermutete und klar definierte Synergien zu heben. Dafür ist die temporäre Projektorganisation ein bewährter Ansatz. Wie bereits im Beitrag zum Thema Synergie diskutiert, bedarf es allerdings eines sehr spitzen Bleistifts, um die reale Wertschaffung des gemeinsamen Projekts oder in Folge auch einer stabilen und längerfristigen Zusammenarbeit zu ermitteln. Die Steuerung eines solchen Projekts kann entweder über eine zentrale Stabsabteilung oder – besser noch – über einen der beteiligten Bereiche erfolgen. Die Entscheidung, welcher Bereich das ist, richtet sich nach dem jeweiligen Anteil an der gemeinsamen Wertschöpfung: Der Bereich mit dem größten Wertschöpfungsanteil führt. Wichtig ist, dass Einigkeit darüber besteht, eine gewisse Einschränkung der Freiheit des einzelnen Bereichs zugunsten eines gemeinsamen Vorteils in Kauf zu nehmen. In dieser Hinsicht muss bei der Strukturierung des Projekts sensibel vorgegangen werden, andernfalls entsteht leicht der Eindruck, dass nur versucht wird, sich gegenseitig in die Taschen zu greifen.

Der Weltunternehmer im Spannungsfeld der Regionen

Stehen sich zwei Einheiten mit annähernd gleicher Wertigkeit gegenüber – etwa in der Wertschöpfung und/oder der unternehmerischen Kompetenz und Bedeutung –, wird es komplizierter. Ein Beispiel dafür ist die Gestaltung der Zusammenarbeit zwischen einer mit ihren produktorientierten und als Weltunternehmer aufgestellten Geschäftseinheit und den vertrieblichen Aktivitäten über alle Geschäftseinheiten in den Regionen *(Mirow 2003-1)*.

Die konzeptionell einfachste Lösung ist, die volle weltweite Geschäftsverantwortung in der Produktlinie zu lassen und die jeweilige Regionalverantwortung auf eine Art „Hausmeisterfunktion" zu reduzieren, die zwar Bilanzierungsvollmacht, aber nur sehr beschränkte Handlungsfreiheit hat, wie z.B. in der Bereitstellung gemeinsamer Infrastrukturdienste oder ganzheitliche Aspekte der Öffentlichkeitsarbeit. Das vermeidet Konflikte, lässt aber in vielen Fällen große Potenziale für die Geschäftsentwicklung ungenutzt. Diese können z.B. in der übergreifenden Ausschöpfung von Kundenpotenzialen liegen, in gemeinsamen Serviceorganisationen oder dem einheitlichen Auftreten in der Öffentlichkeit und gegenüber staatlichen Institutionen.

Die Matrix lebt – aber mit klaren Vorfahrtsregeln

Eine Möglichkeit, diese Potenziale in den Regionen vor Ort auszuschöpfen, bietet sich in Form eines Rückgriffs auf die viel verfemte Matrixorganisation. Um möglichen Missverständnissen vorzubeugen: Hier ist nicht die puristische Matrix gemeint, mit zwei gleichberechtigt nebeneinanderstehenden Machtblöcken: dem Weltunternehmer einerseits und dem Regionalunternehmer andererseits. Das kann nicht funktionieren, wäre dann doch die letzte Entscheidungsinstanz immer die Unternehmensleitung, und diese wäre – da bedarf es keiner weiteren Argumentation mit Ashbys „Law of Requisite Variety" – damit restlos überfordert. Es muss daher innerhalb der Matrix klare „Vorfahrtsregeln" geben.

Ist die Organisation im Grundsatz produktorientiert, hat der Weltunternehmer a priori Vorfahrt. Im Falle einer eher regional aufgestellten Organisation, wie bei den bereits erwähnten großen Unternehmen der Konsumgüterindustrie, hätte die Region den Vorrang.

Als weiterer Schritt muss die Höhe der Wertschöpfung in der jeweiligen Region berücksichtigt werden. Die Verantwortung für den regionalen Teil der Wertschöpfung wird vom Weltunternehmer auf die Region übertragen. Geht es primär um die Bedienung eines regionalen Marktes, wird der Regionalunternehmer ein höheres Ausmaß an Entscheidungsfreiheit erhalten, als wenn es sich um ein Standardprodukt für den Weltmarkt handelt.

Ein weiteres unter mehreren potenziellen Konfliktfeldern ist die Preispolitik. Die Preise für ein weltweit gehandeltes Standardprodukt müssen zentral festgelegt werden, da sonst die Gefahr eines schwunghaften Hedgings zwischen verschiedenen Regionen besteht. Die Preispolitik für eher regionale Produkte oder Dienstleistungen sollte von der jeweiligen Region verantwortet werden.

Eine zentrale Schiedsstelle hilft bei Konflikten

Sollte es dennoch keine Einigkeit zwischen den Einheiten geben, hat es sich als vorteilhaft erwiesen, eine Schiedsstelle einzurichten. Die (eigene) Erfahrung zeigt, dass allein schon die Existenz einer solchen Schiedsstelle dazu führt, dass sie nur sehr selten angesprochen wird. Eine direkte Einigung der Kontrahenten wird aufgrund des profunden Wissens über ihre jeweiligen Verantwortungsbereiche immer zu einer besseren Lösung führen als der von noch so viel gutem Willen, aber auch ebenso viel Unwissenheit über das spezifische Geschäft getragene Schiedsspruch einer Stabsabteilung.

Schon diese Überlegungen zeigen, dass es für die Arbeitsteilung zwischen Weltunternehmer und Region keine einfachen Standardrezepte gibt. Bewährt hat sich, für jeden Geschäftsbereich die Verantwortungsteilung mit der Region auf der Grundlage individuell vereinbarter Kriterien zu verabreden. Wichtige Kriterien sind z. B. die Höhe des Wertschöpfungsbeitrags der Region oder auch eine für das Geschäft wichtige regional ausgeprägte Kompetenz, sei es in der Technologie, sei es im Marketing. Ein solches Vorgehen mag kompliziert erscheinen. Die Erfahrung zeigt jedoch, dass eine solche Verabredung relativ schnell und unkompliziert anhand einiger weniger Parameter getroffen werden kann. Beide Kontrahenten kennen das Geschäft und seine Besonderheiten und werden sich meistens schnell einig. Die Grundlogik der meisten Geschäfte bleibt auch über längere Zeiträume gleich und muss nicht jedes Jahr wieder von Neuem infrage gestellt werden. Damit hält sich der Gesamtaufwand für diese Vereinbarungen in Grenzen, Konflikte werden vermindert und die Chancen sind gut, dass das Geschäft reibungslos verläuft.

Generell gelten drei Grundregeln für das internationale Geschäft:

- *„All business is local."*

  Das Geschäft wird grundsätzlich mit dem Kunden vor Ort gemacht.

- *Es gibt für jede Geschäftseinheit einen verantwortlichen Weltunternehmer.*

  Dieser delegiert einen Teil seiner Verantwortung auf die Region, abhängig vom Beitrag zur Wertschöpfung oder wichtigen Kernkompetenzen.

- *Die Regionalgesellschaft bildet das gemeinsame Dach.*

  Sie verantwortet die gemeinsamen administrativen oder Dienstleistungsfunktionen wie z. B. Rechnungswesen, Infrastruktur und Personalpolitik. Sie vertritt das Unternehmen nach außen.

Die hier dargestellten Überlegungen entsprechen im Wesentlichen dem Ansatz, den die Siemens AG zur Gestaltung ihres internationalen Auftritts seit 1989 gewählt hat. Andere Unternehmen dieser Branche, etwa General Electric, lassen den Regionalorganisationen wesentlich weniger Spielraum. Es ist schwer zu beurteilen, welcher Ansatz erfolgreicher ist. Für die von Siemens gewählte Architektur spricht, dass besser auf die Bedürfnisse der regionalen Märkte eingegangen werden kann und dass es z. B. auch leichter ist, qualifizierte Führungskräfte für die Region zu finden, kann ihnen doch ein größerer unternehmerischer Freiraum zugesichert werden. Die großen Erfolge der weltweiten Siemens-Organisation im internationalen Geschäft stützen diese These. Andererseits ermöglicht das straffere Führen der Region an der kurzen Leine eines verantwortlichen Weltunternehmers mitunter schnelleres und eindeutigeres, im Hinblick auf spezielle Kundenanforderungen allerdings vielleicht auch weniger sensibles Handeln.

4.2 Unternehmensorganisation – mit der Matrix leben?

Die Digitalisierung beschleunigt die geschäftlichen Abläufe, ermöglicht die Berücksichtigung immer komplexerer Zusammenhänge und führt zur Versuchung, die Geschäfte an einer eher kürzeren Leine zu führen. Andererseits erfordern die schnelleren Veränderungen der Märkte und des Kundenverhaltens direkte und schnelle Reaktion vor Ort beim Kunden. Das bedingt größere Handlungsfreiheit.

Die Waage neigt sich eher in Richtung größerer Autonomie für die Region

Nur so kann schnell und genau auf die Bedürfnisse der Kunden reagiert werden – und diese bestimmen letzten Endes den Erfolg des Geschäfts.

Nach der gleichen Logik gestaltet sich dieses Zusammenspiel auch in Unternehmen, deren Wertschöpfung andere Schwerpunkte hat. Das kann eine ausgeprägte regionale Komponente sein, wie sie bei den bereits erwähnten weltweit aktiven Herstellern von Konsumgütern besteht oder auch im Geschäft der großen Beratungsunternehmen, die aufgrund der meist regionalen Kundenbindung eine starke und entscheidungsfähige regionale Präsenz brauchen. Anders wiederum sieht ein Geschäft aus, das von komplexen Prozessketten abhängig ist wie z. B. die Grundlagenchemie oder die Erdölindustrie. Hier folgt die Organisation eher den einzelnen Prozessschritten. Folgt man den Schwerpunkten der weltweiten Wertschöpfungskette und bezieht wichtige Kompetenzen mit ein, lassen sich mit diesen Überlegungen auch für Industrien mit sehr unterschiedlichen Geschäftscharakteristika passende Strukturen ableiten.

Können auch die großen Digitalkonzerne aus dem Silicon Valley in dieses Schema eingeordnet werden? Sie bauen ihr Geschäftsmodell auf Informationen auf. Das mag auf den ersten Blick gänzlich anderen Gesetzen folgen. Es zeigt sich aber, dass die Fragestellungen ähnlich sind und die Antworten auch hier aus einer Analyse der Wertschöpfungsketten sowie der Kundenwünsche entwickelt werden können, wenn auch die Ergebnisse ganz anders aussehen. Wir kommen darauf noch zurück.

Ein einfaches Rezept für die Gestaltung der internationalen Organisation eines Weltkonzerns gibt es nicht. Für die Festlegung der Gewichte in der Matrix hat sich die Einführung weitgehend objektivierbarer Kriterien bewährt, wie es etwa der Anteil an der Wertschöpfung oder klar definierte Kompetenzen sind. Damit wird die – sonst vielfach mit Einzelinteressen verstrickte – Diskussion versachlicht. Die Details der Verabredungen sollten zwischen den unmittelbar Verantwortlichen ausgehandelt und überprüfbar festgelegt werden. Einfach klingende Schlagworte werden der gegebenen Komplexität einer solchen Aufgabe nicht gerecht.

So wenig Matrix wie möglich, so viel wie nötig

Wir haben hier versucht, zu zeigen, wie in einer komplexen Organisation mit matrixartigen Strukturen umgegangen werden kann. Dennoch: Eine möglichst eindeutige vertikale Struktur – nach welchen Kriterien auch immer –, die möglichst viele Glieder der Wertschöpfungskette umfasst, sollte immer Vorrang vor einer zwangsläufig komplexen Matrixorganisation haben – dies auch unter bewusstem Verzicht auf versprochene Synergien. Schon Odysseus hat bezeugt, dass den betörenden Gesängen der in unserem Fall synergieversprechenden Sirenen eher nicht zu trauen ist.

4.3 Unternehmenszentralen: Wertschaffer oder Wertvernichter?

Sind hochkomplexe und breit aufgestellte Unternehmen heute – und vor allem unter den zu erwartenden zukünftigen Bedingungen – überhaupt noch führbar? Kann eine Konzernzentrale zusätzlichen Wert schaffen oder kostet sie mehr, als sie bringt? Ist die Zentrale ein Segen oder eher ein Fluch für die Wettbewerbsfähigkeit der geschäftsführenden Bereiche? Oder anders gefragt: Wie muss eine Unternehmenszentrale heute aufgestellt sein, um die Gesundheit und Überlebensfähigkeit des Ganzen und seiner Teile sicherzustellen?

Unternehmenszentralen sind in den letzten Jahren zunehmend in den Fokus kritischer Beobachtung geraten. Vor allem Investoren stellen den wertschaffenden Nutzen großer und mächtiger Unternehmenszentralen vermehrt infrage. Auch die Geschäftseinheiten selbst zweifeln den Wert ihrer eigenen Zentrale an. Sie fühlen sich eher behindert als unterstützt, eher gegängelt als in ihrer unternehmerischen Freiheit gefördert. Die Zentrale selbst stellt sich allerdings meist nicht infrage. Sie geht davon aus, dass sie erheblichen Nutzen stiftet, sei es durch die Hebung echter (!) Synergien, sei es durch die Bereitstellung von Expertise oder auch schlicht von Geld für Investitionen und weiteres Wachstum. Wer hat recht?

Aufgaben und Aufstellung einer Unternehmenszentrale ändern sich dramatisch

Wo auch immer die Wahrheit liegt: Mit den Anforderungen der Digitalisierung steht das Management vor neuen Herausforderungen. Die Aufgabenteilung zwischen der Unternehmenszentrale und den für ihr Geschäft verantwortlichen Bereichen muss geschärft werden. Die Unternehmenszentrale ist für die Belange des gesamten Unternehmens zuständig. Dazu zählen in erster Linie die Unternehmensstrategie und die Zusammensetzung des Unternehmensportfolios sowie die Optimierung des Ressourceneinsatzes. Die Zentrale ist gewissermaßen der Intelligenzverstärker der Unternehmensleitung. Das betrifft nicht nur strategische Fragen oder Finanzen, sondern z. B. auch Managementressourcen, die Hebung von Synergien sowie gegebenenfalls der Aufbau neuer Geschäftsaktivitäten. Hinzu kommen hoheitliche Ordnungsfunktionen (z. B. Buchhaltung, Rechnungswesen, Recht und Compliance oder notwendige organisatorische Richtlinien). Als dritte Säule ist es auch Aufgabe einer Unternehmenszentrale, notwendige Dienstleistungen wie z. B. Gebäudemanagement, Fuhrpark, Restaurant-, Reinigungs- oder auch IT-Dienste zu organisieren, sei es durch eigene Wertschöpfung oder durch Einkauf der Dienstleistung von externen Anbietern.

Aufgabe der geschäftsführenden Bereiche ist in erster Linie die Weiterentwicklung und Pflege des jeweiligen Geschäfts. Die Zukunftssicherung der Produkte und Leistungen zählt ebenso dazu wie die operative Effizienz und die Zufriedenheit der Kunden. Keine dieser Aufgaben darf an eine wie auch immer geartete Zentrale zurückdelegiert werden. Dementsprechend sollte auch die Zentrale nur in Ausnahmefällen in die Geschäftsführungsverantwortung der Bereiche eingreifen.

Die Notwendigkeiten der täglichen Praxis weichen diese Grundsätze allerdings oft auf. Ein schwaches Management, existenzbedrohende Krisen oder auch nachweisbare Redundanzen (mit echtem Synergiepotenzial) zwischen verschiedenen Bereichen können Eingriffe der Zentrale in die Geschäftsführung erfordern. Je größer die Probleme, je schwächer das

4.3 Unternehmenszentralen: Wertschaffer oder Wertvernichter?

Management und je schlechter die Ergebnisse sind, desto kürzer wird die Leine, an der der Bereich geführt wird. Auf der anderen Seite kann Bereichen, die verlässliche Ergebnisse erwirtschaften und wenig Probleme erkennen lassen, ein hohes Maß an Selbständigkeit zugestanden werden.

Dem Wachstum zentraler Bürokratiemonster muss Einhalt geboten werden

Wenn alles „passt", wird die Leine immer länger. Für diese Form eines „asymmetrischen Managements" gibt es keine klaren Regeln. Der Spielraum ändert sich mit den Zeitläufen und hängt auch von den Temperamenten der jeweils handelnden Personen ab. Hier immer eine gute Balance zu finden, ist die Essenz einer guten Unternehmensführung. In vielen Unternehmenszentralen werden die einfachen Grundregeln für eine klare Aufgabenteilung nicht beachtet. Dienstleistungen und Stabsaufgaben werden vermischt, die Verantwortungsteilung zwischen Unternehmensführung und Geschäftsführung wird nicht hinreichend eingehalten, und es fällt oft schwer, dem Wachsen zentraler Bürokratiemonster Einhalt zu gebieten.

Die Zentrale sieht zu viele Defizite in der Geschäftsführung der Bereiche, zu viele Themen meint man mit zentraler Expertise besser lösen zu können, zu viele Synergien werden vermutet, zu groß ist die Versuchung für die Unternehmensleitung, mithilfe ihrer Zentrale das Gesetz des Handelns selbst in die Hand zu nehmen. Vielen Unternehmensführern, die ihre Karriere dem erfolgreichen, direkten und konsequenten Handeln an der vordersten Front des Geschäfts verdanken, fällt es schwer, sich der Erkenntnis zu beugen, dass Ungewissheit die Schwester der Freiheit ist. Freiheit muss den Bereichen gegeben werden, um Komplexität zu meistern. Ungewissheit muss die Unternehmensleitung dafür in

Kauf nehmen. Wie viel Freiheit gegeben und wie viel Ungewissheit in Kauf genommen wird – auch das ist eine Frage der Balance.

Ungewissheit ist der Preis der Freiheit

Diese hier eher plakativ dargestellten Grundsätze für die Aufstellung einer Unternehmenszentrale sind zunächst unabhängig von den Veränderungen durch die Digitalisierung.

Die Möglichkeiten und die Geschwindigkeit der Datenbeschaffung und ihrer Verarbeitung einerseits und die schnellen Änderungen, denen andererseits Technologien und Märkte unterworfen sind, führen allerdings zu einer deutlichen Verschiebung der Gewichte in der Arbeitsteilung zwischen der Zentrale und den geschäftsführenden Bereichen.

Analysen, die bisher aufgrund ihres schieren Umfangs an Daten und Algorithmen und des zu ihrer Interpretation notwendigen Know-hows sinnvollerweise nur dezentral von den geschäftsführenden Bereichen durchgeführt wurden, können in Zukunft aufgrund der neuen Möglichkeiten der Digitalisierung zentral bearbeitet werden. Vor allem geht es dabei um die eher zentral vorzuhaltende Expertise in der Erschließung von Datenquellen sowie der Erstellung komplexer Simulationsmodelle. In Verbindung mit der enormen Geschwindigkeit, mit der große Datenmengen heute verarbeitet werden, können hierdurch Wettbewerbsvorteile generiert werden. Das spielt eher einer Stärkung der Zentrale in die Hände.

Und dennoch: Die Nähe zum Kunden – zum unmittelbaren Geschehen am Markt – kann eine noch so opulent ausgestattete Zentrale nicht ersetzen. Die zunehmende Informationsflut, die notwendige Geschwindigkeit in der Anpassung und die Notwendigkeit einer schnellen, somit „schlanken" Umsetzung unternehmerischer Ideen aus dem unmittelbaren Kontakt mit dem Markt führen dazu, dass die Waage sich immer weiter in Richtung Autonomie und Dezentralisierung neigt. Das Rennen um die richtige Reaktion auf die Anforderungen der Märkte an Geschwindigkeit und Anpassungsfähigkeit gewinnen Dezentralisierung und Autonomie.

Die Kapitalmärkte haben oft ein gutes Gespür für die Zukunftsfähigkeit eines Unternehmens

Ein weiteres Argument – das selten erwähnt wird, in seiner Tragweite jedoch nicht unterschätzt werden sollte – ist, etwas überspitzt formuliert: Die Kapitalmärkte, die vielfach eher als eine Behinderung der Exekutive angesehen werden, können in bestimmten Fällen eine Unternehmensführung sogar massiv auch intern in der Erreichung ihrer Ziele unterstützen. Sie zeigen oft eine bessere und realistischere Einschätzung der Zukunftsfähigkeit eines Unternehmens als der im Tagesgeschäft gefangene Unternehmer selbst. Das reicht in Einzelfällen bis zur Einschätzung der Qualität des Managements. Wir kommen darauf noch zurück (Kapitel 6, „Macht der Führung – Macht der Märkte").

Unter dem Dach eines großen Unternehmens sind die Bereiche vom unmittelbaren Einfluss der Kapitalmärkte abgeschirmt. Das kann Vorteile haben, da der Druck durch Quartalsberichte und andere oft kurzfristige und aktionistische äußere Einflüsse entfällt.

Die Urteile der Märkte etwa über

- verzögerte Anpassungsmaßnahmen,
- den Verlust an Wettbewerbsstärke,
- das Verpassen technologischer Disruptionen,
- ein ungeschickt agierendes Management

ist jedoch unerbittlich. Auch wenn es dabei mitunter zu Übertreibungen bei Börsenbewertungen kommt – die Signale sind klar und unübersehbar.

> *Es gibt keine guten oder schlechten Zentralen, es gibt nur gut oder schlecht geführte Unternehmen*

Eine klar strukturierte Unternehmenszentrale kann eine gute Unternehmensführung unterstützen, eine schlechte jedoch nicht ersetzen. Wie wirksam eine Unternehmenszentrale ist, entscheidet nicht ihre Struktur, auch nicht ihre Größe, sondern allein der Umgang mit ihr. Das gilt sowohl für ihr Verhältnis zu den geschäftsführenden Bereichen als auch für die Frage, wie die Unternehmensleitung selbst mit ihrem Intelligenzverstärker „Zentrale" umgeht. Hier scheidet sich die Spreu vom Weizen; hier unterscheidet sich gute von schlechter Unternehmensführung.

Digitalisierung, der Einsatz von Hochleistungsrechnern sowie auch von Technologien, die mit dem Begriff „künstliche Intelligenz (KI)" belegt werden, können helfen, die zunehmende Komplexität der Unternehmen selbst und ihres Umfelds zu bewältigen. Auch die Gestaltung von Unternehmenszentralen wird davon massiv beeinflusst. Was aber verbirgt sich hinter diesem mitunter von Geheimnissen, Erwartungen oder auch Befürchtungen belegten Begriff „künstliche Intelligenz"? Was können wir davon erwarten und wo sind ihr Grenzen gesetzt? Im nächsten Kapitel werden wir als Exkurs einen Ausflug in die faszinierende und zu großen Teilen noch nicht voll erschlossene Landschaft dieser neuen Wissenschaft aus Sicht der Systemtheorie wagen.

4.3 Unternehmenszentralen: Wertschaffer oder Wertvernichter?

- *„Besser wedelt der Hund mit dem Schwanz als der Schwanz mit dem Hund." Was ist bei einem Unternehmen „Schwanz" und was ist „Hund"?*
- *Wichtigste Kriterien für die Strukturierung einer Organisation sind:*
  - *der Schwerpunkt der Wertschöpfungskette,*
  - *die entscheidende Kompetenz.*
- *Die Geschäftseinheiten brauchen ein hohes Maß an Handlungsfreiheit und Autonomie über ihre Wertschöpfungskette.*
- *Synergien als Begründung für komplexe Organisationsstrukturen haben ausgedient.*
- *Der natürliche Konflikt zwischen den weltweit für ihr Geschäft verantwortlichen Geschäftseinheiten und den übergreifenden regionalen Organisationen erfordert weiterhin matrixartige Strukturen – allerdings mit klaren Vorfahrtsregeln. Wer hat das letzte Wort?*
- *Digitalisierung verändert die Gewichte.*
- *Aufgaben und Aufstellung der Unternehmenszentralen ändern sich dramatisch.*
- *Zentralen Bürokratiemonstern darf keine Chance gegeben werden.*
- *Es gibt keine guten oder schlechten Zentralen, sondern nur gut oder schlecht geführte Unternehmen.*

5

Wie künstlich kann Intelligenz sein? – Ein Exkurs

> **Intelligenz in Menschen und Maschinen**
>
> Im Zusammenhang mit Fragen der Digitalisierung und Automatisierung ist der Begriff „künstliche Intelligenz" in aller Munde. Er nährt Hoffnungen und Befürchtungen. Doch was genau soll man darunter verstehen? Das bleibt oft im Unklaren, und eine allgemein akzeptierte Definition wurde noch nicht gefunden. Mit diesem Kapitel wollen wir einige Überlegungen zur Einordnung der KI in den Denkrahmen der Systemtheorie zur Diskussion stellen. Damit soll auch aufgezeigt werden, was von einer „künstlichen Intelligenz" erwartet werden kann und wo aus heutiger Sicht ihre Grenzen sind. Wieweit kann sie Unternehmen dabei helfen, die Komplexitätsfalle zu vermeiden?

5.1 Was ist Intelligenz?

Intelligenz ist eine systemische Eigenschaft. Sie ist unabhängig davon, um welches System es sich handelt, ob sie dem Menschen, einem Tier oder einer beliebigen Maschine zu eigen ist. Entscheidend ist die Fähigkeit dieses Systems, Informationen selbständig zu verarbeiten und in zielgerichtete Handlungen umzusetzen *(Tegmark 2017-1, 2017-2; Pinker 2011)*. Das kann also statt eines menschlichen oder tierischen Organismus auch ein Computer sein oder z. B. ein Roboter als Kombination aus einem Rechner und einer Maschine. Zur Ebene der physikalischen oder auch biochemischen „Körperlichkeit" des Systems gesellt sich die „Information" als abstrakte Größe. Sie wird empfangen, verarbeitet und gesendet und kann als der eigentliche Treibstoff jedes intelligenten Systems bei der Ansteuerung seines Zieles verstanden werden.

Intelligenz ist die Fähigkeit eines Systems, seine Ziele in einer komplexen Umwelt zu erreichen

---

Warum sollte nicht etwa Löwen in ihrem Rudel, Elefanten, Delfinen oder Schimpansen im Hinblick auf die Ziele, die sich aus der Evolution heraus für die jeweilige Tierart entwickelt haben, sogar ein hohes Maß an Intelligenz zugesprochen werden? Aus dieser Sicht können auch Maschinen im Hinblick auf ihre vorgegebenen Ziele hochintelligent sein.

Eine Maschine kann einen Menschen beim Schach- oder Go-Spiel schlagen. Im Hinblick auf dieses – aber auch nur dieses – Ziel ist sie „intelligenter" als der Mensch. Auch im Erkennen von Mustern, sei es in der Bildverarbeitung, in der vergleichenden Analyse des Verhaltens einer großen Anzahl von Menschen, in der Qualitätskontrolle einer Fertigung oder der Analyse von Wirkstoffen in der pharmazeutischen Industrie, um nur einige Beispiele zu nennen, kann von Großrechnern mit dem Einsatz komplexer Algorithmen eine weit über die menschlichen Fähigkeiten hinausreichende Leistung erbracht werden. Sollten sich die Erwartungen in die Zukunft von Quantenrechnern erfüllen, können wir davon ausgehen, dass sich mit solchen Rechnern, die um viele Dimensionen leistungsfähiger sein werden als heutige Systeme, noch eine Vielzahl anderer Aufgaben schneller und effizienter lösen lassen, als dies menschlicher Intelligenz je möglich sein wird.

Intelligenz kann jedoch nur im Hinblick auf ein Ziel bewertet werden. Je größer die Sicherheit ist, mit der ein beliebiges komplexes System sein Ziel erreicht, und je effizienter es dabei vorgeht, desto intelligenter ist es.

Es gibt keine Intelligenz ohne Ziel

Der für Menschen entwickelte Intelligenzquotient (IQ) bildet die intellektuelle Leistungsfähigkeit eines Individuums im Verhältnis zu einer Referenzgruppe ab *(Wikipedia: Intelligenzquotient).* Er stellt einen Durchschnittswert aus einer Reihe von Parametern dar, die kognitive, logische, analytische, sprachliche, rechnerische etc. Fähigkeiten repräsentieren, welche zusammengenommen dem Ziel zugeordnet werden, in einer Gesellschaft gut zu bestehen. Dabei wird etwa das Erkennen logischer Strukturen oder Muster ebenso herangezogen wie verbale Ausdrucksfähigkeit, semantisches Verständnis oder auch das Verhalten in einer Gruppe. Ein IQ für eine eher agrarisch geprägte Gesellschaft müsste demgemäß völlig anders zusammengesetzt sein als ein Test für unsere digitalisierte Industriegesellschaft. IQ-Tests, die auf Fähigkeiten ausgerichtet wären, die für Indianer im Regenwald des Amazonas, für die Bewohner des Hochlands im Himalaya oder für Nomaden in der Wüste Sahara relevant sind, müssten zwangsläufig zu gänzlich anderen Ergebnissen führen als die Intelligenztests, die nach den Regeln unserer fortschritts- und technikorientierten Zivilisation gestaltet und darüber hinaus auf einen „Durchschnitt" ausgerichtet sind. Deshalb ist es auch nicht zulässig, in ethnischer oder soziokultureller Hinsicht unterschiedlichen Bevölkerungsgruppen ein unterschiedliches Ausmaß an Intelligenz, ausgedrückt in einem IQ, zuzumessen, der für die Bedürfnisse des Arbeitsmarktes unserer westlichen Industriegesellschaft definiert wurde. Ein Intelligenzquotient hat immer ein bestimmtes Zielsystem als Bezugsgröße. Je allgemeiner und breiter dieses Zielsystem definiert ist, desto weniger können auch extreme Einzelbegabungen in einem IQ erfasst werden.

Das Ansteuern eines Zieles in einer hochkomplexen und dynamischen Umgebung setzt nach W. Ross Ashbys „Law of Requisite Variety" eine entsprechende Komplexität des handelnden Systems voraus. Wir haben auch gesehen, dass einer großen Anzahl von Umwelteinflüssen mit Abschirmung erfolgreich begegnet werden kann. Eine Abschirmung jedoch, das zeigt die Geschichte, kann immer nur eine begrenzte Zeit Schutz vor Veränderungen bieten.

Im Vordergrund unserer Überlegungen steht die aktive Verfolgung von Zielen in einem dynamischen Umfeld. Nur diese ermöglicht Fortschritt und erfolgreiche Anpassung. Abschirmung bedeutet Stagnation. Reicht der Vorrat an möglichen Verhaltensweisen für die Bewältigung eines Umwelteinflusses zum Erreichen des Zieles nicht aus oder treten Ereignisse ein, über die zu wenig Informationen vorhanden sind, bleibt neben der gegenüber dem Unbekannten unter Umständen nicht wirksamen Abschirmung nur noch die Alternative des zufälligen Verhaltens. Das setzt Handlungsfreiheit voraus.

Jedes intelligente System braucht Handlungsfreiheit zur Bewältigung des Unbekannten – das kann aber auch zum Untergang führen

---

Wenn ich nicht weiß, was auf mich zukommt, kann ich auch nicht wissen, wie ich reagieren muss und ob das mit dem gegebenen Vorrat an Optionen überhaupt erfolgreich möglich ist.

Ein zufälliges Verhalten kann erfolgreich sein oder zu Fehlern bis hin zum Untergang des Systems führen. Dem kann vorgebeugt werden, indem das System ein Modell seiner Umwelt entwickelt und dieses mit einem Modell seiner selbst interagieren lässt. Sind die Maßnahmen zielführend oder nicht? Können sie gar zu einer existenziellen Bedrohung werden? Nach diesem Muster laufen z. B. Planungsprozesse in Wirtschaftsunternehmen oder anderen Organisationen bis hin zu politischen Organen ab. Planung ist die virtuelle Vorwegnahme zukünftigen Geschehens. Planungsmodelle können allerdings nie die Komplexität der Umwelt oder auch des eigenen Verhaltens einer sozialen Organisation vollständig abbilden.

Im Laufe der Evolution hat sich diese systemische Verhaltensweise in unzähligen Schritten immer weiter perfektioniert und im Menschen ihre bis jetzt höchste Entwicklungsstufe erreicht. Im Überlebenskampf von Arten und Individuen hat sich die Fähigkeit bewährt, mögliche Handlungsweisen gegenüber der relevanten Umwelt an einem empirischen Modell dieser Umwelt mit Hinblick auf das jeweils günstigste Resultat zu simulieren. Ein Löwenrudel bei der Jagd oder das Gruppenverhalten von Delfinen, Elefanten und zahlreichen Primaten sind gute Beispiele für eine solche Fähigkeit im tierischen Bereich. Sie ermöglicht eine größere Sicherheit im Erreichen von Zielen (z. B. Überleben, Ernährung, sozialer Rang etc.). Reicht die Komplexität dieser Modelle nicht aus, um sich der Wirklichkeit anzunähern, bleibt wiederum nur das zufällige Verhalten (oder die möglichst vollständige Abschirmung der Umwelt) mit allen Unvorhersehbarkeiten.

Diese Art des Umgangs mit einer komplexen und dynamischen Umwelt ist jedoch nicht auf Menschen bzw. Lebewesen beschränkt. Sie kann auch hoch entwickelten Maschinen eingegeben werden. Autopiloten, die Flugzeuge und vielleicht in Zukunft auch Autos steuern, die Abwicklung komplexer Fertigungsprozesse oder die Steuerung logistischer Systeme bis hin zu Anwendungen in der Raumfahrt greifen auf diese Art der Simulation zurück, um das optimale Verhalten in einer konkreten Situation zu ermitteln. Weiterhin exponentiell zunehmende Rechnerleistungen werden in Zukunft immer komplexere Simulationsmodelle ermöglichen, wie sie aus heutiger Sicht noch kaum vorstellbar sind.

5.2 Künstliche Intelligenz und Bewusstsein

Sobald ein System sich selbst in seiner Umwelt wahrnimmt, ist es sich auch seiner selbst bewusst, oder mit anderen Worten: Es hat ein Bewusstsein. Mit dieser Sichtweise lässt sich der schwierige Begriff des Bewusstseins in einen Zusammenhang mit der Systemtheorie bringen *(Tegmark 2017-1, 2017-2; Pinker 2018; Precht 2020)*.

„Bewusstsein" als Eigenschaft eines komplexen zielorientierten Systems ist grundsätzlich durch eine logische Struktur beschreibbar

Eine derartige, jegliche Metaebene ausklammernde Sicht auf das Bewusstsein eines Menschen, eines Tieres bis hin zu einer komplexen Maschine mag kontrovers sein, rührt sie doch an das über Generationen entwickelte Selbstverständnis des Menschen als des vielleicht einzigen sich seiner selbst vollkommen bewussten Wesens.

Unzählige bedeutende Denker, Philosophen und auch Naturwissenschaftler haben sich über Jahrhunderte in beeindruckender Weise und Vielfalt mit dem Phänomen des menschlichen Bewusstseins auseinandergesetzt. Das zu würdigen kann hier nicht unsere Aufgabe sein. Uns geht es um den Versuch, Intelligenz und Bewusstsein in eine logische Struktur für das Verhalten komplexer zielgerichteter Systeme einzuordnen. Dazu gehört die Überzeugung, dass auch ein Mensch mit seiner Intelligenzleistung und seinem damit zusammenhängenden Bewusstsein ein physikalisch-biochemisches System ist, das den Gesetzen der Natur gehorcht. Das schließt die Möglichkeit ein, Informationen zu empfangen, zu verarbeiten und zu senden. Das System „Mensch" nimmt Energie aus seiner Umgebung auf, erkennt Strukturen, schafft gedankliche Ordnung und setzt sie mittels seiner sensorischen und aktorischen Möglichkeiten in zielgerichtete Handlungen um. Es hat die Fähigkeit, unter Einsatz der aufgenommenen Energie die Entropie (als Maß für die Unordnung) in seinem Umfeld zu verringern, indem es Beobachtungen zu einer modellhaften Vorstellung ordnet und – davon ausgehend – Handlungen im Hinblick auf ein Ziel vollzieht *(Mirow 1969; Pinker 2018)*. Aus dieser Sicht ist das allerdings kein Alleinstellungsmerkmal des Menschen. Andere Lebewesen, aber auch vom Menschen erbaute Maschinen, die entsprechend programmiert sind, können in diesem Sinne Ordnung schaffen. Kann ihnen damit ein zumindest rudimentäres Bewusstsein zugesprochen werden?

Im Sinne der hier vorgeschlagenen Definition ist Bewusstsein kein nur dem Menschen zuzuschreibendes Attribut. Danach können höher entwickelte Tiere oder auch komplexe Maschinen sich ihrer selbst bewusst sein. Ja, sie müssen es sogar, denn nur dann können sie erfolgreich in einer hochkomplexen und dynamischen Umwelt Strategien für das Erreichen ihrer Ziele entwickeln, ohne sich durch Versuch und Irrtum in Gefahr zu begeben. Die Folgen möglicher Handlungen werden vor deren Umsetzung in die Realität am Modell erprobt. Fällt das Resultat ungünstig aus, können die Handlungsoptionen angepasst werden.

„Sich seiner selbst bewusst zu sein" bezieht sich immer nur auf das individuelle System. Ich als Individuum habe ein Bewusstsein, das nur ich kenne. Die Bewusstseinszustände anderer Systeme kenne ich nicht. Folgt man dieser Sichtweise, dann verleiht die Fähigkeit eines Individuums, ein Modell seiner selbst im Verhältnis zu seiner Umwelt zu entwickeln, ein Bewusstsein.

Wir können auch einer Maschine die Freiheit geben, auf Basis eines Modells der Umwelt und ihrer selbst gewählte Handlungen auszuführen. Wir können ihr auch die Möglichkeit geben, aus den Ergebnissen dieser Handlungen zu lernen. Das ist heute in vielen hoch automatisierten Systemen bereits gang und gäbe. Gehen wir noch einen Schritt weiter, könnte einer derartigen Maschine auch die Fähigkeit gegeben werden, unter Einsatz von aus der Umwelt bezogener Energie ihre eigenen Strukturen zu verbessern und damit einen höheren Organisationsgrad zu erreichen. Damit aber würde sie sich sehr schnell unserem Wissen über ihren jeweiligen Zustand entziehen und – darüber hinaus – auch über den Zustand ihres jeweiligen „Bewusstseins".

Eine solche Situation erleben wir auf wesentlich komplexere Weise täglich zwischen Menschen oder – schwieriger noch – zwischen Gruppen von Menschen. Jeder ist sich nur der eigenen Wahrnehmungen, seiner Emotionen, Überlegungen und Entscheidungen bewusst. Wir wissen, dass es unseren Mitmenschen genauso geht. Wir können uns jedoch nur be-

5.2 Künstliche Intelligenz und Bewusstsein

grenzt, etwa anhand eines mentalen Modells, das wir von ihnen entwickeln, in den jeweiligen Bewusstseinszustand eines anderen Menschen oder auch Tieres hineinversetzen.

In einer ähnlichen Situation befinden wir uns bereits heute auch gegenüber manchen Maschinen, die von hochkomplexen Algorithmen und mehrschichtigen neuronalen Netzen gesteuert werden. Selbst die Erbauer dieser Maschinen, die Programmierer ihrer Abläufe und Algorithmen wissen dann nicht mehr, wie bestimmte Schlussfolgerungen abgeleitet wurden. Sie kennen nur noch den Input und den Output. Was sich im System selbst abspielt, ist nicht mehr nachvollziehbar. Wir sprechen in der Sprache der Systemtheorie dann von einer „Black Box" *(Wikipedia: Black Box)*.

Die Fähigkeit zur Modellbildung (seiner selbst und seiner Umwelt) ist Voraussetzung, damit ein System seine Ziele in einer hochkomplexen und dynamischen Umwelt erreichen kann. Diese Modelle führen nach unserer Argumentation zu einem Bewusstsein des Systems über seinen Zustand und seine Existenz. Ähnlich wie aus unserer Definition von Intelligenz folgt daraus, dass Bewusstsein kein spezifisch menschliches Attribut ist. Auch Maschinen kann von ihren Erbauern eine spezifische Art von Bewusstsein eingepflanzt werden mittels der Fähigkeit, ihr eigenes mögliches Verhalten gegenüber der Umwelt an einem Modell zu simulieren, bevor es ausgeführt wird. Besitzt dieses System auch Freiheit, also Spielraum für zufälliges Verhalten, der vom System auch genutzt werden kann, um die eigene Struktur zu verändern, kann ein solches System „einzig" werden. Wird eine solche Einzigartigkeit in die Baupläne von Folgesystemen übernommen, könnte sogar von einer Analogie zur Mutation in biologischen Systemen gesprochen werden.

Bei der Diskussion um den Begriff „Intelligenz" haben wir diese danach bemessen, wie gut ein System in der Lage ist, ein vorgegebenes oder auch selbst entwickeltes Ziel in einer komplexen Umgebung zu erreichen. Ähnliches gilt auch für das Phänomen des Bewusstseins: Die Fähigkeit zur Modellbildung und zur Interaktion zwischen einem internen Modell der relevanten Außenwelt und den eigenen Handlungsalternativen kann sehr unterschiedlich ausgeprägt sein, von einfach bis hochkomplex, wobei wir dem Menschen die bis jetzt wohl höchste Bewusstseinskomplexität unter den Lebewesen zuschreiben. Der Mensch wiederum hat die Fähigkeit entwickelt, Maschinen mit der Fähigkeit zur Modellbildung (Bewusstsein) zu bauen. Sie dienen als Werkzeuge, um seine Intelligenz zu verstärken und sein Bewusstsein mit besseren Modellen über zusätzliches Wissen und mit Algorithmen zur zielgerichteten Verarbeitung zu erweitern.

Wie funktioniert das menschliche Bewusstsein? – Eine ungeklärte Frage

---

Die Diskussion über diesen schwierigen Begriff kreist immer wieder um die nahezu unfassbar komplexen und im Detail ihres Funktionierens auch noch nicht völlig ergründeten Fähigkeiten des Menschen zu zielgerichtetem und bewusstem Verhalten. Dabei geht es nicht nur um das Produkt einer bewussten Informationsverarbeitung im Gehirn. Die Verarbeitung von Informationen aus der Umwelt unter Nutzung der gesamten sensorischen Fähigkeiten des Menschen sowie die daraus als Reaktion oder aufgrund interner Bedürfnisse (z. B. Hunger, Schmerz, Verlangen) folgenden Handlungen werden nicht nur im Gehirn ausgelöst. Daran beteiligt ist das gesamte Nervensystem, über den ganzen Körper verteilte Sensoren, Aktoren und Nervenbahnen bis hin zum Verdauungsapparat. Auch das Gehirn selbst ist nicht eine „bewusste" Einheit. Nur einige Areale im Frontallappen und in der Großhirnrinde wurden bisher als Sitz einer bewussten Informationsverarbeitung lokalisiert *(Max-Planck-Gesellschaft 2014)*.

5.2 Künstliche Intelligenz und Bewusstsein

Nur ein Bruchteil dessen, was sich im Gehirn oder sonst im menschlichen Körper an Regelungsvorgängen, an Aktions- und Reaktionsmechanismen abspielt, ist im Bewusstsein präsent. Dabei geht es nicht nur um rationale und bewusste Kalküle. Emotionen, im Unbewussten gespeicherte Erfahrungen, die Signale des eigenen sensorischen Apparates und genetische Vorprägungen sind nur einige der Einflussfaktoren, die hier eine Rolle spielen. Auch die Frage, warum bestimmte Informationen „vergessen" oder in tieferen und unzugänglicheren Schichten abgespeichert werden, warum gerade diese es sind und wie es gelingt, sie im Bedarfsfall wieder zu aktivieren, sei es auf der Ebene des Bewusstseins, sei es im Bereich des Unbewussten, ist in vielen Details noch nicht geklärt. Auf welche Weise beeinflussen unbewusste und damit unserer Kontrolle entzogene Vorgänge, Erfahrungen und Erinnerungen unsere bewussten und nachvollziehbaren Entscheidungen? In die Sprache der Unternehmensführung übersetzt, könnte man auch fragen: Wie gestaltet sich im menschlichen System die Arbeitsteilung zwischen dem Bewusstsein als wahrscheinlich oberster Führungsinstanz und den vielen untergeordneten Schichten mit hoher Entscheidungsfreiheit? Das Bewusstsein „weiß" oft nicht, wie und warum einzelne Entscheidungen auf der unbewussten Ebene so und nicht anders getroffen wurden.

Wie ist die menschliche „Datenbank" aufgebaut und wie funktioniert sie? Spontane, intuitive und mitunter sehr schnelle Reaktionen auf Unvorhergesehenes sind so gesehen auch nicht „irrational". Rationalität – wieder im Sinn einer zielgerichteten, zweckmäßigen Entscheidungsfindung – hat viele Schichten, und nur die oberste „bewusste" Schicht nehmen wir wahr. Alles, was über das bewusste Denken hinausgeht, mit Schlagworten wie „Bauchgefühl", „Intuition" oder gar „Irrationalität" zu belegen, erklärt noch nicht, wie dieses komplexe Zusammenspiel wirklich abläuft. Unbewusste Entscheidungen entspringen so gesehen eher einer tieferen Schicht von Rationalität unter Berücksichtigung aller gespeicherten Lebenserfahrungen bis hin zu angeborenem und genetisch vorgeprägtem Verhalten. Sie werden unter Umgehung des Bewusstseins wirksam – eine Strategie, die in kritischen Situationen für den Erfolg entscheidend sein kann. So ist z. B. das Wahren des Gleichgewichts beim Fahrradfahren ein hochkomplexer Vorgang, der fast völlig „unbewusst" abläuft. Auch die Betätigung der Bremse oder das Folgen des Verlaufs einer kurvigen Straße beim Fahren eines Autos läuft zum überwiegenden Teil auf einer Ebene unterhalb des Bewusstseins ab (nach entsprechendem Training). Nach welchen Kriterien wird das Bewusstsein in Entscheidungen einbezogen oder eben auch nicht? Dazu gibt es viele Arbeitshypothesen und Forschungsprojekte. Bis zu einer allgemeingültigen Theorie des menschlichen Bewusstseins ist der Weg allerdings noch weit *(Pinker 2011, Ginsburg Jablonka 2019, Damasio 2021, Sautoy 2021)*. Bemerkenswert sind auch die jüngsten Thesen von Jeff Hawkins *(Hawkins 2021)* zu der auch von uns vertretenen Rolle der Bildung von Modellen im Gehirn im Zusammenhang mit einer Erklärung dessen was unter „Bewusstsein" verstanden werden kann.

Obwohl sich uns noch nicht erschließt, wie das menschliche Bewusstsein im Einzelnen funktioniert, gehen wir hier von der Hypothese aus, dass es sich auch beim menschlichen Bewusstsein um ein grundsätzlich erklärbares physikalisches, biochemisches und informationstechnisches Phänomen handelt. Die Alternative dazu wäre die Einführung einer Art übergeordneten Systems bzw. einer externen und vielleicht religiös begründeten übermenschlichen Instanz, die unser Bewusstsein ausmacht, prägt und beeinflusst. Das jedoch führt zu Diskussionen auf einer völlig anderen Ebene, die sich einem eher naturwissenschaftlich orientierten Diskurs entziehen.

5.3 Auf dem Weg zu Goethes „Homunculus"?

Wir haben postuliert:

- *Intelligenz* ist die Fähigkeit eines Systems, Ziele in einer komplexen und dynamischen Umgebung zu erreichen.

  Damit kann komplexen Maschinen, die ein Ziel verfolgen, Intelligenz zugesprochen werden.

- *Bewusstsein* ist die Fähigkeit eines Systems, mit Modellen seiner selbst und der Außenwelt verschiedene Szenarien für Handlungsalternativen zu simulieren. Sie sind sich ihrer selbst in ihrer Umgebung bewusst.

  Damit kann Maschinen mit dieser Fähigkeit ein Bewusstsein zugesprochen werden.

Dennoch: Der Weg von einer intelligenten und ihrer selbst bewussten Maschine zu den Fähigkeiten menschlicher Intelligenz und eines menschlichen Bewusstseins ist noch so weit, dass ein Ergebnis auch nicht am entferntesten Horizont auftaucht. Wir vertreten hier allerdings die These, dass es sich bei dem Weg von einem ansatzweisen Maschinenbewusstsein über das Bewusstsein von Tieren bis hin zum Menschen um ein Kontinuum handelt, an dessen oberstem Ende – nach unserem derzeitigen Wissensstand – das menschliche Bewusstsein rangiert. Auch wenn viele Einzelheiten noch der Erforschung harren. Es gelten die Gesetze der Natur.

Eine KI kann nur das tun, wofür sie programmiert wurde

Eine KI kann so programmiert werden, dass sie nicht nur vorgegebene Ziele verfolgt, sondern diese auch weiterentwickelt oder sich mithilfe eines Zufallsgenerators auch unvorhersehbar verhält. Im Sinne unserer Terminologie verfügt die KI damit über Handlungsfreiheit. Es ist sogar denkbar, dass sie sich an vorher festgelegte ethische oder moralische Normen hält. Das Entwickeln einer KI, die eine mit der menschlichen Intelligenz vergleichbare Komplexität aufweist, ist jedoch noch sehr, ja auf absehbare Zeit wohl unerreichbar weit entfernt.

Wie kann eine Maschine einen Willen haben und – wenn sie aufgrund eines bestimmten Algorithmus so etwas wie einen Willen zeigte – worauf würde sich dieser Wille richten? Hätte der fehlerhaft programmierte (oder bediente) Autopilot, der zwei Boeing 737 MAX zum Absturz brachte, den Willen gehabt, zu überleben, hätte er wohl versucht, sich selber und damit das Flugzeug und viele Menschenleben zu retten. Die von Max Tegmark *(Tegmark 2017-1)* als Denkmodell entwickelte Idee einer Prometheus genannten künstlichen Superintelligenz, die letzten Endes die Kontrolle über die Menschheit übernimmt, bleibt wohl auf absehbare Zeit das, als was auch Tegmark sie sieht: eine Utopie.

Im Lauf der Evolution haben die Menschen die Fähigkeit entwickelt, eine ganze Hierarchie von Zielen mit ständig wechselnden Prioritäten zu verfolgen. So z. B.: 1. Überleben der Art, 2. Eigenes Überleben, 3. Überleben der engsten Familie, 4. Befriedigung der elementarsten Grundbedürfnisse (wie Essen, Trinken, Fortpflanzung), 5. Gesundheit, 6. Wohlstand oder auch ganz schlicht Wohlgefühl und Glück – wie immer dies auch definiert sein mag. Diese Aufzählung von Zielen und Prioritäten ist willkürlich und bei Weitem nicht vollständig. Noch komplizierter wird es, dass diese Ziele und daraus resultierenden Handlungen auch im Kontext einer zugrunde liegenden Ethik gesehen werden müssen, die wiederum häufig mit den aus unmittelbaren Bedürfnissen abgeleiteten kurzfristigen Zielen in Konflikt steht. Das Ergebnis dieser

Abwägungen ist für jedes Individuum anders und ändert sich ständig. Wie könnte so eine oft fast opportunistische Flexibilität überhaupt in ein künstliches System eingegeben/programmiert werden?

Menschliches Bewusstsein hat die Fähigkeit, Modelle des vermuteten Bewusstseinszustandes der Mitmenschen zu entwickeln. Ein großer Teil der menschlichen Intelligenz wird im täglichen Leben darauf verwendet, sich mit anderen Menschen oder einer Gruppe auseinanderzusetzen. Es gilt z. B., sich einzuordnen oder durchzusetzen, seinen Platz zu finden oder auch einem Führungsanspruch oder -auftrag gerecht zu werden. Damit das gelingt, hat die menschliche Intelligenz die Fähigkeit entwickelt, sich in andere Menschen hineinzuversetzen oder, um bei der hier eingeführten Systematik zu bleiben, ein Modell des Verhaltens oder auch Fühlens und der Emotionen von Mitmenschen zu entwickeln und das eigene Verhalten daran auszurichten. Dazu bedarf es nicht nur der intellektuellen Leistungsfähigkeit des Gehirns, sondern des Einsatzes des gesamten dem Menschen zur Verfügung stehenden sensorischen und mitunter sogar motorischen Apparates.

Ein weiteres und im Zusammenhang mit KI öfter diskutiertes, aber nicht gelöstes Problem betrifft Fragen der Ethik und Moral. Kann eine KI ethisch und moralisch handeln?

Dargestellt wird das oft am Beispiel des autonomen Fahrens. Wie löst eine im Auto eingebaute KI den Konflikt, der etwa dadurch entsteht, dass einer Gruppe von Kindern nur ausgewichen werden kann, indem man eine alte Dame überfährt? In so einem Fall trifft auch der menschliche Fahrer des Unglücksautos keine „rationale" Entscheidung aufgrund eines Kalküls, das vielleicht nicht nur ethisch-moralische, sondern auch wirtschaftliche Erwägungen berücksichtigt. So viel Zeit ist gar nicht und die Informationen sind höchst unvollständig. Sind die Kinder vielleicht alle unheilbar krank? Handelt es bei der alten Dame um eine wichtige politische Persönlichkeit? Ist sie gesund? Der Fahrer handelt intuitiv, spontan, nicht nachvollziehbar, unter enormem Zeitdruck und daher vielleicht eher zufällig. Wie kann eine Maschine so etwas nachempfinden? Es gibt allen Ernstes einen Vorschlag, dass man halt jedem Autopiloten vor Antritt der Fahrt die eigenen ethischen und moralischen Wertvorstellungen eingeben sollte *(Dabrock 2018)*. Wie das praktisch realisierbar wäre und wie die Auswahl der Kriterien zu erfolgen hat, bleibt offen. Ethisches und moralisches Handeln kann sich immer nur auf ein Individuum beziehen. Es gibt zwar öffentlich vertretene und von der Gesellschaft anerkannte Grundsätze, die sich aber wieder nach dem jeweiligen kulturellen Hintergrund unterscheiden und keineswegs weltweit einheitlich sind. Darüber hinaus ist deren Auslegung und vor allem auch ihre Befolgung immer eine individuelle Entscheidung, die oft kurzfristig, situativ, in Konkurrenz zu alternativen Möglichkeiten und – wenn unter Zeitdruck – vielleicht sogar zufällig getroffen wird. In der Auseinandersetzung zwischen Menschen werden Ethik und Moral im Einzelfall zu eher fluiden Größen. Wie weit kann z. B. der Zweck ein Mittel rechtfertigen, auch wenn es gegen akzeptierte ethisch-moralische Prinzipien verstößt? Darf ein Individuum getötet werden, um etwa die (vermutete) Gefahr eines Terroranschlages zu vereiteln? Oder – gravierender noch – darf ein von Attentätern entführtes Zivilflugzeug mit Kurs auf eine belebte Stadt abgeschossen werden? Können Menschenleben gegeneinander aufgewogen werden? Eine Diskussion, die unter dem Eindruck des Attentats auf die Türme des World Trade Centers („9/11") sehr ernsthaft geführt wurde. Auch jüngst kam eine solche Diskussion wieder unter dem Stichwort „Triage" auf im Zusammenhang mit Kapazitätsengpässen bei Beatmungsmaschinen in der Coronakrise. Gibt es vertretbare Prioritäten bei der Zuteilung der knappen Kapazitäten? Es ist schwer vorstellbar, wie eine solche mitunter notwendige Fluidität in der Auslegung ethisch-moralischer Grundsätze auf eine Maschine übertragen werden kann.

Kann eine KI einen „Sinn", ein übergeordnetes Ziel für ihre Existenz entwickeln?

Eine weitere bisher ungelöste – und wahrscheinlich sogar unlösbare – Frage ist die nach dem Sinn unseres Seins, dem letztendlichen Ziel unserer Welt. Die Frage ist fast so alt wie die Menschheit. Die Evolution ist geschehen. Sie hat uns Menschen hervorgebracht. Wir kennen zwar die Gesetze der Evolution. Ob sich dahinter aber eine übergeordnete Zielsetzung, ein Sinn verbirgt, wissen wir nicht. Ob sich gar hinter der Existenz unserer Welt und uns Menschen als Spezies aus Sicht eines Metasystems ein tieferer Sinn, ein übergeordnetes Ziel verbirgt, muss offenbleiben. Ein System kann das Ziel seines eigenen Seins nicht selbst ergründen, da es sich – als geschlossenes System – nicht vollständig selbst beschreiben kann *(siehe hierzu Anhang)*. Dazu bedarf es eines übergeordneten Systems.

Als einfaches Beispiel möge hier ein autonom fahrendes Auto dienen: Das Fahrzeug sei mit einer hochkomplexen Software sowie entsprechenden Sensoren und Aktoren ausgestattet. Sein Ziel sei, die Insassen sicher und in einem bestimmten Zeitrahmen von A nach B zu bringen. Über entsprechende Sensoren wird die Umgebung ständig abgetastet, Informationen über Verkehrszustände und gegebenenfalls sogar Wetterwerte werden mit Navigationskarten zusammengeführt. Verkehrszeichen werden erkannt und entsprechend den Regeln in die Berechnungen aufgenommen. Diese und weitere Informationen z. B. über den jeweiligen Zustand und die technischen Möglichkeiten des Fahrzeugs werden in ein Simulationsmodell eingegeben und durchgerechnet. Als Ergebnis wird die optimale Fahrstrecke unter Berücksichtigung der Umwelt und des Aktionsspielraums des Fahrzeugs ermittelt und in Form von Befehlen an das System umgesetzt. Diese Informationen werden laufend aktualisiert, und das Fahrverhalten wird entsprechend angepasst. Das übergeordnete Ziel dieses Systems, das vielleicht darin besteht, als Teil eines Logistiksystems eine Lieferkette einzuhalten, eine wichtige Person zu einer Versammlung zu fahren oder eine Familie zum Einkaufen, erschließt sich dem System „Auto" nicht. Es kann sich nicht selbst einen „Sinn" geben. Insofern kann auch eine KI, und sei sie noch so komplex, kein übergeordnetes Ziel, keinen Sinn für ihre eigene Existenz entwickeln.

Unser Überleben ist ein Ergebnis der Evolution und nicht ihr Ziel

Innerhalb unseres Systems hat sich der Mensch aus der Evolution heraus als ein Wesen entwickelt, dem offenbar das Überleben der eigenen Spezies wichtig ist. Wenn es nicht so wäre, hätten wir nicht überlebt. Aus der Tatsache, dass wir bis jetzt überlebt haben, kann aber im Umkehrschluss nicht abgeleitet werden, dass es das übergeordnete Ziel, der Sinn der Menschheit sei, zu überleben. Unser Überlebensziel ist das Ergebnis der Evolution. Daraus haben sich eine ganze Reihe von Unterzielen entwickelt, deren Zusammensetzung und Prioritäten sich ständig ändern. Die Frage nach einem dahinter liegenden Sinn, einem übergeordneten Ziel, das vom Urknall des Universums (was war davor?) bis heute reicht, ist bis heute unbeantwortet und kann wohl auch prinzipiell nicht beantwortet werden. Wir sind Bestandteil eines Systems, das sich nicht vollständig selbst beschreiben kann. Damit kann es auch keine Antwort über den Sinn seines eigenen Seins geben. Das könnte nur eine äußere übergeordnete Instanz, ein Metasystem.

Sehen wir unsere Welt in all ihrer Komplexität, bedürfte es, folgt man Ashbys „Law of Requisite Variety", eines Systems von der gleichen Komplexität wie unsere Welt, also einer Parallelwelt, um sie vollständig zu beschreiben. Aus sich selbst heraus könnte sie das nicht. Auch dazu gibt es Spekulationen. Der Nachweis der Existenz und gar einer Kommunikation mit so einer Parallelwelt ist allerdings noch niemandem gelungen.

Im Falle der vom Menschen entwickelten KI haben wir eine andere Situation: Die Menschen als Metasystem können ihr ein oder mehrere übergeordnete Ziele als eine Art „Sinn" vorgeben. Damit ist und bleibt sie aber ein Artefakt.

Unbestritten ist, dass eine KI durch den Einsatz von enormer Rechenleistung mit entsprechenden Algorithmen hochkomplexe Analysen mit einer fast unvorstellbar großen Datenmenge sehr viel schneller und effizienter durchführen kann als eine menschliche Intelligenz. Ja, sie macht viele Analysen überhaupt erst möglich. Wird es in Zukunft gelingen, Quantenrechner zur Einsatzreife zu bringen, wird sich diese Rechenleistung noch einmal um heute noch kaum seriös abzuschätzende Größenordnungen erhöhen. Das alles kann zum Vorteil der Menschheit eingesetzt werden. Die Vision einer KI in den Diensten der Menschheit erscheint am Horizont.

KI kann auch missbraucht werden

Nicht ausgeschlossen werden kann allerdings, dass die großen Möglichkeiten einer KI auch auf zerstörerische Weise genutzt werden können. Oft werden in diesem Zusammenhang z. B. Cyberangriffe auf lebenswichtige Systeme zitiert (z. B. Gesundheit, Energieversorgung, Nahrungsmittel, Verkehr) oder auch der böswillige Einsatz von Methoden der Gesichtserkennung zu politischen Zwecken bis hin zu gezielten Angriffen auf einzelne Personen oder Gruppen durch den Einsatz von Drohnen, die mit einer derartigen Erkennungssoftware und entsprechenden Waffen ausgestattet sind. Im Extremfall könnte man sich sogar eine KI vorstellen, der das Ziel eingegeben wurde – oder die schlimmstenfalls autonom das Ziel entwickelt hat –, die Menschheit zu vernichten.

Das allerdings ist nicht neu. Der technische Fortschritt hat sich in der Geschichte der Menschheit auch immer gegen sie selbst gewendet. Der Einsatz von Feuer, von ursprünglich für die Jagd entwickelten Waffen, von Explosionsstoffen, Flugzeugen oder chemischen Wirkstoffen bis hin zur Nukleartechnologie sind nur einige Beispiele von Entwicklungen, die einerseits dem Wohl der Menschheit dienen, andererseits aber auch gezielt als Vernichtungswaffen eingesetzt wurden. Eine der großen Herausforderungen der Menschheit wird es sein, zu verhindern, dass eine bewusst zum Schaden einer Gruppe von Menschen oder gar der gesamten Menschheit einsetzbare KI entwickelt und eingesetzt wird. Mit der Ächtung von Chemie- oder Atomwaffen hat die Menschheit bis jetzt verhindern können, dass deren Einsatz zu theoretisch möglichen Genoziden oder auch zu ihrer eigenen Ausrottung führt. Es liegt in unserer Verantwortung, dass dies auch im Hinblick auf einen zerstörerischen Einsatz künstlicher Intelligenz gelingt. Es sollte aber nicht übersehen werden, dass auch die Menschen selbst immer wieder bereit sind, sei es zum eigenen Vorteil, sei es in den Diensten einer höheren Macht oder Idee, beliebige Verbrechen im Sinne fehlgeleiteter Ethik- und Moralvorstellungen zu begehen. Auch dazu kann eine KI missbraucht werden.

Die berechtigte Forderung nach einer Kontrolle oder gar Regulierung der Netzinhalte ist schnell erhoben. Die Durchführung ist angesichts der Ubiquität des Netzes und der schieren Datenmenge außerordentlich schwierig. Das beginnt mit der rein technischen Machbarkeit und endet mit der Frage, wer eigentlich und nach welchen Kriterien die Maßstäbe setzt. Was ist richtig, was falsch, was überschreitet ethische Grenzen, wo ist Grenze zwischen Missbrauch und Informationsfreiheit? Wie schützen wir uns vor der Willkür einer Zensur? (s. hierzu auch *Kissinger et. al.*). Da sind wir noch ganz am Anfang und die Herausforderung ist enorm.

Auf dem Weg zu Goethes Homunculus?

Logisch erscheint es möglich, eine KI zu beschreiben, die sich der menschlichen Intelligenz annähert. Der Schritt von einer logischen Möglichkeit zum Tun liegt allerdings aus heutiger Sicht eher in Utopia als in unserer realen Welt. Es reicht ja nicht aus, ein menschliches Gehirn nachzubauen oder, wie manche Science-Fiction-Autoren es sich vorstellen, unser Gehirn auf einen Rechner „hochzuladen". Auch das wäre aus heutiger Sicht schon ein aussichtsloses Unterfangen, kann doch derzeit und in absehbarer Zukunft kein Rechner die Komplexität eines menschlichen Gehirns abbilden. Es geht darüber hinaus ja auch nicht nur um das Gehirn. Es geht um den ganzen Menschen mit aller Sensorik, den Aktoren, seinem Energiehaushalt, seinem Willen, seinen Ethik- und Moralvorstellungen, seiner Autonomie, seinen Emotionen und seiner Fähigkeit, sich selbst zu reproduzieren, um nur einige Beispiele zu nennen. Treibende Kraft dieser Entwicklung waren und sind die Gesetze der Evolution.

Den von Johann Wolfgang von Goethe im zweiten Teil seines Dramas *Faust* angesprochenen Homunculus, den „künstlichen Menschen", zu entwickeln, ist – aus heutiger Sicht – eine unerreichbare Utopie. Die Natur hat dafür, von der Entstehung des ersten Lebens bis heute, immerhin einige Milliarden Jahre gebraucht.

Im Hinblick auf die Möglichkeiten der Weiterentwicklung künstlicher Intelligenz mag es ein tröstender Gedanke sein, dass eine aufgeklärte Menschheit deren Dynamik zu einem wesentlichen Teil selbst unter Kontrolle hat. Dieser Verantwortung muss sie aber auch gerecht werden.

- *Intelligenz ist die Fähigkeit eines Systems, sich zielgerichtet zu verhalten. Es gibt keine Intelligenz ohne Ziel.*
- *Eine künstliche Intelligenz (KI) kann Außerordentliches leisten. Das allerdings nur im Rahmen dessen, wofür sie programmiert wurde – im Guten wie im Bösen. Das schließt auch die Programmierung ihrer autonomen Weiterentwicklung ein.*
- *Jedes intelligente System braucht Handlungsfreiheit – wenn diese „blind" ausgeübt wird, kann das auch zum Untergang führen.*
- *Mit der Fähigkeit eines Systems, vorab ein Modell seiner selbst in der Wechselwirkung mit Modellen der Umwelt zu entwickeln, wird die Schwelle zum „bewussten" Handeln überschritten. Das System wird sich seiner selbst in seiner Umwelt bewusst.*
- *„Bewusstsein" ist grundsätzlich als logische Struktur beschreibbar.*
- *Die Gefahr eines programmierten Missbrauchs ist real. Wirksame Maßnahmen zur Verhinderung müssen gefunden werden.*
- *Die Entwicklung einer KI mit „menschlichen" Eigenschaften – etwa im Sinne von Goethes Homunculus – ist und bleibt aus heutiger Sicht eine Utopie.*

6

Macht der Führung – Macht der Märkte

Wie mächtig ist der Mächtige?

Machtausübung in einem Unternehmen verbindet man gemeinhin mit der Macht der Exekutive, sprich der Leitungsorgane (Aufsichtsrat, Vorstand, Bereichsleitungen etc.). Wenig Beachtung in den Überlegungen zur Führung findet hingegen die zunehmende Macht der Märkte, insbesondere der Finanzmärkte und die damit oft zusammenhängende Macht der öffentlichen Meinung, auf die Führung von Unternehmen. Die Macht der Finanzmärkte bzw. – etwas weiter gefasst – die Macht der öffentlichen Meinung ist zumindest auf gleicher Stufe zu sehen wie die evidente Macht von Kunden-, Lieferanten- und Personalmärkten. Einer Unternehmensleitung muss es gelingen, diese externen Mächte in ihre Entscheidungen einzubinden. Das ist eine wesentliche Voraussetzung zur Vermeidung der Komplexitätsfalle. Wie aber kann hier Willkommenes von Unwillkommenem, Aufbauendes von Störendem bis hin zu Zerstörendem unterschieden werden? Welchen Einfluss hat das auf die Entwicklung der Struktur und Führung von breit aufgestellten Unternehmen?

6.1 Was ist „Macht"?

Jede große Organisation, die ein Ziel verfolgt, ist als hierarchisches System von Regelkreisen aufgebaut. Die traditionelle Organisationslehre besagt, dass in einem hierarchisch strukturierten Unternehmen alle Macht von der Exekutive (Geschäftsleitung) ausgeht und in Form von Zielvereinbarungen oder Handlungsanweisungen im Rahmen definierter Regeln an die nachgeordneten Einheiten weitergegeben wird. Dabei definieren wir „Macht" sehr allgemein als die Fähigkeit von Individuen oder Gruppen, auf andere Personen so einzuwirken, dass ihr Handeln dem Erreichen der eigenen Ziele dient *(Pfeffer 1981)*. Dieses einfache Schema wird durch das Erfordernis von Handlungsfreiheit infrage gestellt.

Schnelles und „richtiges" Handeln erfordert Handlungsfreiheit auf allen Stufen der Organisation

Die Folge: Anweisungen der Unternehmensleitung werden auf nachgeordneten Ebenen erneut diskutiert und im besten Fall als Anregung aufgefasst, im schlechteren Fall ignoriert oder gar abgewehrt. Und dennoch zeigt die Erfahrung: Unternehmen, die solchen „Ungehorsam" in Kauf nehmen und ihrer Organisation über alle Ebenen größere Handlungsfreiheit lassen, sind mittel- und langfristig meist erfolgreicher als streng hierarchisch und von der Leitung „an der kurzen Leine" geführte Unternehmen.

Der Schlüssel zu diesem Paradoxon liegt im erfolgreichen Umgang mit Komplexität *(Mirow 2012)*. Ein dezentral aufgestelltes Unternehmen, das den nachgeordneten Einheiten ein hohes Ausmaß an Freiheit und Autonomie gewährt, hat bessere Chancen, sich in einem hochkomplexen und sich schnell wandelnden Umfeld zu behaupten.

6.2 Unternehmen und Umfeld – der Weg zu einer Allianz der Mächtigen

Das Phänomen der Macht darf jedoch nicht nur an den internen Strukturen des Unternehmens festgemacht werden. Die Macht des Umfelds, vor allem der Finanzmärkte, der Kunden und auch der Politik, können Unternehmen in viel größerem Maße beeinflussen, manchmal stärker als die Exekutivmacht des Unternehmens selbst *(Mirow 2011)*.

Hierzu ein Beispiel: Im Jahr 1998 war die Siemens AG in einer kritischen Lage. Der Aktienkurs hatte sich von den führenden Indizes und dem Wettbewerb deutlich abgekoppelt – nach unten. Die Märkte hatten das Vertrauen in die Versprechungen der Führung auf eine baldige Verbesserung der Ergebnisse verloren. Wichtige Anlegergruppen, institutionelle Investoren und Analysten forderten, das Unternehmen zu zerschlagen, weil das Ganze deutlich weniger wert sei als die Summe seiner Teile. Weite Teile der öffentlichen Meinung schlossen sich dieser Forderung an.

Die Unternehmensleitung widerstand diesem Druck und veröffentlichte ein Zehn-Punkte-Programm zur Verbesserung der Situation. Ein entscheidender Punkt in diesem Programm war die Einstellung von Restrukturierungskosten in Milliardenhöhe (in D-Mark) in die Bilanz. Damit nahm sich die Führung selbst in die Pflicht, die geplanten Restrukturierungsmaßnahmen auch tatsächlich durchzuführen, da sonst eine Reaktivierung dieser Kosten hätte begründet werden müssen – ein Offenbarungseid, den das Management nicht überstanden hätte. Parallel dazu wurde eine vierteljährliche und jährliche Berichterstattung über den Stand der Umsetzung der zehn Programmpunkte, heruntergebrochen bis auf die Ebene der Bereiche, eingeführt. Berichte und Pressekonferenzen standen fortan unter dem Motto „Wir tun, was wir gesagt haben, Punkt für Punkt". Die vierteljährliche Berichterstattung über die Fortschritte der Restrukturierung wurde zudem direkt den Vorständen der 14 Bereiche übertragen. Sie hatten jeweils die Ergebnisse ihrer Verantwortungsbereiche in eigenen Pressekonferenzen zu vertreten. Ein Nebeneffekt: Siemens wurde zu einem der transparentesten Unternehmen seiner Branche.

Diese Maßnahmen vereinten eine verstärkte Autonomie der Bereiche mit einer Einbeziehung der Macht der externen Märkte in die Umgestaltung dieser Einheiten. Mithilfe der externen Berichterstattung wurden öffentlicher Erwartungsdruck und Kontrolle als positive Impulse genutzt. Aus der Not wurde eine Tugend: Die Macht der Märkte wurde bewusst eingesetzt, um das Unternehmen wieder auf Kurs zu bringen. Ein Indiz für den Erfolg dieser Strategie möge sein, dass sich der Börsenwert von Siemens im Zeitraum zwischen 1998 und 2008 mehr als verdreifachte. Damit wurden alle wichtigen Wettbewerber, einschließlich der großen General Electric, die über viele Jahre als Maßstab gedient hatte, deklassiert.

6.3 Macht der Exekutive – Macht der Märkte. Eine schwierige Balance

Zerschlagung einerseits und strenge Wahrung der hierarchischen Struktur eines breit aufgestellten Unternehmens andererseits sind lediglich zwei extreme Positionen, die zu kontroverser Diskussion einladen.

> *Die Zerschlagung eines breit aufgestellten Konglomerats ist nichts anderes als eine extreme Form der Gewährung von Autonomie*

Im Einzelfall ist eine Vielzahl von Zwischenstufen möglich, z. B. in Form von Mehr- oder Minderheitsbeteiligungen (konsolidiert oder nicht), bei denen die Bereiche stärker oder auch weniger stark in die Konzernstrukturen eingebunden und damit dem direkten Einfluss der Finanzmärkte in unterschiedlichem Ausmaß ausgesetzt sind.

So hat sich z. B. Siemens Ende der 1990er-Jahre von den Bereichen „Halbleiter" und „Passive Bauelemente" in einem stufenweisen Prozess völlig getrennt. Beide Bereiche wurden als Publikumsgesellschaften der Kontrolle der Märkte überlassen. Eine kapitalmäßige Verbindung mit Siemens gab es nach einer Übergangszeit nicht mehr. Beide entwickelten sich als selbständige Unternehmen nach anfänglichen Schwierigkeiten besser, als sie es vorher unter dem Dach des Großunternehmens getan hatten. Allerdings muss auch angemerkt werden, dass den einzelnen Maßnahmen, hier z. B. die Entlassung in die Selbständigkeit, kein bestimmter Anteil am Gesamterfolg zugeordnet werden kann. Damit ist eine Extrapolation zukünftiger Erfolge ähnlich gelagerter Maßnahmen auch nicht seriös möglich.

> *Die interne Macht der Exekutive wird kombiniert mit der Steuerungsfunktion der Finanzmärkte*

Bei der Gewährung stärkerer Autonomie für die Medizintechnik (Healthineers) hat Siemens einen weniger radikalen Weg eingeschlagen. Der Bereich Healthineers wurde 2018 an die Börse gebracht, die Mehrheit der Anteile verblieb jedoch im Portfolio von Siemens. So kann über die Rechte als Mehrheitsgesellschafter weiterhin signifikanter Einfluss auf die Strategie der Gesellschaft genommen werden. Gleichzeitig wird das Unternehmen auch dem direkten Druck der Finanzmärkte ausgesetzt. Als weiterer Effekt kommt hinzu: Healthineers agiert auf Märkten, die sich in einer Phase der Konsolidierung befinden. Mit der eigenen Börsennotierung wurde auch eine „Währung" (eigene Aktien) für Unternehmenskäufe oder Zusammenschlüsse geschaffen. Der erfolgte Erwerb von Varian – zum großen Teil über die Herausgabe eigener Aktien in Verbindung mit einer Kapitalerhöhung – wäre im Konzernverbund der Siemens AG wohl kaum möglich gewesen. Die Möglichkeiten einer Einflussnahme durch den Mutterkonzern als Mehrheitseigner werden kombiniert mit der Steuerungsfunktion der externen Finanzmärkte. Ähnliches gilt auch für den im September 2020 vollzogenen Börsengang der Energieaktivitäten. Der Unterschied ist, dass Siemens hier keine Mehrheitsbeteiligung hält und damit auch weniger Einflussmöglichkeiten hat.

Es ist noch zu früh, über den Erfolg dieser Strategie zu urteilen, wenngleich die Summe der Börsenbewertungen der drei selbständigen Unternehmen – Siemens AG, Siemens Healthineers und Siemens Energy – zurzeit (Winter 2021/22) deutlich höher als die Bewertung der gesamten Siemens AG vor dieser Aufteilung ist. Erst die Zukunft wird zeigen, wie nachhaltig diese Wertschaffung ist und ob es für Siemens sinnvoll ist, diesen Weg in Richtung einer Holding konsequent weiterzugehen, ohne die Identität des Unternehmens und die Stärke der Marke zu schwächen.

Die zukünftige Siemens AG wird damit zu einem fokussierten und bedeutenden Anbieter von Automatisierungstechnik – ein Markt mit viel Potenzial und anspruchsvoller Technik, der volle Aufmerksamkeit erfordert. Wohin sich die zurzeit sehr erfolgreiche Mobilitysparte nach dem Scheitern der Fusion mit Alstom entwickelt, ob sie im Konzernverbund der Siemens AG bleibt, in die Selbständigkeit entlassen wird oder eine große Partnerschaft – in welcher Form auch immer – eingeht, bleibt offen.

Bemerkenswert ist, dass gerade in jüngster Zeit (November 2021) sowohl General Electric als auch der japanische Elektro- und Elektronikkonzern Toshiba ihre Absicht bekundet haben, ihre Unternehmen aufzuspalten und einzelne Sparten getrennt an die Börse zu bringen. Wieweit sie an diesen Teilunternehmen weiter als Mehrheits- oder Minderheitsgesellschafter beteiligt bleiben, ist noch offen. Auch die in 2021 erfolgten Abspaltungen der Lkw-Geschäfte von Volkswagen und Daimler in Verbindung mit einem Teilbörsengang fallen unter dieses Denkmuster.

Die Beispiele zeigen: Handlungsfreiheit und gewährte Autonomie führen zwangsläufig zu einer Begrenzung der formalen Macht der Exekutive. Diese wird in Teilen bewusst durch die Macht der Märkte z. B. in Form eines Teilbörsengangs ersetzt.

Auch das Handeln der Akteure auf den nachgeordneten Einheiten einer Organisation wird wesentlich mitbestimmt von den Möglichkeiten und des Wollens und Könnens im eigenen Tun als auch von dem Verhalten sowie den ausgesprochenen Erwartungen des Umfelds (z. B. Kunden, Finanzmärkte, Öffentlichkeit). Erst aus dem Zusammenspiel dieser internen und externen Kräfte schöpft ein Unternehmen die Kraft, sich der Macht der exponentiell wachsenden Komplexität entgegenzustemmen.

Mit den bisherigen Überlegungen haben wir zunächst die rein wirtschaftliche Seite von Strategie, Struktur und Führung angesprochen. Genauso wichtig wie die „richtige" Strukturierung dieser drei Säulen ist jedoch die Einordnung des Unternehmens in das gesellschaftliche Umfeld und die gelebte Führungskultur. Das wird das Thema des nächsten Kapitels sein.

- *Handlungsfreiheit und Autonomie begrenzen die interne Macht der Unternehmensleitung.*
- *Sie kann einen Teil ihrer Weisungs- und Kontrollbefugnisse an die Öffentlichkeit (z. B. Finanzmärkte, Kunden, öffentliche Meinung) „delegieren".*
- *Die interne Macht der Exekutive wird kombiniert mit der Steuerungsfunktion der Finanzmärkte und der Macht der öffentlichen Meinung.*
- *Das setzt ein hohes Maß an Offenheit und Information der Öffentlichkeit voraus.*
- *Durch das Zusammenspiel von der Weisungsmacht der Exekutive mit der Macht der Öffentlichkeit kann ein hohes Ausmaß von zusätzlicher zielgerichteter Handlungskomplexität erzeugt werden, die den Erfolg sichert.*

7

Die Rückkehr des ehrbaren Kaufmanns

> **Wertschaffung oder Werte schaffen? Eine Frage des Entweder-oder?**
>
> Unternehmen treten an, um Wert zu schaffen. Bei jeder unternehmerischen Tätigkeit muss letzten Endes mehr herauskommen, als an Ressourcen investiert wurde. Daran gibt es keinen Zweifel. Sonst kann ein Unternehmen auf Dauer nicht überleben. Die Bedingungen, zu denen Werte geschaffen werden, müssen allerdings hinterfragt werden. Eine „zügellose" Wertschaffung kann auch ein sicherer Weg in den Untergang sein.

7.1 Unternehmen im Widerstreit der Interessen

Die Frage der Wertschaffung *(Wertschaffung)* von Unternehmen, oft unpräzise mit dem Schlagwort „Shareholder Value" umschrieben, hat in den letzten Jahren viele Diskussionen ausgelöst:

- Können Unternehmen, die sich ausschließlich dem Konzept des Shareholder Value verschrieben haben, langfristig überleben?
- Was verbirgt sich hinter der so kontrovers geführten „Heuschreckendebatte"?
- Wie müssen sich Unternehmen heute aufstellen, um positiv von der Gesellschaft akzeptiert zu werden und damit auch ihre Gesundheit und Überlebensfähigkeit zu sichern?
- An welchen gesellschaftlichen Wertvorstellungen sollen sie sich orientieren?

Nur Stärke im Wettbewerb sichert den Erfolg

Ziel jeder Unternehmensstrategie muss sein, Stärke im Wettbewerb zu sichern. Nur wettbewerbsstarke Unternehmen können auf Dauer überleben; nur sie können ausreichende Gewinne erwirtschaften, Arbeitsplätze schaffen und innovieren. Wettbewerbsstärke ist Voraussetzung für die dauerhafte Schaffung von Wert, für die positive Differenz zwischen Umsatz und Kosten. Es wird mehr erwirtschaftet, als an Ressourcen hineingegeben wird. Diese Wertschaffung ist weitgehend objektiv messbar und gilt als Maßstab für den unternehmerischen Erfolg. Die alternativ oft als Maßstab genommenen Börsenbewertungen sind das Ergebnis der von den Aktionären vermuteten Zukunftschancen eines Unternehmens. Sie sind mithin ein Abbild der Erwartungen von Aktionären. Diese können eintreten oder eben auch nicht. Mit der innerbetrieblichen Wertschaffung eines Unternehmens haben sie nur wenig zu tun *(Mirow 1994)*.

Die Wertschaffung an den Aktienmärkten – ausgedrückt durch die Börsenkurse – ist jedoch in den letzten Jahren in Verbindung mit dem Schlagwort „Shareholder Value" zunehmend in das Kreuzfeuer der öffentlichen Meinung geraten. Den Unternehmen wird vorgeworfen, sich primär um das Wohlergehen der Kapitaleigner zu kümmern und die traditionellen Werte wie Loyalität, Nachhaltigkeit, Kundennutzen und soziale Verantwortung zu vernachlässigen. Diese Kontroverse wird teilweise mit populistischen Argumenten ausgetragen. So wurden etwa in der vor einigen Jahren in Deutschland geführten „Heuschreckendebatte" Finanzinvestoren beschuldigt, über Unternehmen wie Heuschreckenschwärme herzufallen, sie auszusaugen und nach vollbrachter Tat zum nächsten Opfertisch auszuschwärmen.

Es ist müßig, diese Argumentation im Einzelnen zu widerlegen. Sie ist politisch motiviert und meist mit populistischen Argumenten angereichert. Einen Vergleich mit der Realität hält sie letzten Endes nicht stand. Kein „ausgesaugtes" Unternehmen kann noch zu einem annehmbaren Preis verkauft werden. Somit verhungert dann letzten Endes die „Heuschrecke". Auch gibt es viele Beispiele dafür, dass gerade Investoren aus der Private-Equity-Branche Unternehmen übernommen und zu neuer Blüte geführt haben. Ebenso gab es schreckliche Fehlentscheidungen, die zur Vernichtung der Unternehmen geführt haben. Nur: Solche Fehlentscheidungen gehören zum unternehmerischen Risiko und sind unabhängig von der Eigentümerstruktur. Man erinnere sich nur daran, welche Werte durch die letzten Endes gescheiterte „Hochzeit im Himmel" zwischen den Automobilkonzernen Daimler Benz in Deutschland und Chrysler in den USA vernichtet wurden, oder welche Folgen die Hybris der Banken in der letzten Finanzkrise nicht nur für die Aktionäre und Mitarbeiter der Banken, sondern auch und gerade für die öffentlichen Haushalte und damit letztlich für alle Steuerzahler hatte.

7 Die Rückkehr des ehrbaren Kaufmanns

Es gibt keine Anhaltspunkte dafür, dass Fehlentscheidungen in Unternehmen, die von Private-Equity-Gesellschaften geführt werden, häufiger sind als in Publikumsgesellschaften oder in von Eigentümern geführten Familienunternehmen *(Landau 2010)*.

Ohne einen ausbalancierten Interessenausgleich zwischen allen am Wertschöpfungsprozess beteiligten Gruppierungen kann kein Unternehmen auf Dauer existieren: Eigentümer, Banken, Mitarbeiter, Kunden, Lieferanten und – last, but not least – die Gesellschaft, also „wir alle". Man kann sich das bildlich als ein Federsystem mit dem Kreis aller Beteiligten vorstellen, in dessen Mitte das Unternehmen hängt (Bild 7.1; *Mirow 2007*).

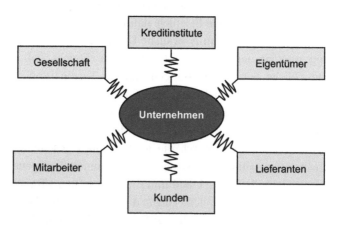

Bild 7.1 Unternehmen im Schnittpunkt der Interessen

Alle Beteiligten kämpfen um die Maximierung ihres Vorteils. Langfristige Gesundheit und Überleben erfordern einen Interessenausgleich. Dem Unternehmen muss es gelingen, dieses System im Gleichgewicht zu halten.

Was z. B. den Kunden über niedrige Preise gegeben wird, muss letztlich den Lieferanten, Mitarbeitern oder Eigentümern genommen werden. Das Ergebnis kann nicht zweimal verteilt werden. Zwischen allen Gruppierungen gibt es somit Abhängigkeiten. Verteilt werden kann nur, was erwirtschaftet wurde. Jede Gruppe versucht, ihren Anteil an diesem Kuchen zu maximieren. Auch kann kein Unternehmen auf Dauer als „Paria" in einer Gesellschaft existieren. Die Beiträge der Gesellschaft durch die Bereitstellung von Infrastrukturen, Schutz, gesetzlichen Regelungen und dergleichen erfordern auch eine entsprechende Gegenleistung der Unternehmen. Da geht es einerseits um das Zahlen von Steuern, andererseits aber auch um das Einhalten gesellschaftlich anerkannter Normen und Verhaltensweisen.

---
*Die Kraftlinien verschieben sich im Zeitablauf –
Digitalisierung ändert die Spielregeln*

Während in den 1970er- und 1980er-Jahren eher die Interessen der Arbeitnehmer im Vordergrund standen, schoben sich in den 1990er-Jahren – vor allem vorangetrieben durch Aktionärsgruppen aus dem angelsächsischen Raum – die bisher eher vernachlässigten Interessen der Eigentümer (Aktionäre, Gesellschafter) in den Vordergrund. Dies führte auch zu den bekannten Exzessen. Dadurch wurden in der Folge die gesellschaftlichen Kräfte auf den Plan gerufen, und es begann die bis heute anhaltende Diskussion über die Rolle der Unternehmen in der Gesellschaft.

7.2 Die Basis – das Wertesystem des Unternehmens

Das Wertesystem eines Unternehmens legt in erster Linie die Spielregeln fest, nach denen die einzelnen Gruppen am Unternehmenserfolg partizipieren. Eine weitere Ebene reicht jedoch tiefer: Wertesysteme verkörpern die über das reine Wirtschaften des „Homo oeconomicus" hinausgehende ethisch-moralische Dimension des Handelns von Mitarbeitern und Führungskräften in ihrem externen und internen Umfeld:

- Welchen Stellenwert haben die einzelnen Gruppen für das Unternehmen?
- Wie wird miteinander umgegangen, welche Prioritäten werden gesetzt?
- Dürfen um des kurzfristigen Erfolges willen bestimmte Gruppen bewusst benachteiligt werden oder würde das die Basis für das langfristige Überleben und die Gesundheit des Unternehmens untergraben?
- Können Unternehmen mit unterschiedlichen „Federstärken" in ihren Wertesystemen koexistieren oder wird sich ein Verhaltensmuster als das dominantere durchsetzen?

Unternehmen können sich der Wertediskussion nicht entziehen, sie ist Bestandteil einer auf dauerhaften Erfolg angelegten Unternehmensstrategie

---

Gerade die Möglichkeiten der Digitalisierung mit ihrem schier unendlichen Datenhunger – und den Möglichkeiten, diesen auch zu stillen – fordern die Diskussion heraus:

- Was geschieht mit den Daten der Teilnehmer am Wertschöpfungsprozess, z.B. der Kunden, der Lieferanten, der Mitarbeiter, und wem gehören diese Daten?
- Wie werden sie eingesetzt und von wem?
- Wie verändern sich dadurch die Kraftlinien des Systems?

Wir befinden uns mitten in einem Diskussionsprozess, dessen Ausgang noch ungewiss ist. Gewiss ist allerdings: Die Unternehmen dürfen sich diesem Prozess nicht verweigern. Sie sollten ihn eher antreiben, statt zu Getriebenen zu werden.

In politischen und auch wissenschaftlichen Foren wird immer wieder die Frage diskutiert, ob die Wertschaffung als Ziel eines Unternehmens überhaupt langfristig tragfähig ist. Ist das der richtige Maßstab?

Bis jetzt hat sich der geschaffene Wert als bester Maßstab für den Erfolg eines Unternehmens hinsichtlich der Erhaltung eines dynamischen Gleichgewichts im Spannungsfeld der Interessen bewährt. Eine ausgewogene Berücksichtigung der Interessen aller Beteiligten am unternehmerischen Prozess (Stakeholder) ist unabdingbar. Sonst richten sich am Ende einzelne sich benachteiligt fühlende Gruppen gegen das Unternehmen. Eine überzeugende Alternative zum geschaffenen Wert als Maßstab für den Erfolg ist nicht in Sicht. Je stärker die Stellung eines Unternehmens im Wettbewerb ist, desto größer und vor allem auch nachhaltig sicherer ist seine Fähigkeit, Wert zu schaffen. Nur dann kann es auch den Ansprüchen von Mitarbeitern, Kunden, Lieferanten und Finanzmärkten gerecht werden, einen positiven Beitrag für die Gesellschaft leisten und seine Gesundheit und Überlebensfähigkeit langfristig sichern.

Die Wertschaffung ist allerdings nicht das eigentliche Ziel unternehmerischer Aktivität, sie ist aber der entscheidende

Maßstab für den Erfolg. Das eigentliche Ziel definiert sich auf einer höheren Ebene. Das könnten z. B. die Schaffung eines spezifischen Wertes für Kunden, die Durchsetzung einer neuen Technologie oder auch allgemein die Verbesserung der Lebensbedingungen durch Innovation im weiteren Sinne sein. Dennoch bleibt die langfristige unternehmerische Wertschaffung der wichtigste und vor allem nachvollziehbare Maßstab.

Grundsätzlich wäre es zwar denkbar, eine beliebige Gruppe aus dem Kreis des „Federsystems" herauszugreifen und deren „Zufriedenheit" als Maßstab für erfolgreiches unternehmerisches Handeln heranzuziehen. Alle der bisher eher als Nebenbedingungen geltenden Faktoren wie Mitarbeiter-, Kunden- oder Lieferantenzufriedenheit, Bonität bei Banken oder die den Unternehmen im jeweiligen politischen Umfeld zugemessene Anerkennung würden dann als Indikatoren und Messlatte für den unternehmerischen Erfolg dienen. Die Wertschaffung in einer definierten Höhe (z. B. eine Rendite mindestens in Höhe der Kapitalkosten) als Kennzahl zur Darstellung der Eigentümerinteressen würde dann zusammen mit den Kennzahlen für die Zufriedenheit der anderen Gruppierungen als Nebenbedingung angesetzt.

Das größte Problem jedes dieser anderen Parameter wäre allerdings deren Messbarkeit, die anzulegenden Maßstäbe, ihre Objektivierbarkeit und vor allem Vergleichbarkeit, sei es über die Zeit, sei es mit dem Wettbewerb. Wie könnten z. B. Kunden-, Lieferanten- oder Mitarbeiterzufriedenheit in einer Periode so gemessen werden, dass sie in konkrete operative Maßnahmen umgesetzt und kontrolliert werden können? Wie kann man sich damit im Wettbewerb vergleichen? Wie können mittelfristige Zeitreihen vergleichbar für Vergangenheit und Zukunft entwickelt werden unter den Bedingungen des technischen Wandels? Es gibt immer wieder Versuche in diese Richtung. Ein überzeugendes und praktikables Konzept hat sich bis jetzt noch nicht durchgesetzt.

Im Gegensatz dazu beruht das Kriterium der wirtschaftlichen Wertschaffung auf einer betriebswirtschaftlich korrekten Messung innerhalb einer Periode und hat sich über einen langen Zeitraum bewährt. Dargestellt wird die Wertschaffung als das in einer Periode erwirtschaftete Ergebnis nach Abzug der Eigen- und Fremdkapitalkosten. Sie lässt sich über das betriebliche Rechnungswesen bis in die feinsten Verästelungen des Unternehmens nachvollziehen und planen. Sie ist damit weitgehend objektivierbar, direkt aus den Systemen der Rechnungslegung ablesbar und über alle Untergliederungen und Hierarchiestufen eines Unternehmens nachvollziehbar. Wichtige Kennzahlen können mit denen anderer Unternehmen verglichen werden und sind wichtige Indikatoren für die Stellung des Unternehmens im Wettbewerb.

7.3 Wertesysteme in einer globalisierten Wirtschaft

Erschwert wird die Diskussion um die „richtige" Balance zwischen den verschiedenen Beteiligten (Stakeholdern) auch durch die Globalisierung. Die Kraftlinien der Wertesysteme in einer globalisierten Wirtschaftswelt weisen in den verschiedenen Regionen unterschiedliche „Federstärken" auf. Das zeigt z.B. eine internationale Untersuchung *(Yoshimori 1995)* zu der Frage, wie sich ein Unternehmer entscheiden würde, wenn er die Wahl hätte,

- die Dividende zu erhöhen und dafür Mitarbeiter zu entlassen oder
- die Dividende nicht zu erhöhen und dafür Arbeitsplätze zu erhalten.

In Großbritannien und den USA waren nur ca. 10 % der Unternehmer bereit, die Sicherheit der Arbeitsplätze zu garantieren und auf eine erhöhte Dividende zu verzichten. In Japan hingegen gaben rund 97 % der Befragten an, lieber die Arbeitsplätze zu erhalten. In Deutschland und Frankreich entschieden sich etwa 60 % für die Erhaltung des Arbeitsplatzes und 40 % für eine Dividendenerhöhung.

Auch wenn die diesen Ergebnissen zugrunde liegende Studie bereits in den 90er-Jahren durchgeführt wurde: Die Erfahrung aus der Lebenswirklichkeit legt die Vermutung nahe, dass die hier zitierten Ergebnisse immer noch gültig sind.

Wie kann die Leitung eines weltweit tätigen großen Unternehmens, das vielleicht 80 % seiner Umsätze im Ausland macht und 75 % seiner Mitarbeiter auf anderen Kontinenten beschäftigt, mit diesen Unterschieden umgehen? Was in Deutschland im Parlament oder „von der Kanzel" gepredigt oder in den Medien als „öffentliche Meinung" propagiert wird, kann nicht der alleinige und weltweit gültige Maßstab sein. Das Unternehmen muss die Gegebenheiten aller Länder, in denen es tätig ist, und deren jeweilige Wertvorstellungen berücksichtigen. Das wiederum kann in Gesellschaften mit stark von unseren westeuropäisch geprägten Normen, Werten und abweichenden Vorstellungen zu problematischen Konflikten führen. Man denke nur an Menschenrechtsfragen in China oder an Regionen mit ausgeprägten religiösen Vorstellungen oder aus unserer Sicht völlig intolerablen sozialen Ungleichgewichten.

Erschwert wird das noch, wenn es, wie für Großunternehmen in Deutschland, einen mitbestimmenden Aufsichtsrat gibt, der sich auf der Arbeitnehmerseite über die von den Arbeitnehmervertretern und den Gewerkschaften benannten Mitglieder vor allem den einheimischen Mitarbeitern verpflichtet fühlt. Im Gegensatz dazu werden in Volkswirtschaften wie z. B. Russland oder China die Interessen der Unternehmen hingegen oft in hohem Maße den politischen Interessen der Regierungen untergeordnet.

Für Unternehmen, die in allen Regionen der Welt aktiv sind, wird der Balanceakt des Interessenausgleichs damit zu einer vieldimensionalen Herausforderung. Geschützte „Wirtschaftsbiotope" hinter hohen Mauern, innerhalb derer ein auf ausschließlich nationale Gegebenheiten ausgerichtetes unternehmerisches Wertesystem erfolgreich sein kann, gehören der Vergangenheit an. Die Erarbeitung eines solchen auch die globalen Facetten umfassenden Wertesystems ist eine schwierige, in hohem Maße strategische und mit Sicherheit nie endende Arbeit.

Unternehmen in verschiedenen Regionen der Welt stehen auch mit ihren jeweiligen Wertesystemen miteinander im Wettbewerb. Dieses Thema gewinnt zusätzliche Brisanz mit dem Engagement nicht nur angelsächsischer, sondern auch osteuropäischer und insbesondere ostasiatischer Unternehmen in Europa. Neben der starken Vertretung der Aktionärsinteressen spielen oft politische Ziele auch für die Tätigkeit z. B. in europäischen Ländern eine wichtige Rolle. Hinzu kommen noch – wie z. B. im Falle Chinas – aus dem jeweiligen gesellschaftlichen Umfeld heraus völlig andere Vorstellungen hinsichtlich der Führungskultur, des Umgangs mit geistigem Eigentum oder auch der Vertraulichkeit von Kundendaten, um nur einige Facetten aufzuzeigen. Letzteres ist im Zusammenhang mit der zunehmenden technischen

Dominanz z. B. des chinesischen Herstellers für Kommunikationssysteme Huawei Gegenstand hitziger politischer Diskussionen.

Wir stehen vor einem globalen Wettbewerb der Wertesysteme

Unternehmen müssen ihre Aktivitäten in anderen Kulturkreisen an die Wertesysteme der jeweiligen Kulturräume anpassen. Sonst können sie dort nicht existieren. Wenn Unternehmen mit einem durch eine bestimmte Kultur geprägten Wertesystem jedoch global langfristig erfolgreicher sind als andere, werden sie sich mit den von ihnen vertretenen Wertesystemen auch außerhalb ihrer ursprünglichen Heimatregion durchsetzen. Problematische Konsequenzen mit allen schwerwiegenden Folgen auch für Fragen des gesellschaftlichen Konsenses z. B. in Europa sind dann unausweichlich. Das ist nicht nur ein Thema der Politik. Auch auf Unternehmensebene ist zu klären, für welche Werte Europa und seine Unternehmen stehen, welche Werte unverzichtbar sind, welche Position man damit im weltweiten Wettbewerb einnimmt und wie haltbar diese Positionen sein können, ohne das Überleben der Unternehmen zu gefährden.

7.4 Die Ethik des „ehrbaren Kaufmanns"

Die Erarbeitung eines umfassenden Wertesystems für ein Unternehmen, für seine Positionierung gegenüber seinen Mitarbeitern, den Kunden, den Lieferanten und den Geldgebern sowie im globalen gesellschaftlichen Umfeld ist eine schwierige, in hohem Maße strategische und mit Sicherheit nie endende Arbeit. Es handelt sich um eine Auseinandersetzung mit einem beweglichen Ziel.

Es reicht nicht, „gesetzestreu" zu sein. Das ist Grundvoraussetzung. Das Wertesystem eines Unternehmens muss weit darüber hinausgehen. Es geht um Fragen wie z. B.:

- Wie verhalte ich mich Kunden und Lieferanten gegenüber, damit ich als verlässlicher und fairer Partner angesehen werde?
- Wie gehe ich als Führungskraft mit meinen Mitarbeitern um und – umgekehrt – wie verhalten diese sich gegenüber Kollegen und Vorgesetzten.
- Wie weit identifiziere ich mich mit dem Unternehmen, für das ich tätig bin, und wie zeige ich das auch meinem persönlichen Umfeld innerhalb und außerhalb des Unternehmens?
- Wie positioniert sich das Unternehmen über die rechtlichen Verpflichtungen hinaus in seinem gesellschaftlichen Umfeld, dem Staat und seinen Institutionen, den Verbänden und der Öffentlichkeit?

Das alles kann nicht in Gesetze, Regeln oder Richtlinien gegossen werden. Hier geht es auch um eine Vorbildfunktion der Führungskräfte. Das fängt bei der Unternehmensleitung an. Wenn sie Wasser predigt und Wein trinkt, kann das keine noch so schöne Rede oder Hochglanzbroschüre wettmachen. Es geht um das Vorleben von Werten durch Führungskräfte und Mitarbeiter in ihrem unternehmerischen und gesellschaftlichen Umfeld.

Die Ethik des „ehrbaren Kaufmanns" *(Wikipedia: Ehrbarer Kaufmann)* muss wieder in den Vordergrund des unternehmerischen Handelns gestellt werden. Wenn diese Ethik vergessen wird, wenn das „gesunde" Gefühl für „richtige" Entscheidungen, für „Dinge, die man tut, und Dinge, die man lässt", verloren geht, dann kann man noch so viele Hochglanzbroschüren verfassen oder wunderbare Reden halten. Dann ist man als Führungskraft nicht glaubwürdig, und es passieren Dinge wie bei Wirecard oder den großen Automobilherstellern mit den Abgasmanipulationen oder auch bei den in den Handel mit dubiosen Hypothekendarlehen verwickelten Finanzinstituten und Ratingagenturen.

Die Grundhaltung des ehrbaren Kaufmanns
muss wieder stärker zur Geltung kommen und
zur Maxime unseres Handelns werden

Wir sollten das sehr ernst nehmen!

- *Unternehmen stehen im Widerstreit der Interessen ihrer „Stakeholder".*
- *Gesetzestreue alleine reicht nicht aus. Sie ist Grundvoraussetzung.*
- *Unternehmen müssen sich ihrer Verantwortung in der Gesellschaft stellen.*
- *Ein Gleichgewicht von „Geben" und „Nehmen" muss über die Gesetze hinaus entstehen.*
- *Spezifische kulturelle Hintergründe führen zu unterschiedlichen Gleichgewichtszuständen zwischen den Stakeholdern in den Regionen der Welt.*
- *Es gibt einen globalen Wettbewerb der Wertesysteme in verschiedenen Kulturen.*
- *Das Wertesystem eines Unternehmens muss täglich gelebt werden. Die Vorbildfunktion der Unternehmensleitung ist einer der wichtigsten Einflussfaktoren.*
- *„Es gibt Dinge, die man tut, und Dinge, die man lässt." Die Rückkehr des „ehrbaren Kaufmanns" ist gefragt.*

8

Strategie – welcher Weg führt zum Ziel?

Wer bin ich? Wo stehe ich? Wo will ich hin? Wie schaffe ich das?

Strategie – diesem Schlagwort haftet für viele etwas Geheimnisvolles, wenn nicht gar Bedrohliches an. Das mag auch damit zu tun haben, dass der Begriff „Strategie" ursprünglich im militärischen Bereich beheimatet war. Dort gilt es, mit einer klugen (und geheimen) Strategie den Sieg zu erringen und den Gegner zu schlagen. Aus Sicht der Systemtheorie klingt das schon weniger bedrohlich: Eine Strategie beschreibt den Weg zu einem Ziel, mit der Nebenbedingung, dies besser zu tun als die Systeme, mit denen man im Wettbewerb steht. Eine erfolgreiche Strategie sichert das Überleben. Vier Fragen gilt es auf dem Weg zum Ziel zu beantworten: Wer bin ich? Wo stehe ich? Wo will ich hin? Wie schaffe ich das? Eine klare und an nachvollziehbaren Kriterien ausgerichtete Antwort auf diese Fragen fokussiert die Gedanken und Handlungen. Damit wird Komplexität reduziert und der Handlungsspielraum erweitert.

8.1 Organisationen als zielgerichtete Systeme

Jede Organisation, jedes Unternehmen muss ein Ziel verfolgen. Das unterscheidet sie von einer beliebigen Ansammlung von Einzelelementen, wie es Steine oder Wolken sind, die durch die Gesetze der Physik, nicht jedoch durch ein gemeinsames Ziel zusammengehalten werden. Diese Ziele sind vielfältig, oft vielschichtig und z. B. für Lebewesen, politische Systeme oder – auf unser Interessengebiet bezogen – Unternehmen ganz unterschiedlich und teilweise auch widersprüchlich. Auch das Unternehmensziel ist nicht auf eine einzige Größe oder Funktion zu reduzieren, etwa Gewinn oder Wachstum. In allgemeinster Form kann das langfristige Überleben als Ziel angesehen werden. Dieses aber setzt Stärke im Wettbewerb voraus. Nur diese sichert das langfristige Überleben und kann damit als das allgemeinste und übergeordnete Ziel eines Unternehmens angesehen werden. Gleichzeitig wird dieses Ziel aber von oft divergierenden Zielen von Eigentümern, Managern, Mitarbeitern und sonstigen Stakeholdern überlagert und mitunter auch konterkariert. Diese verschiedenen Schichtungen in den Zielen eines Unternehmens dürfen aber die Wettbewerbsfähigkeit nicht nachhaltig schwächen. Sonst wird es über kurz oder lang von stärkeren Wettbewerbern verdrängt und in seiner Überlebensfähigkeit gefährdet. Ein wichtiger Indikator für die Qualität einer Unternehmensführung ist, wie es ihr gelingt, diese verschiedenen Schichtungen und Ebenen im Zielsystem eines Unternehmens zu einem kohärenten Ganzen zu fügen.

Jede Unternehmensstrategie zielt auf Stärke im Wettbewerb

Ein Unternehmen kann langfristig nur überleben, wenn es mit seinen Geschäften mindestens gleich stark oder stärker wie der wichtigste Wettbewerber ist. Sonst kann die langfristige Existenz nicht gesichert werden. Als Zusatzkriterium spielt die Attraktivität der Märkte, in denen das Unternehmen sich bewegen möchte, eine wichtige Rolle. Salopp formuliert könnte man das mit dem Spruch zusammenfassen: „Besser stark und attraktiv als schwach und mickrig!"

8.2 Die vier Grundpfeiler der strategischen Planung

Die Entwicklung einer Erfolg versprechenden Strategie setzt die Beantwortung von vier Fragen voraus. Sie sind die vier Säulen der strategischen Planung:

- Wer bin ich? – Was ist mein Geschäft?
- Wo stehe ich? – Stärke im Wettbewerb
- Wo will ich hin? – Wie attraktiv sind meine Märkte?
- Wie schaffe ich das? – Operative Effizienz

Wer bin ich? – Was ist mein Geschäft?

Oder genauer: Was ist mein Geschäft und gegen wen trete ich an? Es geht darum, festzulegen, in welchen Arenen ich mit den Geschäften meines Unternehmens gegen den Wettbewerb antrete und wie groß meine Chancen jeweils sind, das Spiel für mich zu entscheiden. Hier ist der Plural wichtig. Kaum ein Unternehmen betreibt nur ein einziges Geschäft auf einem einzigen Markt. Es sind viele Geschäfte, die in vielen Arenen gegen viele und unterschiedliche Gegner antreten. „Was ist mein Geschäft und wer sind meine Gegenspieler?" ist die erste und fundamentalste Frage, die sich jeder Unternehmer stellen muss – und das in Bezug auf jedes einzelne seiner Geschäfte. Es treten also nicht etwa Daimler gegen VW, Novartis gegen Pfizer oder Siemens gegen General Electric an. Der Wettbewerb findet auf der Ebene der einzelnen Geschäftseinheiten statt, mit teilweise sehr unterschiedlichen Spielern. Erst wenn klar ist, wer womit gegen wen antritt, ist eine Antwort auf die zweite Frage möglich: „Wo stehe ich im Wettbewerb?"

Richtig positioniert ist halb geplant

Ein Geschäft richtig zu positionieren, kann auch als ein schöpferischer Akt angesehen werden. Es geht schließlich darum, sein Geschäft für den Markt so zuzuschneiden, dass man seine Stärke im Wettbewerb optimal ausspielen und damit gewinnen kann. Dabei kann es sich auch um völlig neuartige Geschäftsmodelle handeln, oft ermöglicht durch disruptive Innovationen, wie wir sie derzeit besonders in digitalisierten Geschäften erleben.

Bei aller unternehmerischer Gestaltungsfreiheit: Einige „Leitplanken" gibt es, Wunsch und Wirklichkeit oder Mögliches von Unmöglichem zu trennen. Etwa die bereits zitierte Binsenweisheit, dass „der Hund besser mit dem Schwanz wedelt als der Schwanz mit dem Hund". Ein kleinerer oder vielleicht unwichtigerer Teil darf nicht das Ganze dominieren.

Verfügt das Unternehmen über eine einzigartige *Kompetenz*, muss man fragen: Wie wichtig ist ihr Anteil an der Wertschöpfungskette? Wie stabil ist diese Einzigartigkeit? Wird sie vom Kunden wahrgenommen und honoriert?

Setzt das Unternehmen auf einen *Kostenvorteil* im Wettbewerb, gelten ähnliche Kriterien: Worauf beruht dieser Vorteil – z. B. auf Volumen, ein spezielles Produktions-/Prozess-Know-how, einem Standortvorteil oder einem effizienten Kostenmanagement? Wichtig ist auch, ob z. b. ein Produkt schon in der Entwicklungsphase auf Kostenoptimierung ausgelegt wurde („Design to Cost"). Auf welcher Stufe in der Wertschöpfungskette ist dieser Kostenvorteil besonders ausgeprägt und wie hoch ist ihr Anteil an der gesamten Wertschöpfung? Wie einzigartig ist die Kompetenz, wie stabil ist der Kostenvorteil?

Entscheidend für die richtige Definition eines Geschäfts ist die realistische Einschätzung des Gewichts einer als einzigartig angesehenen Kompetenz oder eines Kostenvorteils innerhalb der gesamten Wertschöpfungskette. Reicht dieses Gewicht aus, um mit der Kompetenz oder dem Kostenvorteil z. B. nur einer einzelnen Wertschöpfungsstufe einen nachhaltigen Wettbewerbsvorteil zu generieren und damit auch eine Erfolg versprechende Positionierung im Wettbewerb zu begründen?

Ergänzend zu dieser Analyse der eigenen Situation ist es zweckmäßig, nach demselben Raster auch die wichtigsten Wettbewerber zu evaluieren. Der Rückkopplungsprozess, der sich daraus ergibt, schärft die Argumentation und hilft bei der Bewertung und Entscheidung über die eigene Strategie. Die Positionierung im Markt- und Wettbewerbsumfeld ist die wohl wichtigste strategische Entscheidung. Sie könnte auch fast als Kunst bezeichnet werden, vereint sie doch die Kreativität des Neuen mit den objektivierbaren Fakten aus dem Markt- und Wettbewerbsumfeld. Die Kreativität des Neuen muss den Fakten standhalten.

Wo stehe ich? – Stärke im Wettbewerb

Auf die Fragen „Wer bin ich?" und daraus abgeleitet „Mit wem stehe ich im Wettbewerb?" folgt zwangsläufig die Frage „Wo stehe ich in diesem Wettbewerb?". Erst wenn sie beantwortet ist, können Ziel und Weg sinnvoll definiert werden. Auch hier muss zwischen Kompetenz und Kosten unterschieden werden.

Welche Kompetenz zeichnet mich aus?

Im Bereich der *Kompetenz* kann es schwierig sein, die Wettbewerbsposition hinreichend genau zu ermitteln. Wie sieht das Unternehmen sich selbst? Wie sehen es die Kunden oder die Wettbewerber? Die jeweiligen Sichtweisen müssen nicht unbedingt übereinstimmen. Im Zweifelsfall entscheidet die Sicht des Kunden. Nur er entscheidet über die Wertung und den Kauf eines Produkts.

Nach der praktischen Erfahrung des Autors empfiehlt es sich, das Thema zunächst mit einem eher qualitativen Fragenkatalog anzugehen nach dem bewährten Muster "--/-/0/+/++", wobei die Bewertung aus Sicht des Kunden von „deutlicher Rückstand" (--) über „gleichauf" (0) bis zu „deutlicher Vorsprung" (++) reicht. In einigen Fällen kann es zweckmäßig sein, einzelne für ein Produkt, ein System oder eine Anlage wichtigen Kompetenzen getrennt zu bewerten. Verfügt das Unternehmen über eine herausragende Kompetenz z.B. in der Fertigung oder liegt der Kompetenzschwerpunkt eher in der Anwendung oder – bei elektronischen Produkten – der Software? Auch hier stellt sich die Frage, welche Kompetenz aus Sicht des Kunden entscheidend ist.

Nur der Kunde entscheidet über die Bedeutung einer spezifischen Kompetenz

---

In Einzelfällen mag es Zweifel geben, ob die von der Geschäftsführung nach einem solchen Schema vorgenommene Bewertung auch einer externen Betrachtung standhält. Bescheinigt sich z.B. eine Geschäftsführung eine im Wettbewerbsvergleich hohe technische Kompetenz, erwirtschaftet damit aber nur unterdurchschnittliche Ergebnisse, so führt das zwangsläufig zu der Frage, was die Ursache für eine solche Diskrepanz ist. Können eventuelle Zweifel nicht überzeugend ausgeräumt werden, kann mit überschaubarem Aufwand durch Gespräche mit wissenschaftlichen Instituten, Kunden, Lieferanten oder sogar Wettbewerbern ein hinreichend zuverlässiges Bild gewonnen werden.

Wo stehe ich im Kostenwettbewerb?

Das zweite Kriterium, die *Kosten* im Wettbewerbsvergleich, lässt sich besser eingrenzen. Kosten sind ihrer Natur nach eher einer quantitativen Analyse zugänglich als Kompetenzen. Als erste Näherung gilt, dass die Stückkosten umso geringer sind, je größer der jeweilige Marktteilnehmer im Vergleich mit seinen stärksten Konkurrenten ist. Hintergrund dafür sind die bekannten Effekte der Erfahrungs- und Scalekurve *(Henderson 1974; Boston Consulting Group 1975)*. Sie bestimmen die Kostenposition.

Die *Erfahrungskurve* besagt, dass die Kosten der Wertschöpfung (inflationsbereinigt) um einen festen Prozentsatz (20 bis 25%) sinken mit jeder Verdoppelung der kumulierten Menge eines Produkts. Je höher z.B. das Wachstum ist, desto schneller geht die Verdoppelung mit entsprechenden Kostensenkungen im Zeitablauf. Hier wirken Lerneffekte ebenso wie z.B. eine bessere Abdeckung von Fixkosten in Entwicklung, Marketing und Verwaltung, um nur die gängigsten Faktoren zu nennen.

Werden zwei Wettbewerber zum gleichen Zeitpunkt verglichen, kann die Erfahrungskurve nicht einfach hochgerechnet werden. Dann greift die *Scalekurve*. Ein Teil des Erfahrungsvorsprungs des größeren Wettbewerbers lässt sich über die Zeit kompensieren: Der Nachzügler muss nicht mehr alles selber entwickeln. Über den Kauf von bewährten Maschinen, Softwarepaketen oder Lizenzen sowie auch über die Abwerbung erfahrener Mitarbeiter kann er von der Erfahrung des Marktführers profitieren. Eine aus zahlreichen Projekten des Autors zu Kostenvergleichen gewonnene Faustregel besagt, dass ein Wettbewerber, der etwa doppelt so groß wie der Nächstkleinere ist, diesem gegenüber einen Kostenvorteil in der Größenordnung von 12 bis 15 % hat. Daraus wiederum leitet sich ab, dass ein Geschäft nur dann als wettbewerbsstark angesehen werden kann, wenn es eine klare Nummer-eins- oder Nummer-zwei-Position in seinem Markt hat.

Nur eine Position eins oder zwei im Wettbewerb begründet Stärke

---

Die Ableitung aus der Scalekurve kann allerdings nur eine grobe Annäherung an die Kostenposition im Wettbewerb sein. Für detailliertere, aber auch deutlich aufwendigere Kostenvergleiche bieten sich Benchmarkingprojekte an, mit deren Hilfe ein unmittelbarer und möglichst differenzierter Vergleich der Kostenstrukturen erarbeitet wird *(Tucher 2000)*.

Benchmarkingprojekte können entweder „offline" durchgeführt werden, also ohne Kommunikation mit dem Wettbewerber, der als Benchmark dient, oder in direkter Verabredung mit ihm. Offline-Benchmarking nutzt zur ersten Näherung publizierte Daten. Diese können allerdings nur selten direkte Hinweise auf die Kosten- und Ergebnissituation spezifischer Geschäftsbereiche des Vergleichsunternehmens geben. Ergänzt werden sie daher durch Interviews mit z. B. Kunden und Lieferanten sowie – vor allem – mit dem eigenen Vertrieb oder der Entwicklung. Es ist überraschend, wie viel aus gezielten Interviews im Marktumfeld oder auch unternehmensintern über die wahrscheinliche Kostenposition des Wettbewerbs erfahren werden kann.

Wesentlich tiefere Einblicke erlaubt eine direkte Verabredung mit einem Wettbewerber zur Durchführung des Benchmarkings. Eine solche Verabredung definiert auch die Spielregeln für den Informationsaustausch, z. B. hinsichtlich Detaillierungsgrad und Tiefe. Erfahrungsgemäß ist die Aufgeschlossenheit für ein solches Projekt groß, da beide Seiten von diesem Informationsaustausch einen Vorteil haben. Schwierig wird es allerdings dann, wenn der angesprochene Wettbewerber z. B. eine dominierend günstige Kostenposition hat und sich verständlicherweise fragt, was er denn wohl von dem sehr viel schwächeren Wettbewerber lernen könne. Unvergesslich für den Autor ist ein (sehr kurzes) Gespräch mit dem Leiter des Gasturbinengeschäfts der Kraftwerksparte von General Electric (GE) in den 1990er-Jahren. GE war damals um mehrere Faktoren größer als Siemens auf diesem Gebiet. Siemens hatte vorgeschlagen, ein gemeinsames Benchmarkingprojekt mit dem Ziel einer Senkung der Produktionskosten aufzusetzen. Das Gespräch endete schnell mit einem freundlichen Lachen und der Frage, was denn wohl die große GE von dem auf diesem Gebiet sehr viel kleineren Wettbewerber Siemens lernen könne. Die Gelegenheit zu einer Revanche bot sich kurze Zeit später mit einer Anfrage von GE zu einem Benchmarking bei elektrischen Lokomotiven. Da waren dann die Kräfteverhältnisse umgekehrt und das freundliche Lachen aufseiten von Siemens.

Die Erfolgswahrscheinlichkeit, einen Partner für ein Benchmarkingprojekt zu gewinnen, ist hoch, wenn die Wettbewerber sich etwa auf „Augenhöhe" begegnen.

Im Hinblick auf die Position im Wettbewerb ist immer dann Gefahr in Verzug, wenn der Leiter einer Geschäftseinheit verkündet, dass es gar keinen wirklichen Wettbewerber gibt. Das ist zwar nicht unmöglich, aber selten, impliziert es doch eine absolut dominante Marktstellung, die sich (falls nicht am Kundenwunsch vorbeiproduziert wird) auch in weit überdurchschnittlichen Ergebnissen niederschlagen muss. In den meisten Fällen ist Skepsis angesagt. Sind die Kundenwünsche klar genug definiert und bilden sie sich im Geschäft auch ab? Ist das Geschäft wirklich konkurrenzlos? Welche Alternativen hat der Kunde? Schon ein kurzes Gespräch mit führenden Kunden kann hier sehr schnell Klarheit schaffen.

Ergebnis, Kosten, Kompetenz – wie fügt sich alles zusammen?

Die Position im Wettbewerb (Kostenposition und Kompetenz) bestimmt zu einem großen Teil das Ergebnis. Das ermöglicht einfache und wirkungsvolle *Plausibilitätschecks*. Die Kombination von starker Position im Wettbewerb mit hoher Kompetenz sollte sich auch in einem überdurchschnittlichen Ergebnis niederschlagen, ebenso, wie z. B. eine ausgewiesene hohe Kompetenz auch eine entsprechende Wettbewerbsposition zur Folge haben sollte. Negative Ergebnisse passen mit diesem Szenario primär nicht zusammen und werfen Fragen auf. Wieso ist es nicht gelungen, die behauptete große Kompetenz dem Kunden gegenüber zur Geltung zu bringen? Ist diese Kompetenz vielleicht nicht das, was der Kunde wirklich braucht? Stimmt das gezeigte Kompetenzprofil überhaupt mit der Sicht des Kunden überein? Umgekehrt kann eine Kombination aus starker Marktposition mit eher mittelmäßiger Kompetenz auch zum Nachhaken ermuntern: Wie nachhaltig ist diese starke Marktposition? Wird sie vielleicht durch kompetentere Wettbewerber angegriffen und läuft Gefahr, zu erodieren? Wird genug z. B. in die technische Weiterentwicklung investiert, um die gute Marktposition nachhaltig zu verteidigen?

Es kann gute Gründe für eine Abweichung von der erwarteten Korrelation zwischen Wettbewerbsposition und Ergebnis geben. Wird ein Geschäft mit einer neuen Technologie aufgebaut, können in den ersten Jahren die Ergebnisse unter den Erwartungen liegen, ebenso wie auch eine Erntestrategie bei eher mittelmäßiger Kompetenz zumindest zeitweilig recht gute Ergebnisse zeigen kann. Auch die Situation im jeweiligen Konjunkturzyklus muss berücksichtigt werden. In ausgeprägt zyklischen Geschäften wie z. B. der Halbleiterindustrie kann es auch schwachen Wettbewerbern gelingen, in der Hochphase des Zyklus gute Ergebnisse zu erwirtschaften, während nicht auszuschließen ist, dass ein in jeder Dimension führender Wettbewerber in einem zyklischen Tief sogar Verluste ausweist. Es mag noch andere gute Gründe dafür geben, dass die Erwartungen aus den jeweiligen Kombinationen der drei Parameter nicht erfüllt werden. Eines aber ist klar: Diskussionsbedarf ist gegeben.

Wo will ich hin? – Wie attraktiv sind meine Märkte?

Der Blick auf die Attraktivität des Marktumfelds ist eher nach außen gerichtet. Es ist vor allem das Verdienst des bekannten Harvard-Ökonomen und Strategen Michael Porter, die Frage der Attraktivität eines Geschäfts anhand von fünf wichtigen Kriterien charakterisiert zu haben. In seinem wichtigsten Werk *Competitive Strategy* hat Porter die Attraktivität eines Marktes anhand von fünf Kräften („five forces") systematisiert (*Porter 2004*; Bild 8.1).

- Verhandlungsmacht der Kunden
- Verhandlungsmacht der Lieferanten

8 Strategie – welcher Weg führt zum Ziel?

- Bedrohung durch Substitutionsprodukte/-dienste
- Bedrohung durch neue Konkurrenten
- Rivalität unter bestehenden Unternehmen

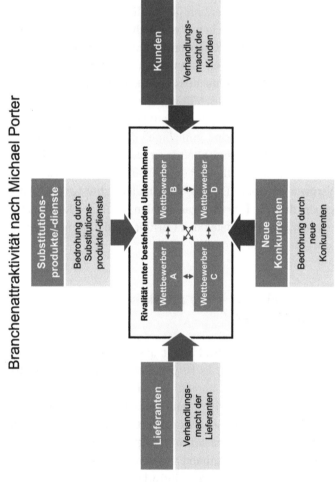

Bild 8.1 Die „five forces" von Michael Porter

Porters Ansatz wurde und wird in zahllosen Publikationen und Lehrveranstaltungen ausführlich erläutert und diskutiert *(Müller-Stewens/Lechner 2016; Wikimedia: Portfolio)*. Er spricht für sich selber und soll hier nicht weiter ausgeführt werden.

In der praktischen Anwendung dieses in seiner logischen Struktur faszinierenden Ansatzes erfordert dieses Konzept allerdings einen nicht zu unterschätzenden Aufwand. Es gilt schließlich, alle „five forces" mit der gebotenen Gründlichkeit von verschiedenen Seiten zu durchleuchten und möglichst weitgehend zu objektivieren. Damit sind nicht nur hohe Kosten verbunden, sondern auch ein Zeitbedarf, der mit allen notwendigen Rückkopplungsschleifen und externer Informationsbeschaffung eher in Monaten als in Wochen zu veranschlagen ist. Hätte sich z. B. ein Unternehmen wie die Siemens AG vorgenommen, alle oder auch nur einen Großteil ihrer heute 50 bis 60 Geschäftseinheiten nach diesem Konzept auf ihre Attraktivität hin zu analysieren, wären die Grenzen des vernünftig Machbaren schnell überschritten gewesen. Mittlerweile eröffnen intelligente digitale Tools – *wie z. B. die Digitalassistenten des jungen österreichischen Start-ups in-manas (in-manas)* – die Möglichkeit, solche Analysen deutlich schneller, effektiver und effizienter durchzuführen. Dennoch, der Aufwand bleibt beträchtlich, und sehr spezielle Expertise ist gefragt.

Es hat sich daher in der Praxis als zweckmäßig erwiesen, bei der Analyse der Attraktivität zwei Kategorien von Geschäften zu unterscheiden, weil sie signifikante Unterschiede in der Vorgehensweise und damit auch im Aufwand aufweisen: bestehende Geschäfte und neue Geschäfte in neuen Märkten.

Bestehende Geschäfte: Die Geschäftsführer kennen ihr Geschäft

Ein pragmatischer und bewährter Ansatz geht von der These aus, dass das beste Wissen um die Attraktivität eines bestehenden Geschäfts diejenigen haben, die dafür verantwortlich sind. Ein gezieltes Interview mit der Geschäftsführung, in dem fünf bis maximal acht Kriterien erörtert werden, die speziell auf das Geschäft zugeschnitten sind, lässt meistens bereits eine hinreichend zuverlässige Beurteilung zu, wie attraktiv das Geschäft ist.

Das sind in erster Linie die „five forces" von Porter, ergänzt um einige für das jeweilige Geschäft relevante Themen, z.B.

- Kapitalintensität (hoch: wenig attraktiv),
- Zyklizität (hohe Schwankungen: wenig attraktiv),
- Wachstum (hoch: attraktiv) oder
- Prognosesicherheit der Ergebnisse (hoch: attraktiv).

Die Reihe ließe sich noch beliebig fortsetzen; eine strenge Auswahl ist notwendig, denn auch hier gilt: „Weniger ist mehr!" Eine Ausweitung des Katalogs auf 15 oder 20 Kriterien würde großen Aufwand erfordern, ohne viel zusätzliche Erkenntnis zu bringen. Bei Zweifeln oder offensichtlichen Inkonsistenzen in den Aussagen helfen – wie so oft – einige wenige Interviews mit Geschäftspartnern (z.B. Kunden, Lieferanten) oder auch, wenn möglich, Wettbewerbern, das Bild zu schärfen. Mit diesem Vorgehen hat der Autor bei zahlreichen Geschäften gute Erfahrungen bei überschaubarem Aufwand gemacht.

Neue Geschäfte in neuen Märkten

Seine große Stärke entfaltet Porters Konzept vor allem dann, wenn ein neues Geschäft mit neuen Technologien in neuen Märkten aufgebaut, ein neues Geschäftsmodell entwickelt werden soll, oder auch, wenn ein bestehendes Geschäft vor einem Umbruch steht. Ein Beispiel für Ersteres sind die zahlreichen Geschäfte, die aus den technischen Möglichkeiten der Digitalisierung entstanden sind, angefangen von den heute „Großen" der Digitalwelt wie Facebook, Google, Apple oder Amazon bis hin zu zahllosen Neugründungen, über deren weitere Entwicklung erst die Zukunft entscheiden wird. Ein Beispiel für eine ganze Branche, die am Scheideweg steht, ist die schon oft zitierte Automobilindustrie, die sich der Herausforderung gegenübersieht, neue Mobilitätskonzepte zu entwickeln. In diesem Fall sind Gespräche mit den aktuell für das Geschäft Verantwortlichen als flankierende Maßnahme nützlich. Das reicht jedoch nicht aus, verzerren die Erfolge der Vergangenheit doch mitunter den unvoreingenommenen Blick auf die Zukunft. Die Sicht von außen, von Experten außerhalb des herkömmlichen Geschäfts, ist gefragt.

Dieses externe Wissen kann von Beratern oder sonstigen externen Sachverständigen eingeholt werden. Mittlerweile gibt es auch sehr leistungsfähige und auf externen Datenbanken aufbauende digitale Analysetools, die oft auch in einem kombinierten Verfahren gemeinsam mit dem Einsatz externer Experten genutzt werden. Ein wichtiges Argument für ein kombiniertes Verfahren ist neben der spezifischen Expertise z. B. in der Datenbeschaffung und -analyse auch die möglichst weitgehende Objektivierung und Befreiung des Managements von der Neigung, eher auf das „Bewährte" zu setzen, hat dieses doch die bisherigen geschäftlichen Erfolge ermöglicht. Je größer die Erfolge waren, desto größer ist auch die Gefahr eines solchen „Tunnelblicks", der gerade von der profunden – aber oft die Vergangenheit verklärenden – Kenntnis des bisherigen Geschäfts gespeist wird. Er verstellt den Blick auf das Neue.

> *Der Tunnelblick aus der Vergangenheit verstellt den Blick auf das Neue*

Das zunächst zögerliche Angehen neuer Mobilitätskonzepte durch die traditionelle Automobilindustrie ist dafür ein Beispiel. Inzwischen wurde die existenzielle Dringlichkeit dieser Frage wohl erkannt – spät, aber hoffentlich nicht zu spät.

Ein trauriges Beispiel ist das Desaster der traditionellen Industrie für Kommunikationstechnik Ende der 1990er-Jahre. Die Bedeutung der Breitbandtechnologie für die Kommunikation wurde von den großen traditionellen Kommunikationsherstellern wie Siemens, Alcatel, Northern Telecom oder Lucent lange Zeit ignoriert. Die großartigen Erfolge der Vergangenheit hatten sie blind für die Zukunft gemacht. Alle diese Unternehmen waren bis weit in die 1990er-Jahre die Giganten der weltweiten Telekommunikationstechnik. Sie beschäftigten Hunderttausende von Mitarbeitern und hatten Umsätze in der Größenordnung von zig Milliarden Euro. Sie waren hochprofitabel mit technischen Spitzenleistungen – vor allem in der ISDN-Technik – und in ihren Marktpositionen weitestgehend unangefochten. Sie hatten fraglos auch die technischen Kapazitäten und finanziellen Mittel, die Breitbandtechnologie zu entwickeln und über ihre weltweite Vertriebsorganisation zur Blüte zu führen. Nur: Diese Zukunft wurde nicht gesehen. Die Stärken der konventionellen ISDN-Schmalbandtechnik und ihre vom Management weiterhin prognostizierte große Zukunft standen im Gegensatz zu anfänglichen und überbewerteten technischen Problemen der Breitbandtechnik. Der Ausspruch eines führenden Managers zur damaligen Zeit „Wenn das wirklich funktionierte, hätten wir das erfunden!" spricht Bände. Auch mag heute überraschen, dass damals (vor nunmehr ca. 25 Jahren) auch kein Bedarf für die enormen Übertragungskapazitäten gesehen wurde. (Zitat eines hochrangigen Managers: „Wer braucht denn überhaupt diese enormen und teuren Übertragungskapazitäten?") Nun, die Geschichte hat sie überholt. Die Großen der Vergangenheit sind heute entweder aus der Kommunikationsbranche verschwunden oder zu unbedeutenden Nischenanbietern geschrumpft. Die Breitbandtechnologie hat sie buchstäblich vom Markt gefegt *(Macho 2020)*.

Eine Analyse der Attraktivität von neuen Geschäften ist immer in die Zukunft gerichtet. Waren es bisher oft einzelne Technologien und darauf aufbauende Produkte, die eine Disruption eingeleitet haben, handelt es sich heute häufiger um komplexe, technologieübergreifende Systeme, von denen bezahlbare Lösungen für dringende gesellschaftliche Anliegen erwartet werden. Derartige Herausforderungen sind z. B. neue Mobilitätskonzepte, neue Ansätze für ressourcen- und klimaschonende Energieversorgung, eine bezahlbare Krankenversicherung oder auch die Sicherstellung der zukünftigen Wasserversorgung für mehr als zehn Milliarden Menschen.

Wer aber kann heute sagen, wie unsere Welt in zehn bis 15 Jahren aussehen wird? Vermutlich gibt es davon ebenso viele Zukunftsbilder, wie es Studien gibt. Es gibt immer einen Wettbewerb der Zukunftsbilder – auf welches wird gesetzt? Wartet man allerdings, bis eine Zukunft eintritt, gibt man das Gesetz des Handelns aus der Hand, nämlich die Entscheidung, wie und von wem sie gestaltet wird. Eine Entscheidung für ein bestimmtes Zukunftsbild erfordert bereits heute einen oft erheblichen Entwicklungsaufwand. Setzen mehrere starke Wettbewerber auf dasselbe Zukunftsbild, kann sich dieses im Sinne einer „self-fulfilling prophecy", und damit oft auch der Bildung eines Standards, vielleicht durchsetzen. Es kann aber auch in eine teure Sackgasse führen. Dieses Risiko kann man nie beseitigen, sondern bestenfalls eingrenzen. Der Umgang damit setzt unternehmerisches Gespür und ein Denken voraus, das weit über den eigenen Fachhorizont hinausgeht. Auch die ausgefeiltesten Planungsalgorithmen können das nicht ersetzen.

Wie schaffe ich das? – Operative Effizienz

In der Diskussion über die Entwicklung strategischer Konzepte, über Technologien, Wettbewerber und Märkte, wird gerne eine der wichtigsten Voraussetzungen außer Acht gelassen: die operative Effizienz. Sie kann auch als die vielleicht schwierigste Selbstverständlichkeit im unternehmerischen Tun bezeichnet werden. Der kühnste unternehmerische Gedanke ist nichts wert, wenn er nicht mit der notwendigen und wettbewerbsfähigen Effizienz vorangetrieben wird. Hier geht es um den täglichen Kampf mit den Kosten, der Produktivität und auch der internen Bürokratie.

Ziele, Maßnahmen, Konsequenzen – die Trilogie der Effizienzsteigerung

Jedes Programm zur Steigerung der Effizienz beginnt mit der Festlegung von *Zielen*. Maßstab für diese Ziele ist der Wettbewerb. Nur durch einen Blick über den Zaun, auf den Wettbewerb, kann die Idee des Möglichen entwickelt werden, die über den Blick in den Spiegel der Selbstzufriedenheit hinausgeht. Das in diesem Kapitel bereits diskutierte Benchmarking, der unmittelbare Vergleich mit dem besten Wettbewerber, kann die Maßstäbe liefern, die hier anzulegen sind. Je detaillierter diese Angaben sind, desto wirkungsvoller können sie in direkt handlungsrelevante Ziele vor Ort, in einer Fertigung, dem Einkauf, dem Vertrieb, oder eine beliebige andere Funktion umgesetzt werden.

Damit werden aus Zielen *Maßnahmen*. Diese sind zu detaillieren, mit den unmittelbar Verantwortlichen vor Ort abzustimmen und schlussendlich zu beschließen. Was soll auf der direkten operativen Ebene erreicht werden? Wer macht was und bis wann? Verantwortlichkeiten müssen festgelegt und dokumentiert werden.

In einem breit angelegten Großunternehmen können derartige Programme zur Steigerung der Effizienz schnell eine Größenordnung von mehreren Hundert Einzelprojekten umfassen mit entsprechend breit und tief gestaffelten Verantwortlichkeiten, die von Stufe zu Stufe bis auf die Ebene des Gesamtunternehmens aggregiert werden.

Eine regelmäßige (mindestens quartalsweise) Kontrolle des Erreichten ist unerlässlich. Hier gibt es verschiedene und bewährte Systeme. Sie reichen von Ampelschaltungen (grün, gelb, rot) über ein System von Härtegraden zum Stand der Implementierung bis hin zu umfangreichen Excel-Tabellen oder ähnlichen Auswertungen.

Das alles ist jedoch nichts wert, wenn aus den Erkenntnissen über die Vielzahl der Projekte zur Steigerung der Effizienz keine *Konsequenzen* gezogen werden. Hier wird als Erstes gerne an personelle Konsequenzen gedacht. Das ist in der Mehrzahl der Fälle aber nur die „Ultima Ratio". Nur wenn alle anderen Maßnahmen nichts fruchten, sollte überlegt werden, ob an der Führung eines Projekts, auf welcher Ebene auch immer, etwas geändert werden muss. Allerdings sollte dann auch schnell und konsequent entschieden werden.

8.3 Digitalisierung – wird alles anders?

Brauchen wir neue Strategiekonzepte? Die Konzepte des strategischen Managements wurden in einer Zeit entwickelt, in der die Digitalisierung eher eine Domäne der Organisationsabteilungen war, mit einer oft nur Eingeweihten verständlichen eigenen Sprache. Heute ist Digitalisierung eine notwendige integrierte Kernkompetenz über alle Funktionen und Grundlage für den wirtschaftlichen Erfolg. Sie ist die Basis für den Aufbau neuer und mitunter disruptiver Geschäftsmodelle. Gelten die Grundpfeiler des strategischen Managements auch für die Digitalwirtschaft in Zeiten von KI?

Die im vorangegangenen Abschnitt diskutierten Methoden des strategischen Managements haben sich über die letzten Jahrzehnte entwickelt – lange bevor die Digitalisierung sich aller Bereiche des Wirtschaftens bemächtigt hat. Sie stammen überwiegend aus dem Bereich der Realwirtschaft. Es ging um Entwicklung, Produktion, Marketing, Absatz und Logistik von realen und „anfassbaren" Produkten. Heute ist Digitalisierung die Grundlage für wirtschaftlichen Erfolg auch der realen Produktwelt. Neue Geschäftsmodelle wurden und werden entwickelt *(Matzler et al. 2016)*. Die wertvollsten Unternehmen der Welt bauen auf Digitalisierung auf, auch wenn z. B. Amazon oder Apple derzeit noch einen großen Teil ihres Geschäfts in der physischen Welt machen. Wirklich digital sind in den „physischen" Bereichen dieser Unternehmen nur die Bestell- und Abwicklungssysteme. Das wird sich allerdings in Zukunft ändern, setzen doch gerade diese beiden Unternehmen zunehmend auf rein digitale Dienste, wie z. B. Cloud oder Streaming. Die reinen Digitalunternehmen wie Facebook oder Google vertreiben keine physischen Güter. Ihr Geschäftsmodell beruht auf Informationen. Müssen die konzeptionellen Grundpfeiler des strategischen Managements neu entwickelt werden?

Zur Klärung dieser Frage versuchen wir, die vier Grundpfeiler der strategischen Planung auf die digitale Welt zu übertragen:

- Wer bin ich? – Was ist mein Geschäft?
- Wo stehe ich? – Stärke im Wettbewerb
- Wo will ich hin? – Wie attraktiv sind meine Märkte?
- Wie schaffe ich das? – Operative Effizienz

Wer bin ich? – Was ist mein Geschäft?

Der wichtigste Rohstoff im Zeitalter der Digitalisierung sind Daten. Wer die Daten hat, kann einen Markt kontrollieren, die Verbindung zwischen dem Kunden und der Produktion optimieren und – nicht zuletzt – aus den Daten selbst ein bedeutendes Geschäft generieren. Diese Daten aber werden in der Digitalwelt – zumindest was den Konsumbereich angeht – von den Konsumenten unentgeltlich zur Verfügung gestellt im Tausch gegen attraktive Dienstleistungen, wie z. B. Suchfunktionen, Kommunikation und soziale Netze. Nicht umsonst taucht in der Diskussion um die Digitalisierung häufig das Wort „Data-Mining" auf *(Wikipedia: Data-Mining)*. Damit wird eine Assoziation zur physischen Rohstoffgewinnung hergestellt, die durchaus ihre Berechtigung hat.

Die entscheidende strategische Frage ist: Wie generiere ich aus Daten ein Geschäft? Mit welchen Daten positioniere ich mich wie beim Kunden und im Wettbewerb. Für welche Anwendungen habe ich die entsprechenden Algorithmen entwickelt und wie „einzig" sind sie im Wettbewerbsvergleich.

Das Besondere am Datengeschäft ist in vielen Fällen die Zweischichtigkeit der Kunden. Auf der einen Seite stehen die Datenlieferanten. Das sind in den allermeisten Fällen die Nutzer. Sie suchen Informationen, wollen sich austauschen oder etwas kaufen und stellen damit auch ihre Daten zur Verfügung. Dieser Service des Betreibers ist für die Kunden meistens kostenlos. Auf der anderen Seite stehen die Unternehmen, denen diese Daten, meistens in aufbereiteter Form, verkauft werden. Diese können sie dann z. B. für Werbezwecke gezielt einsetzen. Daraus generiert der Betreiber Umsatz und Gewinn. Für den Betreiber stellen sich damit wichtige Fragen wie z. B.: Für welche Datensätze von welchen Nutzern werden spezifische Algorithmen entwickelt? Welche Kunden sind bereit, dem Betreiber etwas zu zahlen und wofür? Gegen wen tritt der Betreiber damit im Wettbewerb an?

Wo stehe ich? – Stärke im Wettbewerb

Stärke im Wettbewerb orientiert sich primär an den Dimensionen Marktstärke und Kompetenz. Beginnen wir mit der Marktstärke: Wer ist der Stärkste im ganzen Land? Oder: Wie groß ist mein Marktanteil im Vergleich zum Wettbewerb?

In der Digitalwelt zählen vor allem Daten. Erfolgreiche „Dataminer" haben mehr Daten als andere für das von ihrem Geschäftsmodell jeweils angesprochene Segment. Dabei geht es zum einen um die Datentiefe, den Detaillierungsgrad der Daten, zum anderen aber auch um die Datenbreite, um die Vielfalt, die es wiederum erlaubt, neue Kundensegmente anzusprechen *(Iansiti/Lakhani 2020)*. Der bekannte „Plattformeffekt" verstärkt dieses Potenzial: Je mehr Kunden, desto mehr Daten, je mehr Daten, desto besser der Service, je besser der Service, desto mehr Kunden usw. Das beste Beispiel für die Nutzung von Datentiefe einerseits und Datenbreite andererseits ist sicher Amazon. Ausgehend von einem Versandhandel für Bücher nutzt Amazon die Daten der Käufer, um ihnen einerseits immer mehr Bücher mit vergleichbarer Thematik anzubieten (Datentiefe), andererseits werden die Daten auch genutzt, um andere Produkte anzubieten. Interessiert sich z. B. ein Kunde für Literatur über Futter für Hunde oder Kanarienvögel, wird ihm auch das entsprechende Futter zum Kauf angeboten (Datenbreite). Dieses wiederum wird dann ausgeweitet in Richtung auf Hundeleinen, Hundehütten oder Vogelkäfige. Damit eröffnen sich neue Geschäftsperspektiven, die wiederum weitere Daten generieren – ein sich selbst verstärkender Prozess. Es gibt zahllose Beispiele von Querverbindungen zwischen den Daten, die Kunden aus einem Bereich z. B. durch einen Kauf oder auch nur durch eine Suchanfrage zur Verfügung stellen und ihren Nutzen für gezielte Werbebotschaften für ganz andere Produkte. Der Fantasie sind hier kaum Grenzen gesetzt. Inzwischen ist Amazon der größte Versandhändler der Welt mit einem fast nicht mehr überschaubaren Produktangebot.

Neue Ökosysteme entstehen, traditionelle Branchengrenzen werden obsolet

Die Gesetze der Erfahrungskurve und der Größendegression gelten auch hier. Das gilt auch für die oft verschwiegene und mit dem Euphemismus „Cloud" verharmloste physische Dimension dieser Geschäfte in Form der im Hintergrund angesiedelten gigantischen Rechenzentren. Diese sind inzwischen für die großen Digitalunternehmen selbst zu einem wichtigen Geschäftsmodell geworden, indem die Dienstleistungen dieser „Cloud" auch auf dem externen Markt angeboten werden.

Marktstärke wird ergänzt durch Kompetenz: Wer ist der Schönste im ganzen Land? Oder: Wie kompetent bin ich im Vergleich zum Wettbewerb?

Zur Marktstärke gesellt sich die Kompetenz als wichtige Grundlage für Wettbewerbsstärke. In der Digitalwelt geht es dabei vor allem um die Breite und Qualität der verfügbaren Algorithmen, mit deren Hilfe Daten überhaupt erst in ein Geschäft verwandelt werden können. Die Fülle der Daten muss gebändigt werden. Sie müssen sortiert, organisiert und im Hinblick auf mögliche Zusammenhänge miteinander in vielfältigen Dimensionen korreliert werden. Neben viel Arbeit, die vor allem mithilfe großer Rechenkapazitäten bewältigt wird, geht es hier zunehmend um Fantasie, um den unternehmerischen Funken. Wonach lohnt es sich zu suchen, wie wird im Labyrinth der nahezu unendlichen Datenmenge ein Weg zu einem einträglichen Geschäft gefunden? Auf welchem Gebiet kann ich mit neu entwickelten Algorithmen eine Kompetenz aufbauen, die mir einen Vorteil im Wettbewerb verschafft?

Wo will ich hin? – Wie attraktiv sind meine Märkte?

Auch hinsichtlich der Marktattraktivität sehen wir keine grundsätzlich anderen Ansatzpunkte. Die Überlegungen zu den „five forces" von Michael Porter behalten ihre Gültigkeit. Welche Daten werden von wem gebraucht und in welchem Umfang? Werden neue Märkte erschlossen oder werden vorhandene Märkte substituiert? Welche Wettbewerber treten in diesem Markt an und wie stabil ist das Wettbewerbsumfeld? Wie hoch sind die Eintrittsbarrieren? Wie sind die Kräfteverhältnisse zwischen Datennutzern und Datenlieferanten?

Was sich ändert, ist die Dimension (Bits und Bytes statt physischer Produkte) und auch die Geschwindigkeit, mit der attraktive Segmente auftauchen, identifiziert und bedient werden können oder auch wieder im Nebel des Vergessens verschwinden.

Wie schaffe ich das? – Operative Effizienz

Die vierte Säule der strategischen Planung ist die im Zusammenhang mit strategischen Überlegungen oft übersehene operative Effizienz. Es reicht nicht aus, eine gute Idee zu haben. Sie muss auch effizient aufgesetzt und durchgeführt werden. Das ist Voraussetzung, um die Früchte einer guten Strategie zu ernten.

Auf der untersten Ebene ist die operative Effizienz in der Digitalisierung geprägt durch die Qualität, Zuverlässigkeit und Geschwindigkeit der für die Verarbeitung der Daten eingesetzten Rechnerkapazitäten. Hier geht es um zuverlässige und schnelle Hardware, um Prozessor- und Speichertechnologien. Hinzu kommt, dass der Energieverbrauch der gigantischen Rechenzentren mit ihren Serverfarmen eine immer größere Rolle spielt. Dabei geht es zum einen um den Energiebedarf für die Rechenleistung selbst, für die enormen Speicher- und Prozessorkapazitäten. Zum anderen spielt aber auch zunehmend die notwendige Kühlung dieser Großrechner eine wichtige Rolle. Während Ersteres durch immer energieeffizientere Speicher- und Prozessorarchitekturen angegangen wird, versucht man den zweiten Faktor, nämlich die Kühlung, durch eine entsprechende Standortwahl zu optimieren. Dafür bieten sich z. B. die arktischen Zonen Norwegens oder Alaskas an, in denen einerseits durch Wasserkraft billige Energie zur Verfügung steht, zum anderen ausreichend natürliche Kühlmittel (hier ebenfalls Wasser) vorhanden sind. Eine gut ausgebaute Infrastruktur – vor allem, was die Netze betrifft – und die Verfügbarkeit gut ausgebildeter Mitarbeiter sind weitere wichtige Faktoren für die Standortwahl, die unter Umständen in Konkurrenz zu den eher technisch bevorzugten Standorten in dünn besiedelten arktischen Regionen stehen. Andere Probleme der Logistik und Kommunikation lösen sich buchstäblich in Luft oder auch „in Kabeln" auf, je nachdem, ob die Daten elektromagnetisch durch die Luft, über Kupferkabel oder optisch transportiert werden.

Auf der nächsten Ebene geht es um die Qualität und Effizienz der Algorithmen zur Auswertung der gigantischen Datenmengen. Die Stabilität der entwickelten Programme, die Verarbeitungsgeschwindigkeit, die sie erlauben, oder auch ihre Flexibilität zur Anpassung an geänderte Auswertungsformate sind nur einige und eher illustrative Kriterien der Effizienz. Hier geht es um Softwarearchitekturen, um Zuverlässigkeit und – last, but not least – um die Qualität der Softwareentwickler.

Zu Beginn dieses Kapitels hatten wir die Frage gestellt, ob wir neue Konzepte brauchen für die Strategieentwicklung in der digitalen Welt.

Unsere Schlussfolgerung aus den vorangegangenen Überlegungen ist:

> *Die Grundüberlegungen zum strategischen Management gelten auch in der digitalen Welt*

Alles wird schneller, volatiler, weniger greifbar und auch radikaler. Wer in diesem Wettbewerb nicht mithalten kann, hat verloren. „The winner takes it all" ist genau das, was wir zurzeit mit dem Siegeszug der Datengiganten aus dem Silicon Valley erleben.

8.4 Quo vadis? – Welcher Weg führt zum Ziel?

Was ist mein Ziel? Welches ist mein Weg? Ein Ziel ist schnell formuliert. Erst die Strategie beschreibt den Weg zum Ziel. Dieser Weg kann steinig sein – vor allem dann, wenn von einer unterlegenen Wettbewerbsposition aus gestartet wird. Und: Nicht nur einer, viele Wege können zum Ziel führen. Die Weichen dorthin müssen frühzeitig gestellt, der Weg muss konsequent geplant und mit derselben Konsequenz dann auch gegangen werden. Welche grundsätzlichen Strategien bieten sich an? Welche Voraussetzungen müssen gegeben sein? Wie sind die Erfolgsaussichten, und – last, but not least – was kostet und was bringt das?

Das übergeordnete Ziel eines jeden Unternehmens kann in allgemeiner Form als die Sicherung des wirtschaftlichen Wohlergehens und langfristigen Überlebens formuliert werden. Das wiederum findet dann seinen Ausdruck in zahlreichen Schichtungen von Unterzielen wirtschaftlicher, technischer und auch gesellschaftlicher Natur. Hinzu kommen noch die individuellen Ziele der einzelnen Stakeholdergruppierungen, die auf verschiedene Weise die Ziele des Unternehmens überlagern. Diese komplexen Zielsysteme sind aber alle dem formulierten allgemeinen Ziel der Existenzsicherung untergeordnet. Versuche z. B. einzelner Stakeholder, ihre eigenen Ziele zum Primat zu erheben, können im Extremfall sogar zum Untergang des Unternehmens führen. Eines aber bleibt: Langfristiges Überleben und wirtschaftliches Wohlergehen sind nur dann gesichert, wenn das Unternehmen mit allen seinen Geschäften eine führende Position im Wettbewerb hat oder in absehbarer Zeit und mit vertretbarem Aufwand erreichen kann.

8 Strategie – welcher Weg führt zum Ziel?

Die Strategie beschreibt den Weg zum Ziel

Wirtschaftsunternehmen leben davon, dass sie Leistungen, seien es physische Güter oder Dienstleistungen, anbieten und dass die Kunden bereit sind, dafür zu zahlen, und zwar so viel, dass es für das Unternehmen attraktiv bleibt, weiterhin diese Leistungen anzubieten.

Die wichtigste Frage ist mithin: Wie gewinne ich Kunden oder – genauer – ihre Bereitschaft, für eine Leistung zu zahlen? Dieses kann zum einen dadurch erreicht werden, dass dem Kunden eine Leistung zu einem besonders günstigen Preis angeboten wird. Der andere Weg ist, eine besondere und sich vom Wettbewerb abhebende Leistung anzubieten, für die dann aber auch ein höherer Preis aufgerufen wird. Hier ist vonseiten des Unternehmens eine klare Weichenstellung erforderlich. Setzt das Unternehmen darauf, über bessere Leistungen beim Kunden einen Preisvorteil zu erzielen, oder sucht es eher den Weg, den Kostenwettbewerb zu gewinnen? Das heißt nicht, dass bei einer auf Leistung ausgerichteten Strategie die Kosten vernachlässigt werden dürfen. Nur: Die Ansprache des Kunden erfolgt eher über eine im Vergleich zum Wettbewerb höhere Leistung, für die der Kunde dann auch bereit ist, zu zahlen. Die Premiummarken der deutschen Automobilindustrie setzen genau auf dieses Konzept. Ein strenges Kostenmanagement ist Pflicht. Darauf aufsetzend ist aber die Preisprämie, die der Kunde für die zusätzliche Leistung wie z.B. Komfort, Design, Ausstattung oder auch Marke zu zahlen bereit ist, entscheidend für die überdurchschnittlichen Margen dieses Premiumsegments. Der Zwang zu Kostensenkungen darf nicht zu einem für den Kunden spürbaren Leistungsverlust führen, sonst ist nichts gewonnen. Nur: Dem Markt, den Kunden, muss klar kommuniziert werden, wie das Unternehmen sein Geschäft positioniert – bessere Leistung (impliziert höhere Preise) oder geringere Kosten (impliziert niedrigere Preise) als der Wettbewerb.

Die Entscheidung für den einen oder anderen Weg hat erhebliche und nicht beliebig umkehrbare Konsequenzen.

Das Leistungsversprechen: Besser

Das Versprechen, den Kunden eine im Vergleich zum Wettbewerb bessere *Leistung* anzubieten, ist schnell gegeben. Doch die glaubwürdige Realisierung, die sich sowohl in nachhaltig höheren Preisen als auch Absatzzahlen niederschlagen muss, ist meist ein mühsamer Weg.

Die Aussage „Wir wollen uns gegenüber dem Wettbewerb für unsere Kunden mit einer besseren Leistung differenzieren" ist zunächst inhaltsleer. Wichtige Fragen bedürfen der Klärung, z. B.:

- Welcher geldwerte zusätzliche Nutzen wird für den Kunden erbracht?
- Ist dieser Nutzen messbar, z. B. durch höhere Leistung?
- Soll eher auf emotionale Themen wie Design, Haptik oder auch Marke (Prestige) gesetzt werden?
- Wie hoch sind die Eintrittsbarrieren für den Wettbewerb?
- Kann diese Leistung im Wettbewerb als „einzigartig" nachhaltig verteidigt werden?
- Ist die erwartete Preisprämie höher als die zusätzlichen Kosten?

So ist es etwa Apple wohl als einzigem Anbieter von Heimcomputern und Laptops gelungen, sich im Wettbewerb so zu differenzieren, dass eine signifikante Preisprämie erzielt wird, ohne dass – technisch gesehen – eine wesentlich höhere Leistung erkennbar ist. Hier spielen Benutzerfreundlichkeit, Design und Emotionalität sowie die Einbindung aller Geräte, Software und Dienste von Apple in eine konsequente, proprietäre Softwarearchitektur offensichtlich eine entscheidende Rolle. Die Aussage „Wir verfolgen eine Strategie der intelligenten Differenzierung", wie sie vor vielen Jahren von einem PC-Hersteller in einer äußerst schwachen Wettbewerbsposition getroffen und auch öffentlich verkündet wurde, reicht allein nicht aus. Die notwendige Antwort auf das „Wie" der Differenzierung blieb das Unternehmen schuldig. Diesen Hersteller gibt es heute nicht mehr.

Das Versprechen einer Leistungsstrategie muss immer wieder von Neuem erfüllt werden

Auf die weltweit großen Erfolge der Leistungsstrategie der Premiumhersteller in der deutschen Automobilindustrie im Zusammenspiel mit ihren Zulieferern wurde hier schon öfters Bezug genommen. Das gilt allerdings vielleicht gerade noch für die Gegenwart. Schon in naher Zukunft ist eine neue Strategie der Verknüpfung von Elektro-/Wasserstoffantrieben mit übergreifenden Mobilitäts- und Logistikkonzepten zur Beseitigung des Verkehrsinfarkts gefragt. Sie kann zur Überlebensfrage werden. Wird es den Premiumherstellern gelingen, ihre dominierende Stellung auch im Hinblick auf die neuen und andersartigen Leistungsansprüche zu halten? Verfügen sie über die außerhalb ihrer bisherigen Kernkompetenzen liegenden Technologien (z. B. Software, Vernetzung, Batterien/Brennstoffzellen)? Können sie das überhaupt jeder für sich leisten? Mobilitätskonzepte ohne einen für alle Hersteller verbindlichen und wohl nur gemeinsam zu entwickelnden Standard z. B. für Kommunikation und Navigation sind schwer vorstellbar. Neue Allianzen zwischen bisher erbitterten Wettbewerbern sind gefragt. Werden vielleicht neue und von „Altlasten" freie Unternehmen wie Tesla, BYD, Uber mit Waymo oder auch neue, bisher noch völlig unbekannte Wettbewerber dieses Feld besetzen und damit auch die Standards bestimmen? Oder können die traditionellen Automobilhersteller ihren Wettbewerbsvorteil aus der tiefen Kenntnis ihrer Märkte und der Produktion von Automobilen nutzen und sich erfolgreich behaupten? Wenn nicht, wären die Folgen für den Industriestandort Deutschland dramatisch.

Entscheidend für den Erfolg einer auf Leistungsversprechen aufbauenden Differenzierungsstrategie ist Innovation. Hier meinen wir Innovation im weitesten Sinne. Sie geht über die reine Produktentwicklung hinaus und umfasst das gesamte dem Kunden angebotene „Neue" oder „Alleinstellende" im Leistungsspektrum. Das kann eine technische Lösung ebenso sein wie ein Marketing- und Vertriebskonzept, ein besonderes Design, ein überzeugendes Servicekonzept oder das glaubhafte Versprechen einer Marke.

Dieses Leistungsversprechen muss immer wieder aufs Neue erfüllt werden – eine große Herausforderung für unternehmerische Fantasie und Innovationskraft.

Wer siegt im Marathon des Kostenwettbewerbs? – Billiger

Der wichtigste Einflussfaktor auf die *Kostenposition* eines definierten Geschäfts ist Größe. Je größer das produzierte Volumen ist, desto geringer sollten die Produktionskosten pro Einheit sein. Drei Dinge sind in diesem Zusammenhang wichtig:

- Es geht immer um die Größe eines abgegrenzten und in der Wettbewerbslandschaft korrekt positionierten Geschäfts, nie um das Unternehmen insgesamt.
- Auch wenn Größe der dominante Faktor ist, spielen Standortfaktoren (z. B. Lohnkosten, Logistik, steuerliche Rahmenbedingungen) eine wichtige Rolle. Vor allem dann, wenn zwei Wettbewerber hinsichtlich ihres Volumens etwa auf Augenhöhe sind. Dann gewinnen solche und ähnliche Faktoren an Gewicht.
- Das Postulat abnehmender Stückkosten bezieht sich nur auf ein Potenzial. Der reale Kostenvorteil kann nur das Ergebnis eines täglichen Kampfes um eben diese Kosten sein. Eine Automatik gibt es nicht.

Die dieser Argumentation zugrunde liegenden betriebswirtschaftlichen Konzepte sind bekannt. Sie reichen vom Gesetz der Erfahrungskurve über Fixkostendegressionseffekte bis zu einer besseren Prozessbeherrschung, kostenoptimiertem Einkauf oder einem besonders leistungsfähigen Vertrieb, um nur einige der Einflussfaktoren zu nennen. Sie sollen hier nicht weiter diskutiert werden *(Hahn/Taylor 1997; Hinterhuber 2015)*.

Plattformstrategien: Sowohl als auch

Es liegt nahe, die Strategie des Leistungsversprechens mit einer rigorosen Kostenstrategie zu verbinden. Eine Produktplattform bildet die Basis, von der aus sich das Angebot verzweigt und spezifisch auf Kundenwünsche eingeht. Für diese Basis kann eine strenge Kostenstrategie mit möglichst großem Volumen in gleichen Konfigurationen gefahren werden. Auf der nächsthöheren Ebene setzt die kundenspezifische Differenzierung an.

> *Leistungs- und Kostenstrategien können verbunden werden*

Ein Beispiel dafür liefert wiederum die Automobilindustrie *(Wikipedia: Plattform (Automobil))*. Für den VW-Konzern mit den Hauptmarken Volkswagen, Audi und Škoda wurde mit dem sogenannten „Querbaukasten" eine Plattform entwickelt, auf der die unterschiedlichen Markenversprechen aufbauen. Von der Einsteigermarke Škoda über Volkswagen bis zum Premiumsegment Audi wird diese gemeinsame Plattform eingesetzt. Das führt dazu, dass etwa die Margen der Premiummarke Audi deutlich höher sind als die vergleichbarer Wettbewerber, die diesen kumulierten Volumenvorteil des VW-Konzerns aus einer gemeinsamen Basis nicht haben *(Bay 2019)*.

Eine große Kunst ist es, trotz einer gemeinsamen Plattform die Differenzierung der einzelnen Marken aufrechtzuerhalten. Das ist im VW-Konzern über viele Jahre meisterlich gelungen. Dass dies keineswegs selbstverständlich ist, zeigen zahlreiche Beispiele fehlgeschlagener Differenzierung aus der Automobilindustrie: Erwähnt seien hier nur General Motors mit Chevrolet und Cadillac, Ford mit der übernommenen Marke Jaguar oder, wenn auch eingeschränkt, Toyota mit Lexus. Meistens scheiterte die Strategie daran, dass die Dominanz der Basisplattform aufgrund des Kostendrucks zu groß war. Die Differenzierung konnte nicht mehr überzeugen, das Premiummarkenversprechen wurde verwässert und damit unglaubwürdig.

Zwei Führungsphilosophien: Leistung und Kosten

Eines wird oft übersehen: Es gibt große Unterschiede zwischen dem Führen einer Organisation, die auf Leistungsdifferenzierung zielt, und dem Trimmen der Organisation auf den Kostenwettbewerb.

Wesentliche Grundlagen des Leistungsversprechens sind Innovation, Anpassungsfähigkeit und Kundennähe. Das erfordert ein hohes Ausmaß an Freiheit und Autonomie. Auf Kundenwünsche muss eingegangen werden. Das Leistungsversprechen lebt von Kreativität, Kundenfreundlichkeit und Innovation. Diese haben ihre Grenzen allerdings dort, wo ein gegebener Kostenrahmen überschritten wird oder der Kunde die Leistung nicht mehr über den Preis honoriert.

Ein Sieg im Kostenwettbewerb hingegen ist eher das Ergebnis von strenger Disziplin, exakter Planung und konsequenter Durchführung. Ziele müssen verabredet und terminiert, das Ergebnis muss kontrolliert werden. Persönliche Verantwortungen müssen festgelegt und die Konsequenzen klar sein.

Diese unterschiedlichen Anforderungen an die Führungsphilosophie werden oft ignoriert, wenn es um die Festlegung auf eine Plattformstrategie geht. Auf der einen Seite strenge Kostendisziplin, Denken in Volumina und einheitlichen Produktionsprozessen; auf der anderen Seite innovative und unkonventionelle Lösungen, Eingehen auf Kundenwünsche, bewusstes Abheben vom Image eines Massenherstellers. Ersteres verlangt eine straffe Führung, Letzteres lebt von Ideenreichtum und Kundennähe.

8.4 Quo vadis? – Welcher Weg führt zum Ziel?

> *Der Balanceakt zwischen dem Korsett strikten Kalküls und dem Universum der Kreativität ist eine ständige Herausforderung*

Eine klare Ansage, welche Grundstrategie das Unternehmen mit einem bestimmen Geschäft verfolgen möchte ist erforderlich – „Leistung" oder „Kosten". Das gilt einerseits in Richtung Markt: Die Kunden wollen wissen, wofür das Unternehmen bzw. die Marke steht. Keiner kann allen alles sein.

Aber auch intern muss völlig klar sein, wofür das Unternehmen steht. Ein wesentlicher Grund dafür sind die beschriebenen unterschiedlichen Führungsphilosophien der beiden Ansätze „Leistung" und „Kosten" mit all ihren Auswirkungen auf die tägliche Arbeit und die Art und Weise, wie das Geschäft betrieben und geführt wird. Insofern muss auch bei einer Plattformstrategie klar sein, welcher Teil der Produktion primär durch das Kostendenken geprägt ist und welcher, auf der kostengetriebenen Plattform aufbauend, dem Leistungsversprechen zuzuordnen ist. Das ist unter dem Dach eines Unternehmens nicht einfach. Die Weichen müssen langfristig gestellt werden.

Aus der Perspektive des globalen Wettbewerbs ist eine Leistungsstrategie eher eine Domäne Europas. Die Erfolgschancen europäischer Unternehmen mit einer Strategie der Leistungsdifferenzierung sind größer als mit einer Kostenstrategie. Das liegt vor allem an den tief in der Geschichte Europas verankerten, sehr differenzierten Kundenanforderungen. In Europa fehlen die großen und einheitlichen Massenmärkte, wie es sie in Asien oder Nordamerika gibt. Die einer Leistungsstrategie immanenten Kostennachteile können über eine intelligent aufgesetzte Plattformstrategie abgepuffert werden. Das führt allerdings wiederum zu den erwähnten Herausforderungen, sowohl inhaltlicher Art als auch hinsichtlich der unterschiedlichen Führungsphilosophien.

8.5 Der Siegeszug der Portfoliomatrix

Eine Geschäftsstrategie beschreibt den Weg zum Ziel für ein definiertes Geschäft. Ist die Summe aller Geschäftsstrategien eines Unternehmens bereits eine Unternehmensstrategie? Wohl kaum. Denn das hieße, die Gestaltungsnotwendigkeit, die Gestaltungsmöglichkeit und den Gestaltungswillen einer Unternehmensleitung zu unterschätzen. Die Summe aller Geschäftsstrategien ist also mehr als der kleinste gemeinsame Nenner aus den Interessen einzelner Bereiche. Es gilt, diese Summe strategischer Alternativen zu formen, um schlussendlich ein stimmiges Gesamtbild zu erhalten. Ein wichtiges Instrument zur Darstellung aller Geschäfte eines Unternehmens ist die Portfoliomatrix. Sie ermöglicht eine anschauliche Darstellung ihrer Positionierung im Markt- und Wettbewerbsumfeld und ist inzwischen integraler Bestandteil der Strategiediskussion in der überwiegenden Mehrheit aller breit aufgestellten Unternehmen.

Die Portfoliomatrix

Der Begriff Portfolio stammt vom italienischen „Portafoglio" ab. Damit wird zunächst bildlich eine Mappe bezeichnet, in der wichtige Papiere aufbewahrt werden. Die französische Entsprechung „Portefeuille" wurde im vorelektronischen Zeitalter zum Synonym für den Besitz einer Sammlung von Wertpapieren. Zu den jeweiligen Zinsterminen wurden die

Portefeuilles geöffnet, die Zinscoupons von den Wertpapieren abgeschnitten und bei der Bank oder den jeweiligen Schuldnern zum Inkasso eingereicht. Im übertragenen Sinne wurde „Portfolio" von der Boston Consulting Group, dem Pionier der strategischen Unternehmensplanung, gegen Ende der 1960er-Jahre als Bezeichnung für die Gesamtheit aller Geschäfte eines Unternehmens eingeführt. Dieses Konzept hat sich seither in unterschiedlichen Ausprägungen zu einem Standardinstrument des strategischen Managements entwickelt. Wir beschränken uns hier auf die Erfahrungen, die der Autor mit der Anwendung dieses Konzepts über viele Jahre gemacht hat, und verweisen für eine weitere Diskussion auf die umfangreiche Literatur (z. B. *Oetinger, von 2000*).

Die auf Anhieb einleuchtende und fast trivial klingende wichtigste Ausgangsthese der Portfoliotheorie lautet:

Starke Wettbewerbspositionen in attraktiven Märkten sichern Ertrag und Wachstum

---

Das oberste Ziel einer Unternehmensstrategie sollte es daher sein, möglichst viele Geschäfte in eine Nummer-eins- oder Nummer-zwei-Position im Wettbewerb zu bringen oder dort zu halten, und davon wiederum möglichst viele in einem ertragsstarken bzw. wachsenden Markt. Klingt „einfach", was es nicht ist, denn wie so oft steckt der Teufel im Detail. Nur selten wird es möglich sein, alle Geschäfte in eine so vorteilhafte Position zu führen. Es müssen also Prioritäten gesetzt werden. Und dafür gilt es eine ganze Reihe von Fragen zu klären:

- In welchen Geschäften verfügt das Unternehmen über die größten Potenziale (z. B. technische Kompetenz, Schutzrechte, Managementkapazitäten)?
- Wie sind die Wettbewerber aufgestellt, gegen wen trete ich an?

- Wie attraktiv ist das Markt- und Wettbewerbsumfeld im Hinblick auf Wachstum und Ertrag – auch im Vergleich zu möglichen Alternativen?
- Wie sehen die aktuelle und die angestrebte Risikostruktur des Portfolios aus?
- Und schließlich: Ist das Ganze bezahlbar? Welche finanziellen Rahmenbedingungen gibt es?

Erst danach kann eine gemeinsame Strategie für alle Geschäfte des Unternehmens entwickelt werden, die Fragen beantwortet wie:

- Welche Geschäfte sollen gefördert werden?
- Welche Geschäfte haben das Potenzial, sich aus eigener Kraft weiterzuentwickeln?
- Für welche Geschäfte sollten alternative Optionen gesucht werden, etwa Partnerschaften, Verkauf oder auch – im schlimmsten Fall – die Liquidation?

Und eben dafür hat sich die Portfoliomatrix als Visualisierungsinstrument bewährt.

Die ursprüngliche Portfoliomatrix der Boston Consulting Group (BCG) ist eine zweidimensionale Darstellung mit vier Quadranten (Bild 8.2). Sie setzt den relativen Marktanteil in Beziehung zum Marktwachstum: Der Marktanteil des eigenen Geschäfts im Verhältnis zu dem des größten Wettbewerbers steht für die Position im Markt, das Wachstum ist Ausdruck der Attraktivität des Marktes. Als eine dritte Dimension wurde noch der Umsatz des jeweiligen Geschäfts eingeführt. Diese Kenngröße wird an der jeweiligen Position in der Matrix analog versinnbildlicht, z. B. durch kleinere oder größere Kreisflächen *(Wikimedia: Portfolio)*.

Der Vorteil dieser Darstellung: Die Dimensionen beider Achsen sowie die Umsätze sind quantifizierbar. Damit sind sie auch weitgehend vergleichbar und objektivierbar.

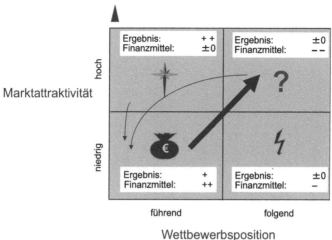

Bild 8.2 BCG-Portfoliomatrix: Portfoliokonzept nach Boston Consulting Group

Der Nachteil: Die Wettbewerbsstärke wird nicht nur durch den relativen Marktanteil bestimmt. Wichtige Faktoren wie Kompetenz, Schutzrechte oder auch Finanzstärke werden damit nicht erfasst. Auch die Attraktivität eines Marktes hängt nicht nur von seinem Wachstum ab.

Deshalb wird heute meist eine Portfoliodarstellung verwendet, welche die Achsendimensionen mit „Stärke im Wettbewerb" und „Attraktivität des Marktumfelds" allgemeiner fasst und die Position des Geschäfts anhand von neun definierten Feldern visualisiert (Bild 8.3; *Wikimedia: Portfolio*).

Der Vorteil dieser Darstellung: Es gibt die Möglichkeit, weitere Dimensionen in die Betrachtung einzubeziehen. Das Schema mit neun Feldern erlaubt auch explizit eine „mittlere" Position. Mit dem Verzicht auf eine fixe Bezugsgröße für jede Achse (wie es relativer Marktanteil und Marktwachstum sind) können auch andere Faktoren in unterschiedlicher und oft auch geschäftsspezifischer Gewichtung berücksichtigt werden.

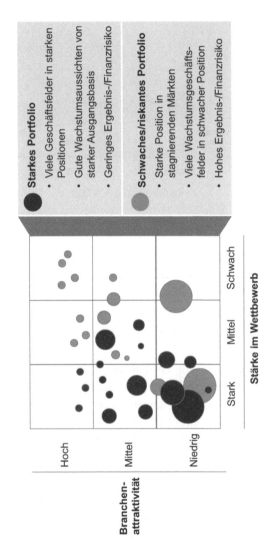

Bild 8.3 Neun-Felder-Matrix

Der Nachteil: Mehr Spielraum für subjektive Einschätzungen lässt auch mehr Raum für Meinungen ohne überprüfbare Faktenbasis bis hin zu Manipulationen. Die Einführung des „mittleren" Bereichs fördert naturgemäß auch die Tendenz zu Kompromissen in der Bewertung der Stärken und der Attraktivität – statt Stärken und Schwächen klar zu priorisieren, einigt man sich gerne auf irgendetwas in der Mitte. Besonders wichtig ist es daher, die Dimensionen der beiden Achsen in ihrer Zusammensetzung und Gewichtung transparent und nachvollziehbar festzulegen.

Stärke und Attraktivität

Was aber verbirgt sich hinter den beiden Dimensionen „Stärke" und „Attraktivität"?

Mit der Dimension „Stärke" ist die zentrale Frage angesprochen: „Wo stehe ich im Vergleich zum Wettbewerb?" Sie ist eher nach innen gerichtet, auf die eigene Position im Wettbewerb.

Nur Geschäfte in einer klaren Nummer-eins- oder Nummer-zwei-Position sind stark. Es gibt keine „gute" Nummer vier oder fünf im Wettbewerb. Wie aber kann es gelingen, eine führende Position im Wettbewerb zu erreichen?

In Wachstumsmärkten: Diese sind ihrer Natur nach in Bewegung und lassen mehr Raum für Innovation und Wachstumsinitiativen. Wächst der Kuchen insgesamt, kann jeder noch einen Teil davon bekommen, einer wächst schneller, der andere langsamer; es steigen aber die Volumina bei allen Marktteilnehmern.

In stagnierenden oder reifen Märkten verspricht eine Vorwärtsstrategie sehr viel weniger Erfolg, erfordert sie doch, einen stärkeren Wettbewerber zu entthronen, indem ihm nicht nur Marktanteile, sondern auch Volumina genommen werden – mit allen schwierigen Konsequenzen bis hin zu Mitarbeiter- und Kapazitätsabbau, was der angegriffene Mitbewerber mit allen Mitteln zu verhindern sucht. Hier sind Veränderungen in der Wettbewerbsposition eher durch Zusammenschlüsse zu erzielen als durch Verdrängung.

Bei Attraktivität ist der Blick nach außen, auf die Kunden und Märkte gerichtet. Wir haben festgestellt, dass Attraktivität nicht nur mit einer Kennzahl wie z. B. Wachstum ausgedrückt werden kann. Es geht vielmehr um eine Art Vektor aus zahlreichen Einflussgrößen, vor allem getrieben durch Michael Porters „five forces" sowie einige ergänzende zusätzliche Dimensionen, die spezifisch für das jeweilige Geschäft festzulegen sind. Wichtig ist, dass die Anzahl der Variablen, die für die Bestimmung der Attraktivität festgelegt werden, auf fünf bis maximal acht limitiert wird. Eine größere Anzahl von Variablen verstärkt die Tendenz zu einem nichtssagenden Mittelwert, auf den sich dann alle Beteiligten einigen. Das geht zwangsläufig zulasten einer klaren und strategisch relevanten Aussage.

8.6 Wie wird aus den Teilen ein Ganzes?

Vom Geschäftsportfolio zur Unternehmensstrategie

Die Darstellung aller Geschäfte eines Unternehmens in einer Portfoliomatrix ist eine anschauliche und wichtige Grundlage für weitere Strategiediskussionen. Sie stellt für sich gesehen aber noch keine Unternehmensstrategie dar. Sie informiert in Form einer Grafik über die Position im Wettbewerb, die Attraktivität des Marktumfelds sowie auch – ausgedrückt durch den Umsatz – über die Bedeutung der einzelnen Geschäfte für das Unternehmen. Auf dieser Basis können strategische Alternativen durchgespielt und Prioritäten gesetzt werden. Das führt zur Aufstellung eines Zielportfolios. Bis dahin müssen eine Reihe weiterer Fragen beantwortet werden, z. B. nach Marktpotenzialen, Stärken und Schwachstellen, Aktivitäten von Wettbewerbern, finanziellen Möglichkeiten, Managementressourcen oder Risiken. Das gilt sowohl für die einzelnen Geschäfte als auch für das Unternehmen als Ganzes. Erst dann kann daraus eine Unternehmensstrategie werden.

Leitfragen zur Unternehmensstrategie

In den vorangegangenen Ausführungen haben wir uns mit dem Siegeszug der Portfoliomatrix beschäftigt. Wie aber wird aus den Teilen ein Ganzes? Wie wird aus den Strategien der einzelnen Geschäftseinheiten eine Unternehmensstrategie? Folgende Leitfragen stehen im Vordergrund:

- Nach welchen Kriterien können Prioritäten gesetzt werden?
- Welche Rolle spielen dabei sogenannte „Standardstrategien"?
- Wie fügt sich alles zu einer Unternehmensstrategie?
- Welche Auswirkungen hat die Digitalisierung auf die Konzepte des strategischen Managements?

Wir beginnen mit ein paar kritischen Worten zu sogenannten „Standardstrategien":

Standardstrategien – die Falle der großen Vereinfacher

Das auf den ersten Blick einfache Schema der zweidimensionalen Portfoliomatrix verführt dazu, aus den Positionen einzelner Geschäfte in der Matrix ebenso einfache wie klischeebehaftete Schlussfolgerungen als „Standardstrategien" abzuleiten, z. B.:

- **Cash Cows** – starke Wettbewerbsposition, niedriges Wachstum
  → Position verteidigen, melken
- **Stars** – starke Wettbewerbsposition, hohes Wachstum:
  → Position sichern, Wachstum forcieren
- **Question Marks** – schwache Wettbewerbsposition, hohes Wachstum:
  → Auswählen, selektive Vorwärtsstrategie, Akquisitionen
- **Poor Dogs** – schwache Wettbewerbsposition, geringes Wachstum:
  → Zusammenschluss mit anderen oder Aufgabe

Erste Arbeitshypothesen können so abgeleitet werden. Ihre unreflektierte Umsetzung hat allerdings schon oft zu krassen Fehlentscheidungen geführt und dazu beigetragen, dieses eigentlich geniale Konzept zu diskreditieren. Wir können an dieser Stelle die aus dem Portfoliokonzept ableitbaren Strategien und ihre Implikationen nicht im Einzelnen diskutieren – hierzu sei auf die umfangreiche Literatur verwiesen, die ihren Weg auch in die elektronischen Medien gefunden hat, wie etwa die 15 400 Suchergebnisse (am 23. 08. 2021) zu dem Thema bei Google zeigen.

Wir beschränken uns hier darauf, basierend auf der vieljährigen Erfahrung des Autors mit der Entwicklung und Umsetzung von Unternehmensstrategien, einige Schlüsselfragen zu diskutieren, die hilfreich sein können, die schlimmsten Fallstricke zu umgehen.

Fallstrick 1: Falsche Definition des Geschäfts

Die korrekte Definition des Geschäfts und damit auch seine Positionierung im Wettbewerbsumfeld sind die wichtigsten Voraussetzungen für die Entwicklung einer erfolgreichen Strategie. Ist die Definition des Geschäfts unscharf oder zu stark vereinfacht, kann das zu einer falschen Positionierung in der Portfoliomatrix und damit zu fatalen strategischen Fehlentscheidungen führen. Ein einleuchtendes Beispiel ist hier, wie so oft, die Automobilindustrie. Ausgehend von der These, dass größere Produktionsmengen zu geringeren Kosten führen, werden mitunter die Produktionszahlen der großen Automobilkonzerne von Toyota bis Porsche nach der Anzahl der produzierten Fahrzeuge aufgelistet, nach dem Motto: Auto steht gegen Auto im Wettbewerb. Auf den ersten Blick könnte erwartet werden, dass die größten Produzenten auch die höchsten Margen erwirtschaften. Es zeigt sich jedoch, dass die Premiummarken Mercedes, BMW und Audi bis hin zu Porsche mit ihren vergleichsweise kleinen Volumina das Feld der am besten verdienenden Unternehmen dieser Branche anführen *(Bay 2019)*. Die Lösung: Hier werden Äpfel mit Birnen verglichen. Die deutschen Premiummarken konkurrieren untereinander, nicht aber mit den großen Massenherstellern von Volkswagen über Toyota bis General Motors und den großen südkoreanischen Herstellern. Wir sprechen hier über zwei unterschiedliche Geschäftsfelder, deren Geschäftsmodelle sich signifikant unterscheiden. Im Premiumbereich sind die Kunden bereit, für das Premiumversprechen an Komfort, Design, Fahrgefühl und – last, but not least – Image, auch eine Prämie im Preis zu bezahlen. Im Segment der Massenproduzenten hingegen herrscht gnadenloser Kosten-/Preiswettbewerb. Zwei Welten, die nicht miteinander vergleichbar und hinsichtlich der Führung auch nicht kompatibel sind.

Mit der Entwicklung neuer und umfassender Mobilitätskonzepte in Verbindung mit der Einführung alternativer Antriebstechnologien (Batterien und in Zukunft vielleicht auch Wasserstoff) werden auch hier die Karten neu gemischt. Wie werden sich die Wettbewerber positionieren? Wer wird den Pokal gewinnen? Spekulationen dazu gibt es viele, Gewissheiten keine.

Fallstrick 2: Wachstum um jeden Preis

Neue Technologien für neue Märkte versprechen Wachstum. In stark wachsenden und attraktiven Märkten können auch schwache Wettbewerber hohe Wachstumsraten erzielen. Die Kosten (und Verluste) sind vielleicht für ein (noch) kleines Geschäft überschaubar, Gewinne werden für die Zukunft erwartet, unterstützt durch den Hinweis auf bereits sichtbare Erfolge größerer Wettbewerber und erhoffte Steigerung des Marktanteils. Dabei wird gerne übersehen, dass mit dem Wachstum des Geschäfts auch die Verluste wachsen und damit die Sorgen, wenn es trotz Wachstums nicht gelingt, signifikant gegenüber dem Wettbewerb aufzuholen. Der Kampf muss bergauf gegen einen stärkeren Wettbewerber geführt werden, der Wind bläst dem Schwachen ins Gesicht. Das erfordert ein enormes Ausmaß an Ressourcen nicht nur finanzieller Art. Der Wettbewerb etwa um Technologiespezialisten ist ebenso hart, setzen diese doch verständlicherweise eher auf die Straße des Erfolgs, statt sich auf eine unsichere Aufholjagd einzulassen. Es gibt nicht viele Erfolgsgeschichten von gewonnenen Aufholjagden in Wachstumsmärkten.

Oft wird die Entscheidung für eine bestimmte Wachstumsstrategie deswegen mit dem Argument untermauert, man könne sich Technologien und Marktanteile ja auch durch die gezielte Akquisition eines starken Wettbewerbers kaufen. Abgesehen von den mit jeder Akquisition verbundenen Integrationsproblemen werden gerne die oft jeden Rahmen sprengenden Bewertungen erfolgreicher Wachstumsunternehmen übersehen. Wenn überhaupt machbar, eignet sich eine solche Strategie nur für finanzstarke Großunternehmen, und selbst die stoßen damit oft an ihre Grenzen. Als sich z. B. in den Telekommunikationsmärkten Ende der 1990er-Jahre abzeichnete, dass Siemens das Rennen um die Breitbandkommunikation verloren hatte, wurde ernsthaft vorgeschlagen, Siemens könne doch Cisco kaufen, das junge und damals erfolgreichste Unternehmen der Breitbandtechnologie. Im Verein mit der Vertriebsstärke von Siemens könne dann die Welt erobert werden. Nur: Cisco war damals mit einer Börsenbewertung von mehr als 400 Mrd. US-Dollar das – gemessen am Börsenwert – wertvollste Unternehmen der Welt; die damals 150 Jahre alte Siemens AG mit ihren über 400 000 Mitarbeitern in nahezu allen Ländern der Welt wurde mit gerade 50 Mrd. US-Dollar bewertet. Da gab es keinen Weg. Seit einigen Jahren schon ist Cisco selbst von einer anhaltenden Wachstumsschwäche befallen und wird an der Börse nur noch mit knapp 240 Mrd. US-Dollar bewertet (12.11.2021). Selbst wenn es gelungen wäre, alle Hürden der Finanzierung einer solchen Mammutakquisition zu überwinden, hätte die dann bald notwendige bilanzielle Abschreibung auf den Unternehmenswert von Cisco die Siemens AG unweigerlich in den Konkurs getrieben.

Gegen die andere Lösung, sich nämlich mit einem ebenfalls relativ schwachen Wettbewerber zusammenzuschließen, um dann dem Marktführer Paroli zu bieten, spricht die Erfahrung, dass der Zusammenschluss von zwei schwachen Wettbewerbern nie einen starken gebiert. Mehr Schwächen werden dadurch gedoppelt, als dass Vorteile generiert werden.

Es gibt nicht viele gute Beispiele erfolgreicher Aufholstrategien aus einer schwachen Marktposition in attraktiven Wachstumsmärkten

Fallstrick 3: Falsche Einschätzung von Risiken

Risiken gibt es nicht nur auf der Ebene der einzelnen Geschäfte. Die Portfoliostrategie eines Unternehmens muss das Gesamtrisiko im Blick haben. Eines ist klar: Unternehmer treten an, etwas zu unternehmen. Sie müssen Risiken eingehen, wollen sie Erfolg haben. Nur: Außergewöhnliche Erfolge gehen immer Hand in Hand mit außergewöhnlichen Risiken.

Das Risikomanagement eines Portfolios von industriellen Geschäften ist konzeptionell noch nicht befriedigend gelöst. Konzepte, wie sie etwa von Finanzinstituten, spätestens seit der Finanzkrise 2008, erfolgreich im Risikomanagement eingesetzt werden, lassen sich nur sehr begrenzt auf die produzierende Industrie übertragen. Jedes Geschäft, das in die Zukunft weist, ist mit Risiken verbunden. Diese sind umso bedeutender, je unbekannter das Terrain, je höher das erwartete Wachstum und je neuer der technologische Ansatz ist. Wie man diese Risiken in ihrer Summe sinnvoll quantifizieren kann, um sie dann in den Rahmen einer Portfoliostrategie einzupassen, ist weder praktisch noch konzeptionell befriedigend gelöst. Da hilft es auch nicht, dass in Deutschland das KonTraG (Gesetz zur Kontrolle und Transparenz von Unternehmen) bereits seit 1998 fordert, die im Portfolio vorhandenen Risiken zu quantifizieren und in die Prüfung des Jahresabschlusses einzubeziehen. Denn das ist leichter gesagt als getan. Wie soll ein Wirtschaftsprüfer die Risiken abschätzen und beurteilen, die mit einem neuen bedeutenden Geschäft verbunden sind oder dadurch entstehen, dass ein traditionelles Geschäft von Substitution bedroht ist? Wie und mit welchen Argumenten kann er sich, falls er überhaupt zu einer Einschätzung kommt, im Fall des Falles auch noch gegen das Votum des verantwortlichen Unternehmers stellen? Werden alle Risiken eines diversifizierten Großunternehmens addiert, kommt unweigerlich heraus, dass das Unternehmen akut in seiner Existenz bedroht, ja schon konkursreif ist – das ist systemimmanent. Sollte es deswegen keine neuen Unternehmungen mehr riskieren? Das wäre der sicherste Weg in den Untergang.

Unverzichtbar ist allerdings, dass sich die Unternehmensführung überhaupt systematisch mit den Risiken eines Portfolios von Geschäften auseinandersetzt. Diese Einsicht zu festigen ist nach Erfahrung des Autors das wesentliche Verdienst dieses KonTraG, das sonst aus praktischer Sicht eher die Bürokratie vermehrt. Für die Entwicklung eines brauchbaren quantitativen Ansatzes stiftet es wenig Nutzen.

Ein Beispiel für besonders schwerwiegende Konsequenzen eines versagenden Risikomanagements bot in den letzten Jahren der VW-Konzern. Wie war es möglich, dass die von den unteren Managementebenen ausgesprochenen Warnungen vor den möglichen Folgen einer Installation von „Defeat Devices", welche die Abgaswerte von Pkws auf dem Prüfstand verfälschen sollten, von der Unternehmensleitung nicht zur Kenntnis oder, wenn doch, nicht ernst genommen wurden? Wenn das Risiko der Unternehmensleitung bekannt war, hat sie damit, es zu ignorieren, eine fatale Entscheidung getroffen. Falls es ihr nicht bekannt war, läge ein gravierender Mangel im System des Risikomanagements vor. Ist das den Wirtschaftsprüfern über die vielen Jahre nie aufgefallen? Das KonTraG gibt es schon seit 1998.

Das Ziel der ausgewogenen Risikostruktur eines Unternehmensportfolios wird zunehmend infrage gestellt

Mit der Zerschlagung von breit aufgestellten und in ihrer Risikostruktur bis dato vielleicht ausgewogen aufgestellten Unternehmen werden naturgemäß auch Risiken konzentriert. Eine Strategie der Vermeidung von „Klumpenrisiken", wie sie insbesondere für Investmentfonds und Privatanleger weiterhin gültig ist, hat dann für die Gestaltung eines Unternehmensportfolios ausgedient. Erfolgreich sind heute oft gerade jene Unternehmen, die mit großer Radikalität alles auf eine Karte setzen. Sie konzentrieren sich darauf, wenige und verwandte Geschäfte zu beherrschen, um sie zu führenden Wettbewerbspositionen auszubauen. Umso wichtiger ist es, die Risiken dieser verbleibenden Geschäfte zu ermitteln, Maßnahmen zu ihrer Beherrschung zu planen und für den Fall, dass bedeutende Risiken eintreten, finanzielle Rückfallpositionen aufzubauen.

Das Risikomanagement eines breit angelegten Portfolios von Geschäften wird auf diese Weise von den Unternehmen auf die Investoren verlagert. Sie diversifizieren ihr Risiko durch die Auswahl ihrer Kapitalanlagen.

Wir haben hier nur beispielhaft einige der wichtigsten Fallstricke angeführt, an denen eine Portfoliostrategie scheitern kann. Führungspersonal, finanzielle Rahmenbedingungen oder tradierte Unternehmenskulturen bis hin zu Standortfaktoren oder gar politischen Einflüssen sind nur einige aus der Vielzahl weiterer Faktoren, die bei der Gestaltung einer Unternehmensstrategie zu berücksichtigen sind. Das alles sprengt bei Weitem den Rahmen einer zweidimensionalen Matrix mit vier oder auch neun Kästchen.

Wichtig ist daher, die Entwicklung einer Portfoliostrategie als einen kreativen Prozess zu gestalten, der alle Ebenen der Organisation und auch externe Quellen mit einbezieht. Der Vorteil der Öffnung des Prozesses der Strategieentwicklung durch Einbeziehung externer Partner wird in einer neuen und viel beachteten Publikation unter dem Stichwort „Open Strategy" anhand zahlreicher Beispiele erläutert (Stadler et al. 2021).

Bei aller Rationalität von Argumenten und dem Versuch einer Objektivierung: dem „unternehmerischen Funken" muss Raum gelassen werden; er kann auch durch die ausgefeilteste Systematik nicht ersetzt werden.

Nicht alles ist planbar – dem unternehmerischen Funken muss Raum gegeben werden

- *Das Zielsystem eines Unternehmens ist vielschichtig, komplex und nicht frei von Widersprüchen.*
- *Der Unternehmensleitung muss es gelingen, die verschiedenen Ziele zu einem kohärenten Ganzen zu fügen.*
- *In erster Linie geht es immer darum, einem Kunden eine Leistung anzubieten, die er annimmt und auch bezahlt.*
- *Mit dieser Leistung muss sich das Unternehmen dem Wettbewerb stellen.*
- *Stärke im Wettbewerb ist die Grundvoraussetzung für das Erreichen der Ziele. Nur sie sichert Gesundheit und Überleben des Unternehmens.*
- *Die vier Säulen der strategischen Planung sind:*
  - *Wer bin ich? – Was ist mein Geschäft?*
  - *Wo stehe ich? – Stärke im Wettbewerb*
  - *Wo will ich hin? – Wie attraktiv sind meine Märkte?*
  - *Wie schaffe ich das? – Operative Effizienz*
- *Die Portfoliomatrix hat sich als zusammenfassende Darstellung aller Geschäfte eines Unternehmens bewährt.*
- *Die Unternehmensstrategie bildet den übergeordneten Rahmen für die Strategie der Geschäftseinheiten.*
- *Aus der Portfoliomatrix abgeleitete „Standardstrategien" sind in den meisten Fällen gefährliche Vereinfachungen.*
- *Die Grundüberlegungen zum strategischen Management gelten auch in der digitalen Welt.*
- *Die Türen zum Universum der Kreativität müssen geöffnet bleiben. Nicht alles kann dem Korsett eines strikten Kalküls unterworfen werden.*

9

Innovation – wie kommt das Neue in die Welt?

> **Die Kraft des Neuen**
>
> Die Sicherung der Zukunft, der langfristigen Gesundheit und Überlebensfähigkeit des Unternehmens ist die wichtigste Aufgabe der Unternehmensleitung. Wichtigster Treiber für Wachstum und Wettbewerbsstärke ist Innovation. Sie ist das Lebenselixier eines jeden Unternehmens. Sie ist Ausdruck der Freiheit, die notwendig ist, langfristig in einer hochkomplexen Umgebung zu bestehen. Wie kann diese Freiheit gestaltet und so eingesetzt werden, dass das Unternehmen im Bereich der Innovation die richtige Balance findet zwischen der Entfesselung des Neuen und der Notwendigkeit, die Einheit und Führbarkeit des Unternehmens zu sichern? Ist das Neue überhaupt planbar?

9.1 Inkrementelle und disruptive Innovationen

Innovationen in der Wissenschaft dienen vor allem dem Erkenntnisgewinn. Für Wirtschaftsunternehmen ist eine Innovation notwendigerweise mit einem Markt, einem Vorteil für einen Kunden verbunden. Damit zielt jede Innovation auf einen Vorteil im Wettbewerb. Wie weit aber ist das Neue planbar oder gar organisierbar? Diese Frage mutet zunächst wie ein inhärenter Widerspruch an. Wenn Innovation planbar wäre, wäre es keine Innovation mehr, wenn sie organisierbar wäre, müsste man ja wissen, was überhaupt zu organisieren ist. Was wäre dann noch „neu"?

Ein pragmatischer Ausweg aus diesem logischen Dilemma bietet sich an mit der Unterscheidung in inkrementelle und disruptive Innovationen (Bild 9.1).

Inkrementelle Innovation: Extrapolation des Bekannten

Unter inkrementellen Innovationen verstehen wir die Weiterentwicklung bestehender Produkte wie z. B. eines Smartphones von Apple oder Samsung, eines konventionellen Automobils, eines Softwarereleases für einen Laptop oder eine speicherprogrammierbare Steuerung sowie die Rezeptur eines Haarshampoos oder Müslis. Die Entwicklungsziele sind klar definiert, es gibt Erfahrungswerte für den Aufwand, bestimmte Meilensteine zu erreichen, Abbruchkriterien können definiert und Abläufe organisiert werden. Die Zusammenarbeit zwischen z. B. Fertigung und Marketing ist eingespielt, Geschäftspläne werden entwickelt und Ergebnisse kontrolliert. Auf eine kurze Formel gebracht, geht es hier um die Extrapolation des Bekannten.

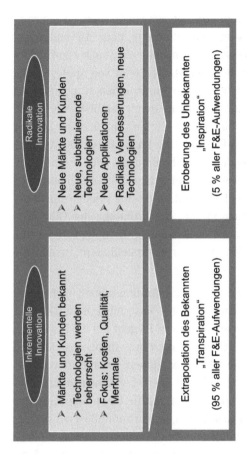

Bild 9.1 Inkrementelle und disruptive Innovationen – radikale Innovationen haben oft große Wirkung

Disruptive Innovation: Eroberung des Unbekannten

Eine ganz andere Welt eröffnet sich bei disruptiven Innovationen. Hier geht es um neue Produkte, neue Anwendungen, neue Märkte, neue Geschäftsmodelle oder auch neue technische Lösungen. Ein Beispiel ist das iPhone von Apple, das die konventionellen Mobiltelefone durch einen tragbaren und vernetzten Computer ablöste und damit den bisherigen Weltmarktführer für Mobiltelefone – Nokia – in kürzester Zeit der Bedeutungslosigkeit überließ. Die Entwicklung des Automobils und der Eisenbahn, des Schießpulvers oder der mechanischen Webstühle, des Morsetelegrafen, des Dynamoprinzips zur Erzeugung von Elektrizität (und seine Umkehrung in Gestalt des Elektromotors) oder die Erfindung der Glühbirne sind nur einige von vielen Beispielen disruptiver Innovationen, die unser Leben in vorher unvorstellbarem Ausmaß beeinflusst haben.

Disruptive Innovationen sind definitionsgemäß nicht planbar. Wenn man schon wüsste, was dabei herauskommt, wären sie ja nicht mehr disruptiv. Es geht um die Eroberung des Unbekannten. Das heißt allerdings nicht, dass sie sich auch jeder Organisierbarkeit entziehen. Organisation in diesem Zusammenhang bedeutet aber eher, einen Rahmen für einen möglichst großen Freiraum, für einen eher „unorganisierten" Zustand zu schaffen, indem zumindest ein Teil des Regelwerks eines etablierten Unternehmens für das tägliche Tun – wie z. B. Arbeitszeiten, Arbeitsorte, Organisationsmittel oder auch projektbezogene Budgets – außer Kraft gesetzt wird. Nur dann hat das Neue eine Chance, zu entstehen und sich gegebenenfalls zu bewähren.

Allerdings muss auch hier die Balance gewahrt werden. Der Kontext zum Leitbild des Unternehmens muss mit einem –

9.1 Inkrementelle und disruptive Innovationen

wenn auch weit gespannten – inhaltlichen Rahmen erhalten bleiben. So kann z. B. für die Entwickler in einem Halbleiterunternehmen als Forschungsrichtung etwa die Molekularbiologie vorgegeben werden, um zu verstehen, wie menschliche und tierische Gehirne funktionieren, oder für ein Automobilunternehmen – über das einzelne Fahrzeug hinaus – die Gesamtsicht auf die individuelle Mobilität in einer Gesellschaft. Wenig Sinn würde es allerdings für eine Siemens AG machen, sich etwa in der Nahrungsmittelforschung zu versuchen. Wie eng oder weit dieser Rahmen gespannt wird, entzieht sich einer objektiven Beurteilung. Ein extremes Beispiel ist sicher die Entscheidung der ehemaligen Mannesmann AG, 1990 eine Lizenz zum Aufbau eines Mobilfunknetzes in Deutschland zu erwerben. Die Anfänge von Mannesmann reichen bis in die 1880er-Jahre zurück mit der Entwicklung eines neuen Verfahrens zur Herstellung nahtloser Röhren *(Wikipedia: Mannesmann)*. Darauf aufbauend entwickelte sich Mannesmann im Verein mit dem Stahlwerk Salzgitter zu einem der weltweit führenden Maschinen- und Anlagenbauer. Mit dem Erwerb einer völlig abseits aller bisherigen Geschäftsmodelle liegenden Lizenz für Aufbau und Betrieb eines bald sehr profitablen Mobilfunknetzes in Deutschland entfernte sich das Unternehmen so weit von seinen Wurzeln, dass es schließlich zu seiner Auflösung führte. Der Verkauf des Netzes an den britischen Konkurrenten Vodafone besiegelte dann endgültig das Schicksal des Unternehmens. Ähnlich radikale Transformationen sind in Zeiten der Digitalisierung zu erwarten, können sie doch weitgehend ungehindert durch den Ballast bedeutender physischer Produktionskapazitäten vollzogen werden.

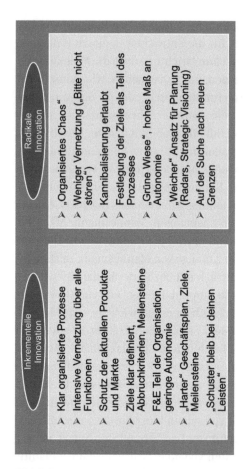

Bild 9.2 Inkrementelle und disruptive Innovationen erfordern unterschiedliches Management

Inkrementelle und disruptive Innovation sind zwei verschiedene Welten. Sie erfordern unterschiedliche Managementansätze und Organisationen (Bild 9.2). Ihre Denkansätze und Kulturen liegen weit auseinander. Sie können kaum unter einem Dach vereint werden. Das ist auch wörtlich zu verstehen. Die Bemühungen zur Entwicklung disruptiver Innovationen sollten losgelöst von den traditionellen Standorten, sozusagen auf der „grünen Wiese", erfolgen. Nur dann besteht eine Chance, sie vor den „Bewahrern" zu schützen. In der Literatur wird dieses Dilemma inzwischen unter dem Stichwort „Ambidextrous Organization" aus verschiedenen Blickwinkeln heraus behandelt *(O'Reilly/Tushman 2004)*. Im Grunde geht es dabei darum, wie eine Organisation Bewahrung einerseits und Disruption andererseits unter einem Dach vereinen kann. Wie gelingt einer Unternehmensleitung, gleichzeitig das bestehende Produktspektrum weiterzuentwickeln und dem Neuen eine Chance zu geben.

Wir wollen das hier nur am Beispiel der Vernetzung erläutern, die anderen in Bild 9.2 angeführten Kategorien sprechen für sich.

Inkrementell: Interne Vernetzung – externe Abschirmung

Inkrementelle Entwicklungen sollten vorzugsweise in einer integrierten Organisation von Entwicklung, Fertigung, Marketing und Vertrieb angesiedelt sein. Auch eine räumliche Nähe aller Funktionen ist wichtig. Intensive Vernetzung über alle Stufen der Wertschöpfung ist angesagt. Nur dann kann ein reibungsloser Übergang von einer Produktgeneration zur nächsten gewährleistet werden. Hier gilt eher das noch von Joseph A. Schumpeter geforderte Prinzip der Exklusivität von Innovationen. Unternehmen suchen die besten Mitarbeiter auf einem Fachgebiet, binden diese an die Organisation. Die Innovation ist exklusiv und proprietär („closed innovation") *(Chesbrough/Vanhaverbeke/West 2006)*. Um das interne Know-how zu schützen, erfolgt die externe Vernetzung kontrolliert und eingeschränkt.

Disruptiv: Interne Abschirmung – externe Vernetzung

Organisationen mit der Mission einer Disruption des Bekannten sind vorzugsweise auf der „grünen Wiese" weitab vom täglichen Geschäft anzusiedeln. Hier geht es um Kreativität und Gedankenfreiheit. Hier zählt die Qualität der Ideen mehr als das Einhalten vorgegebener Produktivitätskennzahlen. Große persönliche Freiheiten prägen die Arbeit. Das reicht von flexiblen Arbeitszeiten über Regelwerke bis hin zur Arbeitsplatzgestaltung.

Eine enge Vernetzung mit den Protagonisten des Bestehenden sollte vermieden werden. Ein Beispiel hierfür ist das bereits erwähnte Drama um den Untergang der Siemens-Nachrichtentechnik mit Aufkommen der Breitbandtechnik. Die große physische Nähe zwischen wenigen Breitbandentwicklern und einer großen Zahl überzeugter und überaus sachkundiger Entwickler des ISDN-Schmalbandgeschäfts führte zu einer großen Verunsicherung und auch Demotivation derjenigen, die das Neue – die Breitbandtechnik – geschäftsfähig machen wollten. Auf den Fluren, beim Mittagstisch und auch in den Laboren wurden ihnen ständig erklärt, dass man das alles bereits vor vielen Jahren schon überlegt und verworfen hätte, weil es einfach nicht zuverlässig funktioniere und es außerdem zweifelhaft sei, ob es überhaupt einen nennenswerten Bedarf nach derartigen Übertragungsbandbreiten gäbe. Ähnliches wird auch berichtet aus den Entwicklungszentren der großen Automobilunternehmen, wo Tausende von hochbegabten Ingenieuren mit Erfolg an der Weiterentwicklung der Verbrennungsmotoren arbeiten. Die auch in großer physischer Nähe angesiedelten Entwickler der Elektromobilität haben in einem solchen Umfeld keine Chance.

Wichtig bleibt allerdings bei aller Distanz zwischen dem Bestehenden und dem Neuen die Fähigkeit einer Unternehmensleitung, diesen unterschiedlichen Kulturen unter dem Dach des Gesamtunternehmens eine Chance zu geben. Auch muss der richtige Zeitpunkt abgepasst werden, eventuell vorhandene (echte) Synergien z. B. in der Fertigung oder im Marketing zum Wirken zu bringen. Der Erfolg eines solchen Vorgehens ist in hohem Maße abhängig von der Fähigkeit einer Unternehmensleitung, sowohl das etablierte Geschäft zu bewahren als auch dem Neuen den nötigen Freiraum zu gehen. Das im vorigen Kapitel erwähnte Beispiel der Siemens-Telekommunikation sowie der Untergang des Mobilfunkgeschäfts von Nokia in den 2000er-Jahren oder auch des Fotofilmherstellers Kodak in den 1990er-Jahren zeigen auf dramatische Weise, wie das misslingen kann.

So problematisch die *interne* Vernetzung in einem der Disruption gewidmeten Umfeld auch sein kann. Die *externe* Vernetzung ist von kaum zu unterschätzender Bedeutung. Es gilt, branchenfremde Ideen, neueste Technologien oder – im Zeitalter der Digitalisierung – bisher unbekannte Algorithmen und Anwendungen kennenzulernen und gegebenenfalls zu nutzen. Unter dem Stichwort „Open Innovation" – und im weiteren Sinne „Open Strategy" *(Chesbrough/Vanhaverbeke/ West 2006, Stadler et al. 2021)* setzt sich dieses Prinzip vor allem aufgrund der sich ständig verkürzenden Innovationszyklen im Zusammenhang mit der Digitalisierung zunehmend durch.

9.2 Strategic Visioning: Die Fokussierung der Freiheit

Der Aufwand für disruptive Innovationen in den etablierten Großunternehmen steht in einem umgekehrt proportionalen Verhältnis zu den langfristigen Auswirkungen. Nach Erfahrung des Autors mit zahlreichen Projekten im Bereich von Forschung und Entwicklung werden in den meisten Unternehmen etwa 95 % der ausgewiesenen Entwicklungsaufwendungen für die Weiterentwicklung bestehender Produktlinien und nur ca. 5 % für „freie" Entwicklung ausgegeben, für die Suche nach dem Neuen. Thomas A. Edison (1847 – 1931), einer der größten Erfinder des industriellen Zeitalters, geht sogar noch weiter. Er soll einmal gesagt haben *(Rosanoff 1932)*:

> *„Genius is one percent inspiration and ninety-nine percent perspiration."*

So überraschend diese Aussage auf den ersten Blick auch sein mag. Sie wirklich mit Zahlen und Fakten zu belegen, ist schwierig bis unmöglich. Was ist das Neue, wo und von wem wird danach gesucht – und mit welchem Aufwand? Das entzieht sich meistens einer genauen Erfassung und vor allem auch Vergleichbarkeit zwischen Unternehmen. Unbestritten ist allerdings, dass nur ein kleiner Bruchteil der Entwicklungsaufwendungen großer Unternehmen auf das wirklich „Neue" entfällt. Der weitaus größte Teil ist notwendiges Handwerk zur Pflege und Weiterentwicklung bestehender Produkte. Es ist auch schwer vorstellbar, dass sich in einem Großunternehmen vielleicht Zehntausende von Entwicklern auf die Suche nach dem wirklich „Neuen" machen. Das wäre organisatorisch und finanziell nicht verkraftbar und wohl auch nicht sinnvoll. Wer trennt hier die Spreu vom Weizen, wer weiß schon, welche Ideen wirklich tragfähig sind? Die Liste von Prognosen und Szenarien, die nie Realität wurden, ist lang *(Bremer 2010; Kahn/Wiener 1968)* – oder salopp ausgedrückt: Die Zukunft ist meistens nicht das geworden, was sie einmal war. Wahr bleibt aber:

> *Disruptive Innovationen bewegen die Welt – inkrementelle Innovationen bewahren sie*

9.2 Strategic Visioning: Die Fokussierung der Freiheit

Das „Neue" umfasst den Raum aller Möglichkeiten. Je mehr Freiheit gewährt wird, desto umfassender wird dieser Raum genutzt, desto mehr Ideen können generiert werden. Das Risiko, dass dabei der Fokus verloren geht und das Unternehmen sich in der Vielfalt der Möglichkeiten verzettelt, ist hoch. Eine Möglichkeit, der Kreativität einen Rahmen zu geben und bei aller notwendigen Freiheit eine Fokussierung zu erreichen, ist das von der Siemens AG in den 1990er-Jahren entwickelte und über viele Jahre erfolgreich angewendete „Strategic Visioning" *(Doericht 2013; Mirow 2003-2)*.

Im Strategic Visioning werden zwei Vorgehensweisen miteinander kombiniert: Zum einen werden aus den Produkt- und Technologieroadmaps des Unternehmens Trendaussagen über die zukünftige Entwicklung extrapoliert. Zum anderen wird, gewissermaßen in der Gegenrichtung, aus den in der Zukunft gesehenen formenden Kräften von Wirtschaft und Gesellschaft in die Gegenwart rückwärts retropoliert. Im Rückschluss werden daraus technische Anwendungsfelder abgeleitet, die in einem weiteren Schritt in konkrete Suchfelder für spezifische Technologien aufgelöst werden. An dieser Stelle treffen sich die extrapolativ aus den Roadmaps abgeleiteten zukünftigen Entwicklungen mit dem aus den Anwendungsfeldern retropolativ abgeleiteten Bedarf (Bild 9.3).

Vorhaben können so definiert, eingegrenzt und Risiken vermindert werden. Beseitigt werden können Risiken damit aber nicht. Trotz aller Vorsicht und Voraussicht: Erstbesteigungen sind und bleiben unternehmerische Taten, für die man sich gut rüsten kann – Instrumente dafür gibt es genug. Letzten Endes erfordern sie aber das Quantum an Gespür, Risikobewusstsein und Wagemut, das einen erfolgreichen Unternehmer jenseits des Planbaren auszeichnet.

9 Innovation – wie kommt das Neue in die Welt?

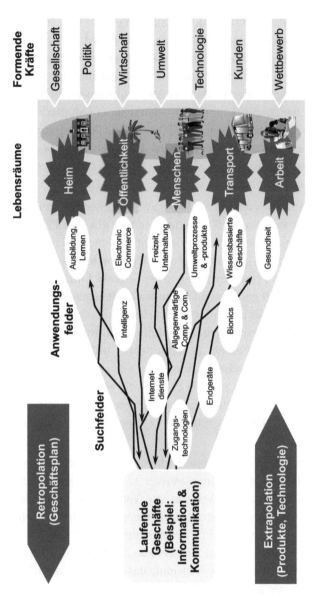

Bild 9.3 Strategic Visioning – Extrapolation und Retropolation: zwei gegenläufige Bewegungen in der Zeit (in Anlehnung an *Doericht 2013*)

9.2 Strategic Visioning: Die Fokussierung der Freiheit

Eine disruptive Innovation besteht jedoch nicht nur aus einer genialen Idee. Das kann nur der erste Schritt sein. Was darauf folgt, ist die Umsetzung in eine auf den Bedarf des Kunden zugeschnittene profitable Lösung. Das wiederum ist harte Arbeit. Damit beginnt dann die von Thomas A. Edison zitierte Phase der „Perspiration". Diese kann weit über 90 % der Gesamtaufwendungen bis zur Marktreife ausmachen.

- *Jede Innovation im Unternehmen braucht einen Markt. Sie muss zu einem Vorteil im Wettbewerb führen.*
- *Inkrementelle Innovation verbessert das Bestehende.*
- *Disruptive Innovation verändert die Welt.*
- *Inkrementelle und disruptive Innovationen stellen unterschiedliche Anforderungen an Organisation und Management.*
- *Inkrementelle Innovationen verlangen eine tiefe Einbettung in die bestehende Organisation und ihre Führungsstrukturen.*
- *Disruptive Innovationen entstehen in Freiräumen. Sie sind grundsätzlich nicht planbar – sonst wären sie nicht mehr „neu".*
- *Disruptive Innovationen erfordern eine intensive Vernetzung mit dem externen Umfeld („Open Innovation"). Intern ist eher Abschirmung angesagt.*
- *Strategic Visioning gibt den Freiräumen einen unternehmerischen Rahmen.*
- *Eine disruptive Innovation ist meistens nur eine geniale Idee. Erst ihre Umsetzung in eine profitable Lösung für den Kunden führt zum Erfolg.*
- *In der Phase der Umsetzung muss der Freiraum durch Planung eingehegt werden.*

10

Vom Denken zum Handeln: Die Kunst der Umsetzung

> **Schnell ist ein Gedanke erdacht – die Tat muss folgen**
>
> Eine Portfoliostrategie zu formulieren ist nur ein erster Schritt. Der Erfolg stellt sich erst mit ihrer Umsetzung ein. Er zeigt sich letztlich in der Erfolgsrechnung und Bilanz eines Unternehmens. Die Umsetzung strategischer Entscheidungen ist oft schwieriger als die Entscheidung selbst. Viele unternehmerische Misserfolge haben ihre Ursache weniger in einer falschen Strategie als in einer fehlgeschlagenen Umsetzung. Es geht um die Kunst des Machbaren.
>
> Schnell ist ein Gedanke gedacht. Doch seine Realisierung – die Tat – ist ein sehr viel mühsamerer Prozess. Viele gute Ideen scheitern daran. Nach Erfahrung des Autors entfallen bei einer erfolgreich umgesetzten Strategie etwa 10 % des Aufwands auf ihre Entwicklung und 90 % auf die Realisierung.

Folgt in einem Unternehmen dem Gedanken nicht die Tat, ist alles Denken müßig!

Vier wichtige Elemente müssen zusammenspielen, damit eine Strategie erfolgreich umgesetzt werden kann:

- Kommunikation
- Methodendisziplin
- Prozessdisziplin
- Kontrolle und Konsequenz

10.1 Kommunikation

Eine gute Unternehmensstrategie sollte keine Geheimsache sein. Es gilt, alle Mitarbeiter „mitzunehmen". Sie müssen überzeugt werden, sich für eine Sache einzusetzen, die letztlich auch die ihrige ist. Die Strategie muss ihnen so verständlich gemacht werden, dass sie jenseits von Befehls- und Gehorsamsketten kreativ dazu beitragen können, sie zu realisieren. Das Gleiche gilt aber auch und besonders für ihre Umsetzung.

Dazu müssen die oberste Führungsebene des Unternehmens und die wichtigsten Führungskräfte auf allen darunterliegenden Ebenen die gemeinsam erarbeiteten Zielformulierungen immer wieder – und möglichst mit den gleichen Worten – wiederholen. Das gilt auch für die aus den Zielen des Gesamtunternehmens abgeleiteten Unterziele für die Bereiche oder auch einzelne funktionale Einheiten. Diese Übung mag gerade Unternehmern und wichtigen Führungskräften überflüssig oder gar unzumutbar vorkommen, verdanken sie doch ihren Erfolg gerade ihrer Kreativität und damit auch Spontaneität. „Es wurde doch schon alles gesagt…" Dennoch: Erst die gebetsmühlenartige Wiederholung der wichtigsten strategischen Anliegen, sowohl nach innen als auch in der Öffentlichkeit, ist das Lebenselixier, das den Prozess der Umsetzung am Laufen hält. Dieses Thema wird umso wichtiger, je mehr Autonomie den einzelnen Einheiten des Unternehmens gewährt wird. Nur eine starke strategische Aussage kann die Kraft erzeugen, die notwendig ist, um die autonomen Einheiten unter einem gemeinsamen Dach zusammenzuführen.

Man könnte einwenden, dass nicht jede Strategie im Detail in der Öffentlichkeit (intern und extern) ausgeplaudert werden kann und sollte. Das ist richtig, wenn es um auch in der Außenwirkung bedeutende Maßnahmen wie eine Akquisition, einen Zusammenschluss oder eine Desinvestition geht. Auch größere Restrukturierungsvorhaben, die vielleicht eine Vielzahl von Mitarbeitern treffen, können erst kommuniziert werden, wenn sie in allen Gremien diskutiert und beschlossen wurden. Insofern kann es sein, dass eine Strategie im ersten Schritt eher allgemein formuliert wird. Nach erfolgter Gremienabstimmung oder auch dem gewählten Zeitpunkt der Information der Märkte wird sie dann schrittweise weiter konkretisiert und kommuniziert.

Ein kommuniziertes Ziel muss handlungsrelevant sein

Von Fall zu Fall ist zu entscheiden, was unmittelbar handlungsrelevant ist – was also sofort in Angriff zu nehmen ist – und was erst nach einer erfolgreich durchgeführten Kette von vorlaufenden Maßnahmen handlungsrelevant wird. Das klingt abstrakt, ist aber plausibel. Wenn z. B. ein Geschäft zum Verkauf kommen soll, muss es sinnvollerweise vorher so aufgestellt werden, dass ein Käufer auch daran Gefallen findet. Das kommunizierte Ziel ist somit zunächst eine schärfere Grenzziehung der betroffenen Einheit sowie eventuell eine Restrukturierung des Geschäfts, um bessere Ergebnisse oder höhere Transparenz zu erzielen sowie Wachstum oder Innovationskraft zu stärken. Auch ein Bruch mit der Vergangenheit, z. B. eine neue Stoßrichtung der Gesamtstrategie, wie wir sie derzeit in Teilen der Automobilindustrie oder auch am Fall der ThyssenKrupp AG erleben, muss zunächst in allen Gremien (einschließlich der Arbeitnehmervertretung und unter Umständen auch politischer Institutionen) diskutiert werden, bevor er der internen und externen Öffentlichkeit mitgeteilt wird.

Ist z. B. eine Großakquisition oder auch Desinvestition geplant, wird ein Kauf- oder Verkaufsangebot erst handlungsrelevant, wenn es dem Geschäftspartner zugeleitet werden soll oder in einen öffentlichen Bieterprozess einfließt. Alle anderen kommunizierten Aktivitäten dienen zunächst dem allgemeinen Ziel der Stärkung der Wettbewerbsfähigkeit. Dass es dabei um einen Kauf oder Verkauf geht, ist zunächst nur dem Kreis der handelnden Personen bekannt und sollte nicht in einer unkontrollierbaren Öffentlichkeit breitgetreten werden.

Damit es kein Missverständnis gibt: Wir sprechen hier über die Kommunikation gemeinsam erarbeiteter strategischer Ziele. Was verabredet wurde, gilt. Klare Ziele und Verantwortlichkeiten müssen festgelegt und konsequent verfolgt werden.

Der Prozess der Erarbeitung selbst erfordert ein Miteinander aller Beteiligten über alle Ebenen der Organisation sowie wichtiger externer Stakeholder (z. B. Gesellschafter, Banken, Arbeitnehmervertreter, auch bis hin zu politischen Gremien) (Stadler et al. 2021). Diese erste Ebene der Kommunikation bezieht sich auf die Phase der Erarbeitung von Zielen. Wurde eine Übereinkunft über die Ziele erreicht, muss diese Diskussion beendet sein.

Auf die Freiheit der Verabredung folgt
die Konsequenz in der Umsetzung

Danach beginnt die Kommunikation über die so erarbeiteten Ziele. Nicht jeder Umsetzungsschritt darf dann eine erneute Debatte über die Ziele auslösen. Die Gefahr besteht insbesondere dann, wenn die Umsetzung im Einzelfall vielleicht mit Schwierigkeiten oder Härten verbunden ist. Das würde den ganzen Prozess ad absurdum führen. Allerdings: Nur das jeweils übergeordnete, das Unternehmen insgesamt oder auch die jeweilige Organisationseinheit betreffende Ziel wird auf Leitungsebene kommuniziert. Die Ableitung von Unterzielen sowie deren Umsetzung mit allen Details bleibt in der Verantwortung der ausführenden Ebenen mit jeweils den gleichen Kommunikationsnotwendigkeiten.

Neue Entwicklungen können eine Anpassung der Strategie erfordern – etwa eine nachhaltige Veränderung der Wachstumsaussichten, das Verfehlen eines technischen Entwicklungszieles oder eine Veränderung der finanziellen Rahmenbedingungen. Der geforderte Prozess der Definition und Kommunikation der Ziele bedarf daher einer „Öffnungsklausel" für neue Entwicklungen, sonst endet er im Dogmatismus. Die Balance muss allerdings soweit gewahrt sein, dass nicht jede kleine Veränderung zu einer Neuauflage des Strategiefindungsprozesses führt. Hier sind Augenmaß und unternehmerisches Gespür gefragt. Je größer das Unternehmen ist, desto professioneller muss eine solche Kommunikationsstrategie erarbeitet und vor allem auch gelebt werden.

10.2 Methodendisziplin

Im konzeptionellen „Biotop" der strategischen Planung gedeiht eine große Vielfalt unterschiedlicher Methoden und Darstellungsweisen. Im Endeffekt geht es aber immer um

Stärke im Wettbewerb und Attraktivität der Märkte. Das gilt es zu erreichen, gleichgültig, mit welcher Darstellungsmatrix, Rechenmethodik oder mit welchem Prozess zur Strategieentwicklung man sich diesem Ziel nähert. Die Ergebnisse der meisten Konzepte unterscheiden sich voneinander nach Erfahrung des Autors trotz wohlklingender Überschriften meist nur marginal. Viel wichtiger ist, dass sich das Unternehmen auf eine einheitliche Methodik der Strategieentwicklung und -darstellung festlegt. Methodendiskussionen während der Strategieentwicklung oder gar die Vernebelung der Fakten durch ungewohnte und interpretationsbedürftige Darstellungen können dadurch weitgehend vermieden werden.

Die gewählte Planungsmethodik muss von allen getragen werden

Das klingt einfacher, als es ist. Die wichtigste Voraussetzung für das Gelingen ist, dass im Zuge des Aufbaus eines strategischen Planungssystems eine ausführliche Methodendiskussion mit allen Beteiligten zu einem Konsens führt. Sonst gelingt es nicht, alle dafür Verantwortlichen „mitzunehmen". Die Gefahr besteht, dass die Methodendiskussion in strategischen Projekten immer wieder aufflammt. Verzögerungen, Verwirrungen und daraus entstehende Fehlentscheidungen können die Folge sein. Die wichtigsten Punkte, um die es bei der Methodenentscheidung geht, haben wir bereits erläutert. Sie seien hier noch einmal thematisch in Erinnerung gerufen:

- Was ist das Geschäft?
- Wie stark bin ich im Wettbewerb?
- Wir attraktiv sind meine Märkte?

Der Autor hat mit den bereits erläuterten Methoden der strategischen Planung gute Erfahrungen gemacht. Das schließt nicht aus, dass auch andere Methoden zum gleichen Ziel führen. Welche auch immer gewählt wird, drei Bedingungen erscheinen unerlässlich für ein gutes strategisches Planungssystem:

- Die zugrunde liegende Methodik muss auf weitestgehend objektivierbarem Datenmaterial aufbauen, z. B. Marktdaten, Kosten, Ergebnissen, technologischen Merkmalen oder Rangfolgen.
- Die Daten müssen überprüfbar sein.
- Es muss möglich sein, die Daten auch im Zeitverlauf zu verfolgen.

Das alles klingt einfacher, als es ist. Die Erfahrung lehrt, dass gerade in kritischen Entscheidungssituationen gerne mittels schwer verständlicher Wortkaskaden oder auch nicht nachvollziehbarer Daten argumentiert wird, wenn es darum geht, eine bestimmte Meinung durchzusetzen. Der Versuch der Manipulation ist dann nicht mehr weit. Dem kann nur Einhalt geboten werden, wenn es vor dem Start des Strategieprozesses Einigkeit über die am besten geeignete Methodik gibt.

10.3 Prozessdisziplin

Was wird wann, in welchen Gremien und auf Grundlage welcher Unterlagen besprochen? – Die jährliche Routine.

Vor allem in Großunternehmen ist es unerlässlich, die strategische Planung in einem Prozess zu verankern, der fest in den Jahresablauf von Planung, Budgetierung und Kontrolle eingebunden ist. Einmal jährlich sollten die Geschäftsstrategien der einzelnen Bereiche als Grundlage für die Budgetierung sowie die Mittelfristpläne evaluiert werden. Das muss nicht jedes Mal zu einer Anpassung bzw. Änderung dieser Strategien führen, meist reicht ein kurzes Statement: Haben sich die Grundvoraussetzungen geändert? Gibt es Anpassungsbedarf? Ein Planungskalender legt den Ablauf über das Jahr fest und beschreibt, in welchen Gremien und mit welcher Besetzung wann und was und aufgrund welcher Vorlagen besprochen und entschieden wird. Das mag alles selbstverständlich klingen. Die Erfahrung zeigt jedoch, dass gerade das scheinbar Selbstverständliche oft eben gerade nicht selbstverständlich ist.

Diese Planungsroutine gilt in erster Linie für etablierte Geschäfte. Die in Kapitel 9 („Innovation – wie kommt das Neue in die Welt?") diskutierten Überlegungen zu einer weitgehenden organisatorischen Verselbständigung von Einheiten zum Aufbau von disruptiven Geschäften gelten auch hier. Es muss sorgfältig geprüft werden, wann solche Geschäftseinheiten sowohl die Größe und Bedeutung für das Unternehmen als auch die notwendige Stabilität haben, in diesen Prozess einbezogen zu werden.

Ein anderes Vorgehen – und zwar jenseits des jährlichen Planungszyklus – erfordern große und vielleicht existenzielle Weichenstellungen für ein Unternehmen. Sie sprengen die jährliche Planungsroutine. Dabei kann es um Themen gehen, die nur das eigene Unternehmen betreffen – wie wir es z. B. bei ThyssenKrupp (finanzielle Not) erleben oder bei der Siemens AG (Verringerung der Führungskomplexität, Erhöhung der Flexibilität) mit der Abspaltung und Verselbständigung oder gar dem Verkauf großer Bereiche. Auch die Neuaufstellung der Bayer AG im Zusammenhang mit der Übernahme von Monsanto ist ein Beispiel für eine – in diesem Fall nicht ohne Dramatik ablaufende – existenzielle Weichenstellung.

Andererseits gibt es auch Themen, die eine ganze Branche betreffen. Das durchlebt z. B. die Automobilindustrie, die sich gezwungen sieht, völlig neue Mobilitätskonzepte zu entwickeln. Das geht weit über die Frage des Antriebs hinaus und erfasst die ganze Branche und ihre Zulieferindustrie mit vielen Hunderttausenden, ja Millionen von Arbeitsplätzen.

Derartige Projekte, die von außergewöhnlichen Situationen geprägt sind, laufen unabhängig von jährlichen Planungs- und Berichtszyklen ab. Sie sind ihrer Natur nach hochkomplex und hinsichtlich ihrer zeitlichen Dauer ungewiss. Erst die Ergebnisse ordnen sich wieder in den Zyklus der jährlichen Planungsroutine ein.

10.4 Kontrolle und Konsequenz

Der hohe intellektuelle Anspruch strategischen Denkens kann dazu verleiten, das unangenehme Thema der Kontrolle zu übergehen. Wer will sich schon gerne in die Niederungen eines strategischen Kontrollsystems ziehen lassen, wenn gerade eine große Strategie entworfen und verabschiedet wurde, die das Unternehmen in eine glänzende Zukunft führt?

Erst Kontrolle ermöglicht die Bewertung der Wirksamkeit einer Strategie

Damit Kontrolle ihren Zweck erfüllen kann, muss die beschlossene Strategie in Kategorien formuliert werden, die kontrollierbar sind. Im vorigen Kapitel haben wir die wichtigsten Kriterien dafür bereits erwähnt: möglichst quantifizierbare Aussagen, Vermeidung von wolkig formulierten

Gemeinplätzen und die Möglichkeit, die Daten auch über eine längere Zeitspanne zu verfolgen. Quellen sollten angeführt werden mit – falls nötig – einer Erläuterung der Erhebungsmethodik. Das sind die Mindestanforderungen. Weiterhin müssen Meilensteine definiert und die jeweils persönlich Verantwortlichen bestimmt sein. Was wird bis wann und von wem getan?

Kontrolle ist nur dann wirksam, wenn sie auch Konsequenzen hat. Im Idealfall, wenn es heißt: „Alles im Plan", bleiben diese aus – das wäre dann allerdings auch eine Konsequenz. In der Mehrzahl der Fälle allerdings wird es Planabweichungen geben. Sind diese signifikant und auf externe Einflüsse zurückzuführen, müssen unter Umständen die Planungsprämissen justiert werden. Auch interne Gegebenheiten, die bei der Aufstellung des Plans nicht bekannt waren oder nicht berücksichtigt wurden, können eine Justierung erfordern. Das kann so weit gehen, dass man die Zielvorgaben verändern muss – nicht unbedingt immer in eine negative Richtung, auch anspruchsvollere Ziele können das Ergebnis eines solchen Prozesses sein.

Werden besonders große negative Planabweichungen festgestellt, die nicht nur auf eine Änderung im Umfeld zurückzuführen sind, lassen sich personelle Konsequenzen kaum vermeiden. Hier ist schnelles Handeln für alle Beteiligten oft verträglicher als endlose Hängepartien. Ist die Unternehmensleitung zum Schluss gekommen, dass ein Verantwortlicher für eine bestimmte Umsetzungsaufgabe nicht die notwendigen Voraussetzungen mitbringt, sollte nicht versucht werden, seine Position mit allerlei wohlwollenden Maßnahmen wie Stabs- oder Beraterhilfe abzustützen. Diese Mühe ist meist vergeblich. Schnell sollte eine klare Entscheidung für einen personellen Wechsel getroffen werden. Das setzt voraus, dass in Unternehmen eine Kultur gepflegt wird, in der ein derartiger Personalwechsel für den Betroffenen nicht das Stigma des Scheiterns auf sich zieht. In einer anderen Verantwortung kann er wahrscheinlich weiterhin Wichtiges für das Unternehmen bewirken.

Ziele, Maßnahmen, Konsequenzen – das gilt auch und gerade für die Umsetzung.

Ziele werden aus der angenommenen Marktentwicklung, dem unterstellten Verhalten der Wettbewerber, den internen technologischen und Kostenprämissen und gegebenenfalls aus dem Vergleich mit erfolgreicheren Wettbewerbern abgeleitet. In die Erarbeitung der Ziele müssen alle wichtigen Mitarbeiter eingebunden werden. Die Zielvorgaben werden in einen *Maßnahmen*katalog gegossen, für dessen Umsetzung klare Termine und Verantwortlichkeiten verabredet werden. Unabdingbar ist aber auch der letzte Schritt: *Konsequenzen*. Diese können vielfältig und sehr unterschiedlicher Natur sein und z. B. eine Anpassung der Pläne, Bereitstellung zusätzlicher Ressourcen oder auch – als „Ultima Ratio" – personelle Veränderungen umfassen.

Nur wenn der Dreiklang aus *Zielen, Maßnahmen* und *Konsequenzen* erfüllt ist, hat eine Strategie eine gute Chance, erfolgreich im Markt- und Wettbewerbsumfeld umgesetzt zu werden.

Mangelnde Umsetzung wird als die häufigste Ursache für das Scheitern einer Strategie angesehen. Die beschriebenen vier Elemente einer erfolgreichen Umsetzung können – wenn konsequent eingesetzt – helfen, die gröbsten Fehler zu vermeiden.

Nur gute Strategien lassen sich erfolgreich umsetzen

Dieser Satz mag trivial klingen. Es gibt aber zahlreiche Beispiele von Strategien, die nicht an mangelnder Umsetzung oder handwerklichen Fehlern in ihrer Erarbeitung, sondern an falschen Prämissen gescheitert sind. Stimmen die Prämissen einer Strategie nicht, werden z. B. in Umbruchsituationen die Entwicklungen von Märkten und Technologien falsch eingeschätzt, kann auch eine logisch in sich konsistente Strategie zu einem unter Umständen spektakulären Misserfolg führen. Ein trauriges Beispiel dafür ist das bereits geschilderte Drama der ehemals führenden Hersteller von Kommunikationssystemen im Zusammenhang mit dem Siegeszug der Breitbandkommunikation. Hier wurde eine richtige Strategie (Marktführerschaft erhalten) mit einer falschen Annahme über die zukünftige technische Entwicklung kombiniert (Zitat eines hochrangigen Managers in der zweiten Hälfte der 1990er-Jahre: „Die ISDN-Technik ist in ihren vollen Möglichkeiten bei Weitem noch nicht ausgeschöpft. Sie hat noch eine große Zukunft"). Dieses falsche Zukunftsbild, das den absehbaren Erfolg der damals noch mit einigen Kinderkrankheiten behafteten Breitbandtechnik nicht wahrhaben wollte, wurde den Herstellern und Hunderttausenden von Mitarbeitern zum Verhängnis. Es ist zu hoffen, dass die traditionelle Automobilindustrie einem ähnlichen Drama entgehen kann. Sie hat die Zeichen der Zeit inzwischen wohl erkannt. Hoffentlich nicht zu spät!

Auch wenn in diesen beiden Fällen – die Kommunikationstechnik der 1990er-Jahre und die traditionelle Automobilindustrie – die Konsequenzen einer auf falschen Prämissen aufbauenden Strategie dramatisch sind. Die weitaus größere Anzahl strategischer Projekte scheitert nicht an der mangelnden Qualität der Strategie, sondern an ihrer Umsetzung.

Im nächsten Kapitel werden wir ein Beispiel für die Gestaltung eines strategischen Planungsprozesses darstellen.

10.4 Kontrolle und Konsequenz

- *Schnell ist eine Strategie erdacht – doch nur die Tat liefert Ergebnisse!*
- *Der Freiheit in der Verabredung von Zielen muss die Konsequenz in der Umsetzung folgen.*
- *Jede Strategie muss in konkretes und überprüfbares Handeln umgesetzt werden können. Sonst bleibt es bei leeren Worthülsen.*
- *Die vier Elemente einer effektiven Umsetzung:*
  - *Kommunikation – klare und einfache Botschaften,*
  - *Methodendisziplin – welche Planungsmethode gilt?*
  - *Prozessdisziplin – wer macht was und bis wann?*
  - *Kontrolle und Konsequenz – der Dreiklang: „Ziele – Maßnahmen – Konsequenzen" muss gelebt werden.*
- *Nur gute Strategien lassen sich auch erfolgreich umsetzen.*
- *Strategien scheitern oft an falschen Annahmen über die zukünftige Entwicklung von Märkten und Technologien. Dann wird aus einer guten Absicht eine schlechte Strategie.*

11

Das strategische Führungssystem – ein Beispiel

Integration der strategischen Planung in die Budgetierungs- und Berichtsroutine

Im vorangegangenen Kapitel wurden vier Elemente diskutiert, deren Zusammenspiel essenziell für die Umsetzung einer Strategie ist: Kommunikation, Methodendisziplin, Prozessdisziplin und – last, but not least – Kontrolle und Konsequenz. Die Basis für eine erfolgreiche Umsetzung ist ein Führungssystem, das diese vier Elemente in sich vereint. In diesem Beitrag werden die Grundelemente eines solchen Führungssystems beispielhaft vorgestellt. Durch Auswahl der Entscheidungsparameter und einen durchdachten Prozess kann Überkomplexität vermieden werden bei gleichzeitiger Fokussierung auf die wichtigsten Strategieentscheidungen. Das hier vorgestellte System kann gleichzeitig als Blaupause und Checkliste für die Gestaltung eines spezifisch auf das jeweilige Geschäft und die Führungsphilosophie angepassten Prozesses dienen.

In vielen etablierten Unternehmen mit bewährten Abläufen und Strukturen ist die strategische Planung als Prozess nicht in die jährlichen Routinen der Budgetierung und Berichterstattung integriert. Begründet wird das oft damit, dass die Strategieentwicklung als kreativer Prozess nicht in das bürokratische Korsett einer Budgetierungs- und Berichtsroutine gezwängt werden sollte. Die Folgen einer solchen Trennung sind jedoch häufig Reibungsverluste und Redundanzen im zeitlichen Ablauf. Auch Kämpfe um die Hoheit über die Daten, z.B. zwischen der strategischen Planung und dem Controlling, sind unausweichlich. Zudem wird durch die Verknüpfung von Strategie, Budgetierung und Berichterstattung der Druck erhöht, Strategien in konkrete und budgetwirksame Handlungen umzusetzen.

In diesem Beispiel gehen wir von einem integrierten Prozess aus, der gleichzeitig der Kreativität den notwendigen Freiraum gibt. Dabei betrachten wir vier Elemente des strategischen Führungssystems:

- Strategiekonferenz – erweiterter Führungskreis
- Jährliche Strategiegespräche – Bereich und Unternehmensleitung
- Sonderprojekte
- Quartalsgespräche

11.1 Strategiekonferenz – erweiterter Führungskreis

Einmal jährlich sollten sich die wichtigsten Führungskräfte für eineinhalb bis zwei Tage treffen, um sich zu den grundlegenden strategischen Zielen des Unternehmens über alle Ebenen auszutauschen. In einem Großunternehmen kann das einen Kreis von einigen Dutzend bis zu mehreren Hundert Personen umfassen. Teilnehmer sollten z.B. die Führungskräfte der Geschäftseinheiten, wichtiger Auslandsgesellschaften und übergreifender Zentralfunktionen und Stäbe sein.

Ein solches Treffen sollte zweckmäßigerweise vor Beginn der jährlichen Planungs- und Budgetierungsrunde stattfinden. So können die richtigen Akzente für die anstehenden Strategiegespräche gesetzt werden. Es dient primär der Kommunikation. Dabei geht es vordergründig um die Kommunikation und Erläuterung der Unternehmensstrategie vor dem gesamten Führungskreis. Ein zweiter und vielleicht sogar wichtigerer Aspekt ist jedoch, dass die Unternehmensleitung bei diesen Treffen nicht nur sendet, sondern dass sie Anregungen und Stimmungen aus dem Kreis führender Mitarbeiter aufnimmt. Neben Vorträgen der Unternehmensleitung zur Strategie haben sich Workshops zu unterschiedlichsten Themen als sehr wirkungsvolle Form der Kommunikation bewährt. Sie dienen vor allem dem Aufnehmen von Meinungen und Informationen aus allen Ebenen der Organisation.

Auch bietet sich hier eine wichtige Bühne, das Neue mit dem Herkömmlichen unter dem Dach des Gesamtunternehmens zu vereinen und die beides einende Strategie zu erläutern, Gemeinsamkeiten herauszustellen und eventuell gegebene Synergien zu heben.

Zuhören ist wichtiger als Verkünden

11.2 Jährliche Strategiegespräche – Bereich und Unternehmensleitung

Vor Beginn eines neuen Geschäftsjahres sollte die Unternehmensleitung mit jedem Bereich ein ausführliches Strategiegespräch über die von ihm geführten Geschäftseinheiten vorsehen. Das geschieht zweckmäßigerweise im Rahmen der jährlichen Planungsroutine. Wichtigste Inhalte sind:

- Rückblick auf das vergangene Geschäftsjahr: wichtige Kennzahlen, größte Erfolge und Misserfolge,
- Diskussion der Geschäftsstrategie, Bestätigung oder Veränderung der Schwerpunkte,
- Diskussion und Verabschiedung der mittelfristigen Businesspläne,
- Diskussion und Verabschiedung des Jahresbudgets.

Teilnehmer der Strategiegespräche

Geschäftsführung/Vorstand, Leiter des jeweiligen Bereichs, allenfalls Leiter Controlling und strategische Planung. Eine verbreitete Praxis ist, diese Gespräche mit einem großen Teilnehmerkreis (z.B. Leiter aller Bereiche und wichtiger zentraler Stäbe) durchzuführen. Das soll der Transparenz dienen, Synergien heben und den Erfahrungsaustausch fördern. Auf der anderen Seite lässt sich in einem großen Kreis nur sehr schwer eine sachorientierte Diskussion führen. Es droht die Gefahr, dass es zu unternehmenspolitischen Schaukämpfen kommt, dass dem äußeren Schein größere Bedeutung beigemessen wird als einer offenen Diskussion komplexer strategischer Probleme. Erfahrungsgemäß ist daher ein kleiner Kreis vorzuziehen, der auf die unmittelbaren Verantwortlichen beschränkt bleibt. Nur dann gibt es eine Chance, dass sich jenseits aller Shows und Selbstdarstellungen ein sachorientiertes Gespräch entwickelt.

Berichtsstruktur

Die Diskussion der Strategien erfolgt ausschließlich auf der Ebene der Geschäftseinheiten/Business Units, für die eine einheitliche und umfassende Strategie formuliert werden kann. In großen Unternehmen können das einige Dutzend bis – in breit diversifizierten Konzernen – sogar an die 100 Einheiten sein. Mit einer so großen Anzahl von Geschäftseinheiten/Business Units ist die Organisation von Einzelgesprächen auf Ebene der Unternehmensleitung schwierig. Entsprechend der Organisation müssen daher auch im Berichtssystem Zwischenhierarchien eingezogen werden. Sie bilden die Organisationsstruktur ab, sind aber in der Regel keine eigene strategische Einheit. Erfahrungsgemäß kann eine Unternehmensleitung nicht mehr als acht bis zehn Geschäftseinheiten/Business Units direkt führen. In einer solchen Struktur berichtet dann die Zwischenebene „Divisions" über die ihr zugeordneten „Business Units" (Bild 11.1).

Ein eigenständiger und zusammenfassender Bericht dieser Zwischenhierarchie (Division) über die von ihr geführten Geschäftseinheiten beschränkt sich auf eine kurze Zahlenübersicht und eventuell übergreifende Projekte zur Optimierung von Gemeinsamkeiten. Eine Zusammenfassung der Strategien aller ihr zugeordneten Geschäftseinheiten auf dieser Ebene wäre redundant. Die Zwischenebene dient allein der Reduktion der Führungskomplexität auf Ebene der Unternehmensleitung. Diese delegiert ihre Führungsverantwortung auf die Leitungen der Zwischenebene „Division".

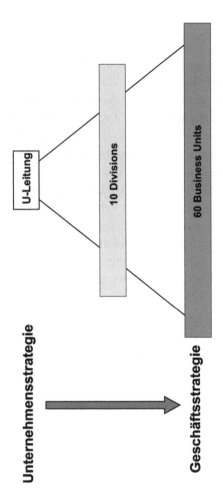

Bild 11.1 Führungsebenen des Unternehmens X AG (Beispiel)

Dauer der Plangespräche

Die Dauer der Gespräche sollte flexibel angesetzt werden. Für Divisions mit eher unproblematischen Geschäftseinheiten reicht erfahrungsgemäß meistens ein halber Tag. Hält eine Division problembehaftete Geschäftseinheiten in ihrem Portfolio, sollte eher ein ganzer Tag vorgesehen werden.

Strategische Sonderdurchsprachen

Stellt sich im Verlauf der Diskussion heraus, dass dieser Zeitrahmen für die eine oder andere problembehaftete Geschäftseinheit/Business Unit nicht ausreicht, sollte ein separates Strategiegespräch im Rahmen einer ein- oder mehrtägigen Klausur mit der Divisions- und Unternehmensleitung verabredet werden, an der die Leitung der Geschäftseinheit/ Business Unit und wichtige Schlüsselmitarbeiter aus den Ressorts teilnehmen. Erfahrungsgemäß bedürfen kaum mehr als etwa 5 % bis maximal 10 % der Geschäftseinheiten einer solchen „Sonderbehandlung".

Unterlagen für die Plangespräche

Weniger ist mehr! Die weitverbreitete Praxis, mit Unterlagen von über 100 Seiten in mehr oder weniger freiem Format für jede Division in solche Gespräche zu gehen, ist ein Irrweg. Eine sinnvolle Diskussion derart umfangreicher Vorlagen ist in dem verfügbaren Zeitrahmen nicht möglich.

Für Diskussionsstoff sorgt daher oft die Frage, wie weit die Vereinheitlichung gehen sollte. Einerseits engen starre Vorgaben die notwendige Kreativität in der Entwicklung und auch Darstellung der strategischen Pläne ein, andererseits besteht die Gefahr, dass die formale Freiheit zu einer schlecht strukturierten Unterlage führt, die den Wald vor lauter Bäumen nicht mehr erkennen lässt.

Sehr gute Erfahrungen hat der Autor mit einer „strategischen Visitenkarte" gemacht. Sie fasst alle strategisch relevanten Informationen über eine Geschäftseinheit auf einer Seite zusammen, ergänzt durch ein auf wenige Kennzahlen reduziertes Zahlenblatt. Die strategische Visitenkarte fußt auf den vier Säulen der strategischen Planung.

- Was ist das Geschäft? (Segmentierung)
- Stärke im Wettbewerb
- Attraktivität des Umfelds
- Operative Effizienz

Die wichtigsten strategischen Ziele sind übersichtlich dargestellt, die Meilensteine und Verantwortlichkeiten transparent. Bild 11.2 stellt eine strategische Visitenkarte beispielhaft dar. Sie muss für jedes Unternehmen und jedes Geschäftsmodell individuell gestaltet werden.

Die strategische Visitenkarte wird um ein Blatt mit den wichtigsten Kennzahlen ergänzt. Das könnten z. B. sein:

- Auftragseingang (vor allem im Anlagen- und Systemgeschäft)
- Umsatz (€) und gegebenenfalls Absatz (Stück), Änderung gegenüber Vorjahr in %
- Ergebnis (EBIT)
- Marge (% vom Umsatz), Kapitalrendite (% vom eingesetzten Vermögen)
- Forschungs- und Entwicklungskosten
- Investitionen ins Sachanlagevermögen
- Umlaufvermögen, Vermögensumschlag
- Mittelzufluss +/−
- Wertschaffung

11.2 Jährliche Strategiegespräche

Diese Liste ist nur als Beispiel zu sehen und orientiert sich an der vom Unternehmen gewählten Führungssystematik.

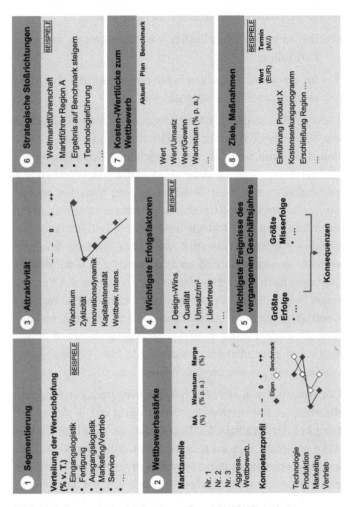

Bild 11.2 Strategische Visitenkarte Geschäft XY (Beispiel)

Zahlen vom Controlling

Die Zahlen werden vom Controlling bereitgestellt. Viele Unternehmen haben zwei parallele Berichtskreise:

- Das aus dem betrieblichen Rechnungswesen gespeiste Controlling,
- die an den strategischen Notwendigkeiten orientierte Berichterstattung der Strategieabteilung.

Diese „Arbeitsteilung" ist meistens dem Umstand geschuldet, dass das Controlling dem Finanzchef und die Strategie dem CEO unterstellt ist. Das betriebliche Rechnungswesen entspricht in seiner Struktur oft nicht den strategischen Notwendigkeiten z. B. einer Berichterstattung nach den aus der Strategie entwickelten Geschäftseinheiten oder einer aus den Erfordernissen der Strategie notwendigen Berichtstiefe. Notwendige Kennzahlen werden dann über Nebenrechnungen erstellt. Sie sind damit oft nicht deckungsgleich mit den als „unbestechlich", weil gebucht geltenden Zahlen des Controllings. Beginnend mit der eher harmlos klingenden Frage des Controllers wie etwa: „Diese Zahlen kenne ich nicht, wo kommen die her?" kommt es in den Strategiegesprächen immer wieder zu zeitraubenden Diskussionen über Gültigkeit und Aussagekraft der vorgelegten Zahlen.

Der Weg zu einem einheitlichen Zahlensystem kann aufwendig sein, ist aber notwendig. Die Struktur der Berichterstattung hat der Strategie des Unternehmens zu folgen. Das ist dann mühsam und auch teuer, wenn ein über viele Jahrzehnte gewachsenes Berichtssystem in seiner Grundstruktur neu aufgestellt werden muss. So wurde z. B. bei der Siemens AG der Konzernabschluss seit Jahrzehnten über die Abschlüsse der Regionen konsolidiert. Mit Einführung des strategischen Planungssystems auf Basis weltweit konsolidierter Geschäftseinheiten musste die Berichterstellung sozusagen vom Kopf auf die Füße, von der Konsolidierung über die Regionen auf eine Konsolidierung über die weltweit operierenden Geschäftseinheiten umgestellt werden – ein aufwendiger und zeitraubender Prozess. Aber es hat sich gelohnt. Die Diskussionen in der Unternehmensleitung hatten nun eine von allen akzeptierte Zahlenbasis. Gelegentlich auftauchende Rivalitäten zwischen „Finanzern" und „Strategen" in der Interpretation der Zahlen wurden geglättet, und im Endeffekt wurde erreicht, dass alle an einem Strang ziehen.

Die Zahlen des Controllings müssen auch für die strategische Planung gelten und auf die Bedürfnisse der Strategie ausgerichtet sein

---

Planungshorizont: Wie weit reicht der Blick in die Zukunft?

Oft wird die Frage nach der darzustellenden Zeitspanne diskutiert. Relativ schnell ist man sich über die Vergangenheit einig: zwei Jahre sowie das aktuelle Geschäftsjahr. Darauf folgt das kommende Jahr als Budgetjahr. Bezüglich der weiteren Zukunft gehen die Meinungen auseinander:

Strategische Puristen sehen ein Minimum bei fünf Zukunftsjahren. Nur dann könne man wirklich Veränderungen sehen, können anspruchsvolle und realistische Meilensteine gesetzt und kann später das Erreichte an den Zielen gemessen werden.

Pragmatiker hingegen argumentieren:

- Eine realistische Planung ist für fünf Zukunftsjahre kaum möglich.
- Einschneidende Maßnahmen, die eigentlich heute getroffen werden müssen, werden gerne hinausgezögert – es

sind ja noch fünf Jahre Zeit, bis das Ergebnis die anvisierten „himmlischen Sphären" erreicht.
- Ein Nachfassen nach ein bis zwei Jahren wird gerne als „unfair" empfunden. Die große Zukunft erfordert halt noch Vorleistungen ...

Bis zum Ende des Planungszeitraums sind alle Probleme (laut Plan) gelöst. Wie sollte es auch anders sein? Nach fünf Jahren noch offene Probleme? Undenkbar! Da es aber selten genauso läuft wie geplant, gibt es wohl kaum einen Fünf-Jahres-Plan, der nicht mehrmals revidiert wird (die anspruchsvollen Gewinnziele werden ja immer an das Ende der Planungsperiode platziert) und dadurch zu einer Folge von sogenannten „Hockeysticks" mutiert (kurzfristig noch Probleme – Ergebniskurve zeigt nach unten, mittelfristig werden die Probleme gelöst – die Kurve zeigt deutlich nach oben; nur – das eben jedes Jahr ...).

Ein Drei-Jahres-Planungshorizont hat sich bewährt

Pragmatiker ziehen aus diesem Grund einen Planungshorizont von drei Jahren vor (ein Budgetjahr plus zwei Zukunftsjahre als Grobplanung):

Ein Zeitraum von drei Jahren ist überschaubar und kann ein realistisches Bild zeigen.

- Der Handlungsdruck wird erhöht. Auch ein Drei-Jahres-Plan sollte nicht mit ungelösten Problemen enden.
- Ein Nachfassen nach ein bis zwei Jahren ist dann selbstverständlich, ist man doch schon relativ nah am Planungshorizont und damit der präsumtiven Lösung aller Probleme.
- Revidieren sollte man einen Drei-Jahres-Plan nur bei wirklich gravierenden und unvorhergesehenen Änderungen der Prämissen.

Dieser vorgeschlagene Planungshorizont gilt allerdings nur für die Gesamtbetrachtung im Rahmen einer integrierten Planung. Für jeden einzelnen Geschäftsplan bestimmt der Produktlebenszyklus den Planungshorizont. Der ist für viele Produkte, Systeme oder Anlagen unterschiedlich. Es gibt Geschäfte, die einen Planungshorizont von fünf bis zehn oder mehr Jahren erfordern, wie z.B. eine neue Generation von Fernzügen, neue Kraftwerkstechnologien, Mobilitätskonzepte oder eine neue Softwareplattform für ein Automatisierungssystem. Auch fast alle Neuentwicklungen von Medikamenten in der Pharmaindustrie haben sehr viel längere Planungshorizonte. Dem stehen Geschäfte gegenüber, für die ein Drei-Jahres-Horizont schon zu lang ist, z.B. Smartphones oder ähnliche konsumorientierte Digitalgeräte bzw. Dienstleistungsangebote der Digitalindustrie.

Jeder einzelne Geschäftsplan sollte sich an den Innovationszyklen des jeweiligen Geschäfts orientieren. In den spezifischen Geschäftsplänen müssen die jeweiligen Planungshorizonte diskutiert und vor allem die Prämissen und Risiken bewertet werden. Das erfordert jedoch eine gesonderte Diskussion außerhalb des jährlichen Planungszyklus. Für einen integrierten Plan über alle Geschäftseinheiten hat sich ein Planungshorizont von drei Jahren bewährt. Alles, was darüber hinausgeht, ist meistens Makulatur.

11.3 Sonderprojekte

Nicht immer wird es möglich sein, die Strategie einer Geschäftseinheit im Rahmen eines jährlichen Strategiegesprächs mit hinreichender Gründlichkeit zu diskutieren. Wir hatten bereits vorgeschlagen, für eine vertiefte Diskussion eigene Strategiedurchsprachen in Form von Klausuren/ Workshops durchzuführen, möglichst vor Ort und unter Beteiligung der Führungsmannschaft der betroffenen Einheit.

Gesonderte Strategiegespräche sollen aber auch für übergreifende Themen aus Technik und Marketing, für Schwerpunktprogramme (z.B. Umsatzsteigerung, Kostensenkungen, Erschließung einer Region) oder auch für Themen von gesellschaftspolitischer Relevanz vorgesehen werden.

Keiner weiteren Erläuterung bedürfen Sonderthemen wie Akquisitionen, Desinvestments oder auch große Investitionsvorhaben, etwa der Aufbau einer neuen Fertigungslinie oder gar eines Fertigungsstandorts. Sie werden dann in die Sitzungen der Unternehmensleitung eingebracht, wenn es terminlich erforderlich ist.

11.4 Quartalsgespräche

Über die Routine des monatlichen oder quartalsmäßigen schriftlichen Controlling-Berichtes hinaus sollte einmal im Quartal der engste Führungskreis (Unternehmensleitung, Leiter der Bereiche, Leiter der wichtigsten Stäbe) die wichtigsten Ereignisse und Zahlen miteinander besprechen. Damit sollen drei Ziele erreicht werden:

- Aktuelle Information und Diskussion des engsten Führungskreises über die Lage des Unternehmens und seiner Bereiche.

- Diskussion und Entscheidung über kurzfristig notwendige Anpassungsmaßnahmen zur Gewährleistung der Zielerreichung.

- Teambildung: Das oberste Führungsgremium des Unternehmens (Vorstand/Geschäftsführung), die Leiter der Bereiche sowie die wichtigsten Stäbe müssen sich als Team für das gesamte Unternehmen verantwortlich fühlen. Sie müssen bei übergreifenden Themen zusammenarbeiten und sich in der Wahrnehmung ihrer jeweiligen Verantwortungen gegenseitig mit Erfahrungen und Anregungen unterstützen. Das kann mit der Kommunikation über elektronische Medien allein nicht erreicht werden.

Das Budget gilt! Es wird unterjährig nur in Ausnahmefällen angepasst

Kontrovers diskutiert wird immer wieder die Frage, ob unterjährig – z. B. anlässlich von Quartalsdurchsprachen – auch eine Anpassung der Budgets oder sogar der mittelfristigen Pläne erfolgen sollte. Das ist nach Meinung des Autors nicht angesagt: Budget und Mittelfristplan werden einmal jährlich vorgestellt und verabschiedet. Eine unterjährige Anpassung führt zu Beliebigkeit und in letzter Konsequenz immer dazu, dass sich die Pläne dem Ist-Zustand anpassen statt umgekehrt. Ein Plan dokumentiert, was die Geschäftseinheit sich vorgenommen hat. Abweichungen – gleich, ob die Ursachen intern oder ob sie extern und damit unkontrollierbar sind – sollten am Ende des Geschäftsjahres aufgezeigt und analysiert werden. Falls notwendig, müssen daraus Konsequenzen gezogen werden – das können eine Anpassung des Plans, eine Entscheidung über Sondermaßnahmen oder auch personelle Konsequenzen sein.

Dem nicht nur verständlichen, sondern sogar notwendigen Ziel, das Jahr möglichst überraschungsfrei abzuschließen, kann eine quartalsweise angepasste Prognose Rechnung tragen. Auch diese wird dann aber am verabschiedeten Budget bzw. Plan gemessen und ist selber kein Maßstab für den Soll-Ist-Vergleich. Weicht sie signifikant vom Plan ab, müssen allenfalls Sofortmaßnahmen beschlossen werden.

11.5 Der Planungskalender fasst alles zusammen

Es ist offensichtlich, dass eine solche Planungssystematik im Jahreskalender eines Großunternehmens viel Raum einnimmt und einer sorgfältigen Taktung bedarf. Eine Reihe von Terminen und Abläufen muss berücksichtigt werden. Das betrifft z.B. die Zeit, die benötigt wird, um über alle Ebenen der Organisation einschließlich der weltweiten Peripherie ein Budget oder einen Geschäftsplan zu erstellen, sowie ebenso die Zeit, die das Controlling für die Erstellung des Quartalsabschlusses braucht. Des Weiteren ist zu berücksichtigen, welche Gremien (z.B. Aufsichtsrat) zu informieren sind, bevor die Quartalsergebnisse im Unternehmen und dann auch in der Öffentlichkeit kommuniziert werden. Notwendige „besprechungsfreie" Zeiten sind ebenfalls vorzusehen – z.B. für Auslandsreisen, externe Veranstaltungen bis hin zu Ferien.

Zweckmäßig ist, alles in einem „Planungskalender", der alle Teile des Durchsprachen- und Berichtspuzzles des Unternehmens im Jahresverlauf enthält, festzulegen. Bild 11.3 zeigt – wiederum exemplarisch – wie dies aussehen könnte. Selbstverständlich muss auch hier jedes Unternehmen seinen eigenen Weg finden.

11.5 Der Planungskalender fasst alles zusammen

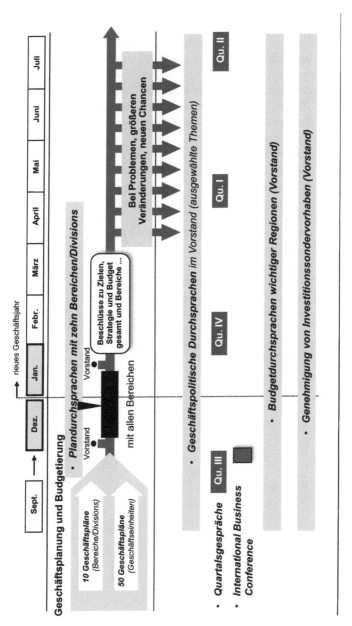

Bild 11.3 Planungskalender (Beispiel)

- *Die strategische Planung muss in den jährlichen Planungs- und Berichtszyklus integriert werden.*
- *Grundsätzlich gelten die Zahlen des betrieblichen Rechnungswesens. Sie müssen auf die Bedürfnisse der Strategieentwicklung ausgerichtet sein.*
- *Weitere strategisch relevante Daten müssen möglichst quantifiziert und nachvollziehbar sein.*
- *Eine „strategische Visitenkarte" fasst alle strategisch relevanten Informationen für eine Geschäftseinheit auf einer Seite zusammen und reduziert die Komplexität der Unterlagen.*
- *Ein einmal verabschiedetes Budget sollte für ein volles Berichtsjahr als Maßstab und Bezugspunkt gelten. Unterjährig notwendige Anpassung können – falls relevant – als „Prognose" für das laufende Jahr ausgewiesen werden.*
- *Ein Planungshorizont von drei Jahren für die jährlichen Plangespräche ist in den meisten Fällen ausreichend.*
- *Sonderthemen und das Unternehmen in seiner Grundstruktur beeinflussende Projekte werden als Projektvorlagen außerhalb der jährlichen Berichtsroutine verhandelt.*

12

Unternehmensstrategien im 21. Jahrhundert: Was ist neu – was bleibt?

> **Komplexität, Digitalisierung, gesellschaftliche Akzeptanz – die drei wichtigsten Herausforderungen**
>
> Zunehmende Komplexität, Digitalisierung und künstliche Intelligenz, unkontrollierbare Datenkraken, Bedrohung der Privatsphäre und Manipulationen im Netz, Klimawandel, Migrationsbewegungen, Vormarsch der Nationalstaaten und Populismus. Das sind nur einige der Phänomene, die sowohl unser persönliches Leben als auch Unternehmen und ihre Strategien seit Beginn dieses 21. Jahrhunderts nachhaltig beeinflussen. Wie positionieren sich die Unternehmen in so einem Umfeld? Passen die tradierten Konzepte der strategischen Unternehmensplanung noch in unsere Zeit oder brauchen wir völlig neue Ansätze? Wie können Unternehmen diese neue Dimension von Komplexität beherrschen? Was ist neu und was bleibt? Was wirklich geschehen wird, wissen wir nicht – es bleibt spannend!

Die wichtigsten Herausforderungen, mit denen sich Unternehmen zu Beginn des 21. Jahrhunderts auseinandersetzen müssen, lassen sich in drei Themenkomplexen zusammenfassen:

- Zunehmende Komplexität und Beschleunigung
- Strategien im Datenraum
- Positionierung im gesellschaftlichen Umfeld

12.1 Zunehmende Komplexität und Beschleunigung

Wie bereits erläutert, gibt es grundsätzlich zwei Optionen für Unternehmen, sich aus der Komplexitätsfalle zu befreien:
- Abschirmung – Prinzip Schildkröte
- Aktive Bewältigung – Prinzip Raubtier

Abschirmung – Prinzip Schildkröte

Der erste Weg – die Abschirmung – wird gerne von eher traditionell ausgerichteten Unternehmen gewählt, die ihr Geschäftsmodell durch eine Disruption bedroht sehen. Bedeutende Geschäftsvolumina stehen vielleicht auf dem Spiel, unter Umständen gespeist durch große und kapitalintensive Fertigungen. In vielen Fällen wird alles darangesetzt, das Geschäft zu retten und die Kapazitäten weiter auszulasten. Die aus den hohen Volumina erzielten Kostenvorteile gegenüber dem Newcomer werden am Markt ausgespielt, und es wird alles versucht, die bestehenden Kundenverbindungen und Märkte zu erhalten. Gestützt wird diese Abschirmungsstrategie durch ein System wechselseitiger Abhängigkeiten: Das gilt für etablierte Vertriebskanäle mit vielleicht jahrzehntelanger Kundenbeziehung ebenso wie für Lieferanten oder – auf einer anderen Ebene – die Verbindung mit den Arbeitnehmervertretungen bis hin zu den politischen Institutionen, auf die mit dem Argument der Gefährdung von Arbeitsplätzen und Industriestandorten Druck ausgeübt wird. Stabilität und Besitzstandswahrung sind die Leitlinien einer solchen Abschirmungsstrategie. Das kann eine Zeit lang halten. Ein Konzept für eine zukunftsfähige Weiterentwicklung ist es jedoch nicht, und wenn der Schirm nicht mehr hält, sind die Konsequenzen umso gravierender. Die Komplexitätsfalle schlägt zu.

Abschirmung verlängert die Agonie

Ein eindrucksvolles Beispiel für einen solchen Kampf zwischen disruptiver Innovation und Tradition ist einmal mehr der Einstieg von Elon Musk mit Tesla in das Automobilgeschäft. Dabei geht es nicht mehr nur um die Frage des – in diesem Falle elektrischen – Antriebs. Wichtiger noch ist die Ausstattung der Fahrzeuge von Tesla mit einer hochkomplexen und flexiblen, weil immer wieder an neue Entwicklungen anpassbaren Software. Diese steuert nicht nur die Fahrtechnik des Autos, sondern stellt auch die Kommunikation mit der Umwelt her – als Vorstufe für das autonome Fahren oder alternative Mobilitätskonzepte. Die schiere Menge an Daten, die aus dem täglichen Betrieb aller Tesla-Fahrzeuge gesammelt und gespeichert werden, wird immer mehr zu einem fast uneinholbaren Wettbewerbsvorteil. Hinzu kommt, dass Tesla sein Geschäft frei vom Ballast einer fast ein Jahrhundert alten Tradition in der hocheffizienten industriellen Massenfertigung von Automobilen mit Verbrennungsantrieb aufbauen konnte. Zu wenig ernst wurde der neue Ansatz von Elon Musk genommen, das Automobil eher als einen mobilen und vernetzten Hochleistungsprozessor anzusehen; zu überzeugt waren die traditionellen Automobilhersteller von dem aus ihrer Sicht noch lange nicht ausgeschöpften Entwicklungspotenzial ihrer Fahrzeuge; zu lange haben die traditionellen Automobilhersteller auf ihre überkommenen Erfolgsrezepte gesetzt und weiter an den bisherigen Stellschrauben des Erfolgs, wie z. B. Komfort, Design, immer ausgefeiltere Fahrwerke und verbrauchsärmere, aber leistungsfähigere Verbrennungsmotoren, gearbeitet. Inzwischen konnte sich Tesla als derzeit erfolgreichster Anbieter der Elektromobilität etablieren mit einer alle Dimensionen sprengenden Börsenbewertung, die inzwischen mehr als dreimal (3,3 mal) so hoch ist wie die Summe der Bewertungen der drei großen deutschen Hersteller Volkswagen, BMW und Daimler (Stichtag 12.11.2021).

Die traditionellen Hersteller haben inzwischen allerdings die Zeichen der Zeit erkannt und versuchen mit gigantischem Einsatz an Finanzmitteln und Ingenieurkapazitäten, diesen Rückstand aufzuholen und gleichzeitig ihre große Erfahrung im Automobilgeschäft auszuspielen. Die Geschichte ihres Erfolgs ist noch nicht geschrieben.

Aktive Bewältigung – Prinzip Raubtier

Mehr Erfolg verspricht der zweite Weg – der aktive Umgang mit Komplexität. Er ist Voraussetzung für die Schaffung des Neuen. Unternehmen müssen versuchen, frühzeitig relevante und oft auch disruptive Trends zu erkennen, und sich darauf einstellen. Die Strategien dieses Weges werden bestimmt durch Agilität und Geschwindigkeit. Komplexität wird nicht abgeschirmt, sondern durch möglichst vorausschauendes Handeln bewältigt. Das setzt Führungssysteme voraus, die selber ein hohes Ausmaß an Handlungskomplexität generieren, um sich der Komplexität der Umwelt zu nähern. Dies wiederum erfordert ein hohes Maß an Autonomie und Entscheidungsfreiheit unter dem Dach einer gemeinsamen Strategie. Nur dann kann Ashbys „Law of Requisite Variety" Genüge getan werden.

Agilität und Geschwindigkeit erfordern
Autonomie und Entscheidungsfreiheit

Die Chance, auf diese Weise den Kampf um das Neue zu gewinnen, ist umso größer, je weniger Altlasten bewältigt werden müssen, etwa in Form von kapitalintensiven Fertigungen oder, auf konzeptioneller Ebene, ererbten Denkmustern. Dieses ist der große Vorteil von Unternehmen, deren Geschäftsmodelle weitgehend in digitalen Datenräumen stattfinden. Sie brauchen keine Rücksicht zu nehmen auf das natürliche Beharrungsvermögen bestehender physischer Kapazitäten oder die oft erforderlichen langen Zeiträume für ihren Aufbau. Ist die Notwendigkeit eines Richtungswechsels einmal erkannt, ist der limitierende Faktor für die Veränderung nicht eine mit großen physischen Kapazitäten und Bilanzpositionen belastete Struktur. Limitierend sind hier lediglich die maximal mögliche Geschwindigkeit in der Entwicklung digitaler Instrumente und Algorithmen sowie die dafür notwendige Flexibilität, Qualifikation sowie auch Verfügbarkeit von Mitarbeitern. Das ist keineswegs trivial, erleben wir doch täglich, wie leer gefegt der Markt für fähige Softwareentwickler ist. Dennoch: Es geht schneller, ein Unternehmen wie Microsoft mit einer neuen Strategie in neue Dimensionen (auch der Wertsteigerung) zu katapultieren, als ein ThyssenKrupp oder ein traditionelles Automobilunternehmen mit allem Ballast an bestehenden Produktionsstrukturen, Kulturen und Traditionen bis hin zu einer komplett auf dieses Geschäftsmodell ausgerichteten Zulieferindustrie.

Der kometenhafte Aufstieg der Digitalriesen wie Amazon oder Google und Facebook oder auch die schnelle und erfolgreiche Transformation, wie sie z. B. Microsoft in den letzten Jahren durchlaufen hat, wären ohne die Fluidität dieser von physischen Kapazitäten weitgehend entkoppelten Datenwelt nicht möglich gewesen. Dabei sollte nicht unerwähnt bleiben, dass bei Amazon ein großer Anteil der Wertschöpfung weiterhin in den physischen Dimensionen Abwicklung und Auslieferung der Waren entsteht. Amazon ist es auch hier gelungen, eine im Weltmaßstab „Best Practice" aufzubauen. Das vielleicht, weil auch diese Aktivitäten frei vom Ballast einer Vergangenheit auf der grünen Wiese errichtet werden konnten.

Die Digitalisierung führt Unternehmen in eine völlig neue Dimension von Komplexität. Die Arbeitsteilung zwischen Unternehmens- und Geschäftsführung sowie die Handlungsfreiheit und Autonomie, die den untergeordneten Einheiten zu gewähren sind, müssen neu justiert werden. Je schneller sich Technologien und Märkte bewegen, über desto mehr Handlungsfreiheit und Autonomie müssen die ausführenden Ebenen verfügen. Diese Autonomie aber bedarf der Bändigung durch klare strategische Führung. Die Richtung muss stimmen, die Ausführung wird delegiert *(Iansiti/Lakhani 2020; Matzler et al. 2016)*.

12.2 Strategien im Datenraum

Die von der physischen Dimension weitgehend losgelöste Digitalwelt eröffnet völlig neue Dimensionen von Komplexität und unternehmerischer Handlungsfreiheit.

Alle Teilnehmer am Wirtschaftsprozess wie auch alle Nutzer sozialer Netzwerke, seien es Konsumenten, Produzenten oder Dienstleister, geben bewusst oder unbewusst eine Vielzahl von Daten über ihre Präferenzen, Aufenthaltsorte, Bewegungsprofile, ihr Konsumverhalten oder ihre Geschäftsverläufe preis. Das geschieht vielfach unbemerkt im Rahmen eines Bestellvorgangs, während einer Recherche im Netz oder beim Benutzen einer sozialen Plattform. Je größer das so gesammelte Datenvolumen ist, desto gezielter können Kunden mit spezifischen Angeboten angesprochen werden. Große, gezielt gesammelte und ausgewertete Datenvolumina schaffen Wettbewerbsvorteile.

Das Sammeln und Auswerten solcher Daten mithilfe ausgeklügelter Algorithmen ermöglicht es den Anbietern von Produkten oder Dienstleistungen, neue Geschäftsmodelle zu entwickeln, die sich oft weit von der ursprünglichen Geschäftsidee entfernen. Abstrakt formuliert, geht es einerseits um die Tiefe und Breite von Daten für einen bestimmten Geschäftszweck („Scale"), andererseits darum, aus diversen zueinander in Beziehung gesetzten Daten Erkenntnisse zu gewinnen, die man für die Entwicklung neuer Geschäftsmodelle nutzen kann. Damit wird die Reichweite, d.h. der potenzielle Kundenkreis, signifikant erhöht („Scope"). Ein Paradebeispiel dafür ist Amazon, das als Versandhändler für Bücher (physisch und elektronisch) begann. Bald wurde deutlich, welch riesigen Datenschatz die Kunden alleine durch ihre Buchbestellungen zur Verfügung stellten. Die Auswertung dieser Daten ermöglichte Amazon bald – ausgehend vom Buchgeschäft – eine nahezu beliebige Vielzahl anderer Artikel von z.B. medizinischen Produkten über Kinderspielzeug, elektronische Artikel und Kleidung bis hin zu Fahrrädern und anderen Sportgeräten in sein Versandprogramm aufzunehmen. Es wurde so möglich, potenzielle Kunden für immer größere Themenbereiche gezielt anzusprechen. Deren Bestellverhalten erweiterte wiederum den Datenpool exponentiell. Zudem wurden neue Algorithmen entwickelt, um Präferenzen von Kunden und ihre Verhaltensweisen noch genauer zu analysieren. Die Ergebnisse werden laufend in neue Angebote umgesetzt, die zum Teil weit von dem entfernt sind, was unter Versandhandel bisher verstanden wurde, wie etwa Versicherungen, Kredite und sogar Dienstleistungen. Das schiere Volumen des Versandhandels hat Amazon zudem genutzt, einen eigenen Lieferservice aufzubauen, der in ausgewählten Kernregionen zu einer ernsthaften Konkurrenz für die etablierten Logistikunternehmen wie z. B. DHL, UPS oder Hermes geworden ist. Die großen Serverkapazitäten, die für die Abwicklung der Geschäfte wie auch für die Entwicklung und den Einsatz der Algorithmen notwendig sind, konnte Amazon gleichzeitig zum Aufbau eines Cloudgeschäfts nutzen. Dort spielt Amazon inzwischen in der Liga der größten Anbieter weltweit. Das Ende dieser Erfolgsgeschichte ist noch nicht in Sicht.

„Scale" und „Scope" sind die neuen Dimensionen der Wettbewerbsstärke. Aber: Erst der unternehmerische Funke gibt den Daten einen Wert

---

Eines allerdings wird oft übersehen: Die Daten sind nur das Rohmaterial. Erst der unternehmerische Funke gibt den Daten einen Wert. Für welche weiteren Geschäfte lassen sie sich nutzen? Welche ausgeklügelten Algorithmen finden die passenden Daten zum richtigen Zeitpunkt heraus und bereiten sie in verwertbarer Form auf? Welche Kriterien lassen neue Zusammenhänge erkennen, und schließlich, wie können Algorithmen entwickelt werden, die letzten Endes zu neuen Geschäftsmodellen führen? Wie kann daraus ein tragfähiges Geschäft generiert werden? Manchmal geht es schlicht darum, die richtige Nadel in einem riesigen Datenheuhaufen zur richtigen Zeit zu finden und in unternehmerisches Handeln umzusetzen.

Das in der strategischen Planung grundlegende Prinzip des Größenvorteils bleibt auch hier bestehen. Mehr Daten, sinnvoll ausgewertet, ermöglichen gezieltere und bessere Angebote, und sie erhöhen die Reichweite. Der Datenpool dient als Hebel, um neue Geschäftsmodelle zu entwickeln, die unter Umständen weitab vom ursprünglichen Geschäftsansatz liegen. Die Kombination von Größe (Scale) und Reichweite (Scope) in Verbindung mit einer unternehmerischen Idee erschließt neue Dimensionen von Wettbewerbsstärke.

Eine damit zusammenhängende Frage ist allerdings noch ungelöst: Die Nutzer stellen den Digitalunternehmen ihre Daten unentgeltlich zur Verfügung und erhalten dafür weitgehend kostenlose Dienstleistungen. Die Digitalunternehmen ihrerseits verkaufen diese Daten z.B. an Werbeträger aller Art, denen sie damit eine gezielte Kundenansprache ermöglichen. Dieses Geschäftsmodell funktioniert so lange, wie die Mehrzahl der Nutzer einen größeren Vorteil darin sieht, die überwiegend kostenfreien Angebote der Netzanbieter zu nutzen, als im Verweigern ihrer Daten durch Verzicht auf die angebotenen Dienste.

Wem gehören die Daten? Die gesellschaftspolitische Diskussion ist voll entbrannt

---

Die Kehrseite der Medaille ist: Diese Daten können auch missbraucht werden – angefangen von unerwünschten Kampagnen bis hin zu kriminellen Handlungen. Beispiele dafür sind fast täglich in der Presse oder sogar auf dem eigenen Rechner zu finden.

Die hierdurch herausgeforderte gesellschaftspolitische Diskussion über den Umgang mit Daten, ihren Preis, den Schutz der Privatsphäre und möglichen Missbrauch bis hin zu gezielten Manipulationen ist voll entbrannt. Noch zeichnet sich keine brauchbare und umsetzbare Lösung für die daraus entstehenden Konflikte ab. Eines aber ist sicher: Das Thema wird die Agenda für die Strategieentwicklung in den Digitalunternehmen noch lange bestimmen.

12.3 Positionierung im gesellschaftlichen Umfeld

Den notwendigen Interessenausgleich zwischen den am Prozess der unternehmerischen Wertschaffung beteiligten Gruppen (Mitarbeitern, Kunden, Lieferanten, Aktionären, Banken, Staat und Gesellschaft) haben wir bereits erörtert. Es reicht heute und in Zukunft nicht mehr aus, es dem freien Spiel der Kräfte zu überlassen, ob und wie sich dieses notwendige Gleichgewicht der Interessen einstellt.

Unternehmen und Gesellschaft können sich nicht dem freien Spiel der Kräfte überlassen

Zu groß sind die Herausforderungen, denen sich die Menschheit stellen muss, um das Leben auch für folgende Generationen noch lebenswert zu machen. Zu groß ist gleichzeitig auch der Einfluss großer und global operierender Unternehmen wie z. B. Facebook, Google, Apple oder auch Amazon auf unsere Umwelt und das gesellschaftliche Leben. Das gilt auch für die Entwicklung und den Einsatz neuer Technologien. Nicht alles, was möglich ist, ist der künftigen Entwicklung unserer Zivilisation auch zuträglich. Andererseits muss die Freiheit erhalten bleiben, Neues zu entwickeln und am Markt anzubieten oder darüber – wenn gravierende Auswirkungen zu erwarten sind – einen öffentlichen Diskurs zu führen.

Hier ist allerdings die Gefahr groß, dass die politische Diskussion von „Maschinenstürmern" dominiert wird. Erinnert sei etwa an die problematische Etikettierung von „Computern als Arbeitsplatzvernichter" im Deutschland der 1980er-Jahre. Diese von politisch einflussreichen Interessengruppen in Gang gehaltene Diskussion hat nicht unwesentlich dazu beigetragen, dass die IT-Technik in Deutschland über viele Jahre stigmatisiert blieb. Der Rückstand in der Digitalisierung gegenüber Ländern, die solchen Bedenken weniger Raum gaben, der vor allem im öffentlichen Bereich immer noch nicht endgültig überwunden ist, kann zu einem Teil auch auf diese Diskussion zurückgeführt werden.

Damit es keine Missverständnisse gibt: Die Diskussionen etwa um den Einsatz von Biotechnologie, Gentechnik, künstlicher Intelligenz oder auch über Konzepte für eine umweltschonende Energieversorgung sind wichtig und notwendig. Das Hauptaugenmerk sollte allerdings eher auf die Wahrnehmung von Chancen als auf die mitunter fast dogmatisch anmutende Wahrung des Bestehenden gerichtet werden. Sonst riskieren wir letzten Endes einen kaum aufzuholenden Verlust an Wettbewerbsfähigkeit. Innovation war stets der stärkste Motor der europäischen Volkswirtschaften. Es liegt an uns, diesen Diskurs so zu führen, dass es so bleibt.

Die Positionierung des Unternehmens in seinem gesellschaftlichen Umfeld wird zu einer der wichtigsten strategischen Herausforderungen

Die in unserer Gesellschaftsordnung etablierte Arbeits- und Verantwortungsteilung zwischen Regierung und Unternehmen soll damit nicht infrage gestellt werden. Der Staat setzt die Rahmenbedingungen für die unternehmerische Tätigkeit und greift ein, wenn diese verletzt werden. Diese einfache Formel beginnt allerdings obsolet zu werden, sobald Unternehmen die Möglichkeit haben, durch den Einsatz neuer Technologien oder auch durch schiere Markt- und/oder Finanzmacht massiven Einfluss auf Umwelt und Gesellschaft zu nehmen. Hinzu kommt, dass vor allem Digitalunternehmen eine große Flexibilität in der Wahl ihres Firmenstandortes haben. Gebäude, Maschinen und Ausrüstungen werden ersetzt durch Daten, die von nahezu allen beliebigen Standorten auf der Welt in Geschäfte umgesetzt werden können. Auch oder gerade unter diesen Voraussetzungen müssen sich die Digitalunternehmen aber auch ihrer Verantwortung stellen und sich klar in der (Welt-)Gemeinschaft positionieren. Dies wird in den nächsten Jahren eine eminent strategische Aufgabe sein. Die Problematik des Umgangs mit persönlichen Daten in digitalen Netzen haben wir bereits angesprochen. Einen Vorgeschmack auf weitere anstehende Diskussionen haben wir erlebt, als die Fridays-for-Future-Bewegung die im Umfeld der fossilen Brennstoffe tätige Industrie attackierte. Es wird noch vieler Diskussionen darüber bedürfen, wie und auf welche Weise die weitere Nutzung dieser und anderer natürlicher Ressourcen (in welchem Umfang und für wie lange) notwendig ist und welche vielleicht schwierigen wirtschaftlichen und gesellschaftlichen Konsequenzen der Verzicht auf sie heute oder auch in Zukunft hat.

Es gibt eine Vielzahl weiterer Themen, die das Zusammenführen von Technologie und Gesellschaftspolitik erfordern: neue Mobilitätskonzepte, Natur- und Artenschutz, Klimawandel oder die Organisation von Megastädten bis hin zum Thema der Prävention gegen Pandemien. Unternehmer dürfen aber nicht warten, bis der Staat für alle Themen einen Ordnungsrahmen vorgibt. Sie müssen sich selbst vorausschauend und verantwortungsbewusst positionieren.

Die Finanzkrise 2008 hätte mit großer Wahrscheinlichkeit vermieden werden können, hätten sich die beteiligten Finanzinstitute ihrer gesellschaftlichen Verantwortung gestellt

12.3 Positionierung im gesellschaftlichen Umfeld

und sich nicht selbst mit überzogenen Renditezielen (z. B. 25 % (!) Eigenkapitalrendite für die Deutsche Bank) in eine Krise geführt, die nur mit massivstem Einsatz von Mitteln der öffentlichen Hand – zulasten der Steuerzahler – unter Kontrolle gebracht werden konnte. Mit den Folgen haben die öffentlichen Haushalte vieler Nationen heute noch zu kämpfen. Auch für viele Finanzinstitute, die dieser Spirale aus Hybris und blindem Wettbewerb erlegen sind, waren die Auswirkungen katastrophal. Einige haben die Krise nicht überlebt, andere sind nur noch ein Schatten ihrer einstigen Größe und Bedeutung. Man könnte auch die These vertreten, dass sowohl die Finanzinstitute selbst als auch die Regulierungsbehörden die Komplexität dieser angebotenen Finanzprodukte nicht komplett durchschaut haben und somit – trotz der einen oder anderen frühzeitigen Warnung – vielleicht nicht „sehenden", sondern eher „blinden" Auges in ihr Verderben gelaufen sind. Ein frühzeitiger und offener Dialog zwischen Banken und Regulierern hätte vielleicht diesem durch Renditefantasien ausgelösten kollektiven Suchtverhalten Einhalt bieten und manches Unheil verhindern können.

Spannend wird auch die Frage, wie sich globalisierte Unternehmen in Zukunft in verschiedenen Wirtschaftssystemen aufstellen werden, wie sie also gleichzeitig in Marktwirtschaften westlicher Prägung, eher staatlich gelenkten (Markt-)Wirtschaften (z. B. China, Russland) und auch unter den besonderen Rahmenbedingungen religiös dominierter Gesellschaften, wie sie in islamischen Staaten existieren, erfolgreich sein können. Dazu kommen die Tendenzen zu nationalistischer Abschottung, die wir jüngst vielfach wahrnehmen mussten. Werden sie sich fortsetzen, möglicherweise begünstigt durch die Isolierungspolitik, zu der wegen Covid-19 gegriffen werden musste? Welche Konsequenzen hätte das für die Gestaltung der heute stark globalisierten Lieferketten? Das alles sind Themen, die über den Horizont eines einzelnen Unternehmens hinausgehen. Sie können nur durch unternehmensübergreifende Zusammenarbeit und im ständigen Dialog mit den politischen Institutionen gelöst werden.

12.4 Was bleibt – was ist neu?

Was bleibt?

Die vier Grundpfeiler der strategischen Planung sind nach wie vor gültig. Eine Strategie mit Erfolgsaussicht kann nur entwickelt werden, wenn folgende Fragen beantwortet werden (siehe auch Kapitel 8: Strategie – welcher Weg führt zum Ziel?):

- Wer bin ich? – Was ist mein Geschäft?
- Wo stehe ich? – Stärke im Wettbewerb
- Wo will ich hin? – Wie attraktiv sind meine Märkte?
- Wie schaffe ich das? – Operative Effizienz

Die damit zusammenhängenden Fragen bedürfen weiterhin einer Antwort. Sie sind auch unabhängig davon, ob wir es mit physischen Dimensionen (z. B. Stückzahlen) oder mit Daten (gemessen z. B. in Bit) zu tun haben.

Was ist neu?

Zu den wichtigsten neuen Herausforderungen zählen:

- Die Geschwindigkeit der Veränderung von Märkten und Technologien sowie die damit verbundene Komplexität,

- die Radikalisierung unternehmerischer Entscheidungen durch Digitalisierung,
- die Herausforderungen und Chancen neuer Geschäftsmodelle,
- die schnelleren und radikaleren Reaktionen der Märkte und Wettbewerber auf strategische Fehler,
- die stärkere Verlagerung geschäftlicher Entscheidungen auf die operative Ebene mit direktem Kundenkontakt,
- die Notwendigkeit einer klar kommunizierten strategischen Führung,
- die Aufrechterhaltung der operativen Effizienz in einem Umfeld, das immer komplexer wird und sich immer schneller verändert.

Die hier aufgeführten Themen stellen keine völlig neue Qualität, keinen echten Paradigmenwechsel in den strategischen Fragestellungen dar. Sie können im Rahmen der hier vorgestellten Konzepte unter Einsatz der heute gegebenen und für die Zukunft zu entwickelnden Möglichkeiten der Digitaltechnik prinzipiell analysiert und angegangen werden. Neu sind allerdings die Geschwindigkeit und Radikalität, mit der sich das strategische Umfeld bewegt, sowie die damit enorm gesteigerte Komplexität. Das Beharrungsvermögen physischer Produkte und Kapazitäten wird abgelöst durch allgegenwärtige Daten, die mit fast beliebiger Geschwindigkeit bewegt und in neue strategische Konstellationen eingebracht werden können. Das verlangt ein neues Niveau an Flexibilität und auch strategischer Klarheit.

Wer sich nicht klar positioniert und konsequent handelt, wird verlieren

---

Überlagert werden die traditionellen und weiterhin gültigen Konzepte zusätzlich noch von den bereits angesprochenen Themen:

- Zusammenarbeit der Unternehmen mit politischen Gruppierungen aller Couleur – wie können die brennendsten Probleme unserer Gesellschaft gemeinsam gelöst werden?
- Positionierung der Unternehmen in der Gesellschaft – die Rückkehr des „ehrbaren Kaufmanns".

Das Primat des Geldverdienens als unternehmerische Triebfeder und Leitlinie muss ergänzt werden um eine ausgeprägte und gelebte Ethik des unternehmerischen Handelns

Das uralte Prinzip des ehrbaren Kaufmanns muss eingefordert und wiederbelebt werden. Gelingt dies nicht, wird von gesellschaftlicher und politischer Seite über kurz oder lang die Systemfrage gestellt werden. Das hätte unausweichlich eine empfindliche Einschränkung der unternehmerischen und – damit verbunden – auch der persönlichen Handlungsfreiheit zur Folge, mit allen problematischen Konsequenzen für unseren Wohlstand, die weitere Entwicklung der Weltwirtschaft und auch den gesellschaftlichen Konsens.

- *Die vier Säulen der strategischen Planung bleiben gültig.*
- *Die Bewältigung von Geschwindigkeit und Komplexität wird zu einem bestimmenden Erfolgsfaktor.*
- *Die Digitalwelt eröffnet neue Dimensionen von unternehmerischer Handlungsfreiheit, aber auch Komplexität.*
- *Erst der unternehmerische Funke gibt den Daten einen Wert.*
- *Die aktive Bewältigung von Komplexität (Prinzip „Raubtier") verspricht den Erfolg. Abschirmung (Prinzip „Schildkröte") verlängert die Agonie.*
- *Geschwindigkeit und Flexibilität erfordern mehr Autonomie und Handlungsfreiheit.*
- *Nur wer sich klar positioniert und konsequent handelt, wird gewinnen.*
- *Der Umgang mit Daten wird die gesellschaftliche Diskussion zunehmend bestimmen.*
- *Unternehmen und Gesellschaft können sich nicht dem freien Spiel der Kräfte überlassen.*
- *Die aktive Positionierung der Unternehmen in der Gesellschaft wird zu einem wichtigen Strategiefaktor.*
- *Das Primat des Geldverdienens muss ergänzt werden um eine gelebte Ethik des unternehmerischen Handelns.*

13

Anhang: Information – Entropie – Ordnung

Auf dem Weg zur Einheit der Wissenschaft?

Zielgerichtetes Handeln setzt Wissen um die Entwicklung der Umwelt und auch über den Zustand und die Möglichkeiten der eigenen Organisation voraus. Beides ist eng mit dem Begriff der Information verknüpft. Die Information über die eigene Organisation umfasst zum einen ihre Komplexität, d. h. die Vielfalt möglicher Handlungsoptionen, und zum anderen die Zuverlässigkeit, mit der diese Optionen ausgeführt werden können – die gegebene Ordnung. Information und Ordnung ermöglichen, den Zustand des eigenen Systems in einer hochkomplexen und dynamischen Umwelt zu erfassen und zielgerichtetes Handeln auszulösen. Sie sind die Grundpfeiler jeder Organisation. Mit diesen Ausführungen versuchen wir, den Zusammenhang zwischen Information, Ordnung und dem bereits mehrfach angesprochenen statistisch ausgedeuteten und ursprünglich aus der Thermodynamik stammenden Begriff „Entropie" aufzuzeigen. Damit soll eine Brücke geschlagen werden zwischen den in diesem Buch im Vordergrund stehenden sozialen Organisationen und der eher dem Bereich der exakten Naturwissenschaften zugeordneten Begriffswelt hochkomplexer physikalischer Systeme. Dabei setzen wir voraus, dass auch soziale Systeme, deren Elemente die Menschen sind, den Gesetzen der Natur folgen.

Im ersten Schritt werden die Begriffe Information, Ordnung und Entropie aus Sicht der Systemtheorie definiert und erläutert. Darauf aufbauend werden die Beziehungen zwischen Information, Ordnung und der statistisch gedeuteten Entropie in der Thermodynamik hergestellt. Zum Abschluss diskutieren wir die Frage nach den Möglichkeiten der Selbstorganisation und den Grenzen der Erkenntnis innerhalb eines geschlossenen Systems.

Folgende Themen bilden den Rahmen dieser Erläuterung:

- Was ist Information?
- Syntaktik, Semantik, Pragmatik – die drei Ebenen der Kommunikation
- Information und Ordnung
- Ordnung und Entropie
- Selbstorganisation und die Grenzen der Erkenntnis

13.1 Was ist Information?

In der Systemtheorie wird der Begriff „Information" im Zusammenhang mit einem Kommunikationsvorgang definiert. Diese Sicht beruht auf der von Claude Shannon 1948 aus der Nachrichtentechnik heraus entwickelten Theorie der Information *(Shannon 1948; Mirow 1969)*. Sie bezieht sich auf das Senden und Empfangen von Signalen beliebiger Art über einen Nachrichtenkanal. Ein von einer Nachrichtenquelle gesendetes Signal ist für den Empfänger nur dann eine Information, wenn es neu und unerwartet ist. Herrscht bereits Gewissheit, ist das Signal keine Information. Sendet z. B. jemand die Botschaft, dass ein Gegenstand, den er losgelassen hat, gerade zu Boden fällt, so ist diese spezifische Nachricht

("Gegenstand fällt") für den Empfänger keine Information, da er mit an Gewissheit grenzender Wahrscheinlichkeit davon ausgeht, dass das Gesetz der Schwerkraft gilt und der Gegenstand, wird er losgelassen, zu Boden fällt. Alle weiteren Umstände dieses Vorgangs, wie etwa die Frage, um welchen Gegenstand es sich handelt, warum er fallen gelassen wurde oder ob er den Sturz unbeschadet überstanden hat, wären dann Gegenstand weiterer Kommunikationsvorgänge, die entweder eine Neuigkeit enthalten (dann ist es eine Information) oder eben nicht (keine Information).

Information beseitigt Ungewissheit über den Zustand eines Systems. Entstammt die Nachricht einer Quelle, die sehr viele Zustände aufweisen kann, wird der Informationsgehalt einer Nachricht an der Wahrscheinlichkeit für ihr Auftreten gemessen. Sind die Wahrscheinlichkeiten für das Eintreffen eines bestimmten Signals aus dem Vorrat aller möglichen Signale für alle gleich, ist auch der Informationsgehalt aller jeweils eintreffenden Nachrichten gleich. Jede Asymmetrie in der Wahrscheinlichkeitsverteilung kann den Informationsgehalt des ankommenden Signals verringern oder erhöhen in Abhängigkeit von der Wahrscheinlichkeit, mit der dieses Signal erwartet wird. Eine hohe Wahrscheinlichkeit hat dann einen geringen, eine niedrige einen höheren Informationsgehalt. Das setzt voraus, dass diese Wahrscheinlichkeitsverteilung beim Empfänger bekannt ist wie z.B. die 100 %ige Wahrscheinlichkeit, dass ein schwerer Gegenstand, wenn losgelassen, zu Boden fällt. (Wir lassen hier die aus Sicht der Quantenphysik prinzipiell gegebene Möglichkeit außer Acht, dass sich für einen kaum messbar kurzen Augenblick vielleicht einmal in Milliarden Jahren alle Moleküle des Gegenstandes in die gleiche Richtung – nämlich entgegen der Schwerkraft – bewegen. Für unsere Überlegungen ist das irrelevant.) Ist die Wahrscheinlichkeitsverteilung nicht bekannt, muss a priori von einer Gleichverteilung ausgegangen werden. Erst durch eine Reihe von Beobachtungen kann eine eventuell vorhandene Asymmetrie ermittelt werden. Der Kenntnisstand über die interne Struktur der Nachrichtenquelle und die Wahrscheinlichkeit für das Auftreten bestimmter Signale nimmt dann zu. Mit jeder empfangenen Nachricht erhöht sich das Wissen um den Zustand des Senders. Der Informationsgehalt der jeweils empfangenen Nachrichten verringert sich, da ihrem Eintreffen – oder eben auch Nichteintreffen – bereits a priori eine höhere Wahrscheinlichkeit zugeordnet werden kann.

Für den Grenzfall eines völlig chaotischen Systems gilt, dass alle empfangenen Nachrichten mit der gleichen Wahrscheinlichkeit auftreten. Der Informationsgehalt aller empfangenen Nachrichten ist dann gleich und hängt ab von der Größe des gesamten Nachrichtenvorrates des Senders. Je größer dieser ist, desto höher ist auch der Informationsgehalt der nach dem Zufallsprinzip erhaltenen Nachricht.

Im umgekehrten Grenzfall bestehen deterministische Zusammenhänge zwischen den Zuständen aller Elemente des Senders. Es herrscht jederzeit Gewissheit über ihren Zustand. Der Informationsgehalt von Nachrichten darüber strebt gegen null.

13.2 Syntaktik, Semantik, Pragmatik – die drei Ebenen der Kommunikation

Auf der bisher angesprochenen Ebene geht es lediglich um die Struktur physikalischer Signale und die Wahrscheinlichkeiten für ihr Auftreten. Von ihrer Aussage und Bedeutung für den jeweiligen Empfänger wird abstrahiert. Wir sprechen hier von der *syntaktischen Ebene* der Kommunikation.

Auf der nächsten Ebene wird die Bedeutung oder auch die Aussage der Zeichen, die von einer Nachrichtenquelle übermittelt werden, untersucht. Es geht hier um das Auftreten bestimmter Strukturen innerhalb eines Sprachsystems, um Begriffe, Sätze und ihre Bedeutung. Wir sprechen dann von der *semantischen Ebene* der Information *(Carnap/Bar-Hillel 1952; Carnap/Stegmüller 1959)*.

Erst auf der *pragmatischen Ebene* werden alle Umstände, die mit dem Senden oder Empfangen einer Nachricht verbunden sind, erfasst. Handlungen werden ausgelöst, Erkenntnisse gewonnen und Schlussfolgerungen gezogen. Diese Ebene der pragmatischen Information kommt vielleicht dem herkömmlichen Verständnis des Informationsbegriffes im täglichen Sprachgebrauch am nächsten. Gleichzeitig entzieht er sich aber auch einer exakten Erfassung und objektiven Bewertung. Diese ist rein subjektiv und kann nur vom Empfänger selbst aus seiner Sicht vorgenommen werden.

Der Zusammenhang zwischen Information,
Ordnung und Entropie bezieht sich nur auf
die syntaktische Ebene der Information

Ziel dieser Ausführung ist, den Zusammenhang zwischen Information, Ordnung und Entropie aufzuzeigen und damit die Brücke zwischen der Systemtheorie zu dem Bereich der exakten Naturwissenschaften zu schlagen. Dieser Zusammenhang ist nur herstellbar auf der syntaktischen Ebene der Information. Die beiden anderen Ebenen der von Charles W. Morris 1938 begründeten Semiotik *(Morris 1938; Cherry 1967)*, die Semantik und Pragmatik, sind eher Forschungsgestände der Sprach- und Sozialwissenschaften. Sie entziehen sich damit weitgehend einer naturwissenschaftlich begründeten quantitativen Analyse.

13.3 Information und Ordnung

Mit Ordnung wird in der Systemtheorie das Ausmaß des Zusammenhangs zwischen den einzelnen Elementen eines Systems beschrieben. In einem geordneten System beeinflussen sich die Elemente gegenseitig; sie sind nicht unabhängig voneinander. Ein System kann dann als geordnet bezeichnet werden, wenn die Anzahl der möglichen Zustände, die es annehmen kann, kleiner ist als die möglichen Permutationen aller Zustände der Einzelelemente des Systems. Das gilt für die Ebene des Gesamtsystems. Die Freiheit des Systems in der Auswahl seiner Zustände ist eingeschränkt.

Auf der Ebene der Einzelelemente äußert sich Ordnung in den Abhängigkeiten der Zustände eines Elements von den Zuständen anderer Elemente. Nicht jedes Element kann alle ihm möglichen beliebigen Zustände annehmen, wenn es in seinem Verhalten von anderen Elementen abhängt. Hier geht es also um die Beschränkung der Freiheit des Einzelelements.

Aus diesen beiden Beobachtungsebenen heraus ist es demnach möglich, den Organisationsgrad eines Systems, ausgedrückt durch das Ausmaß der Abhängigkeit seiner Elemente voneinander, darzustellen oder gegebenenfalls sogar zu messen. Hier wird die Verbindung zur Informationstheorie von Shannon hergestellt. Der Organisations- oder Ordnungsgrad eines Systems drückt sich aus in der Wahrscheinlichkeit, mit der bestimmte Systemzustände auftreten und damit auch beobachtet werden können. Herrscht jederzeit Gewissheit über den Zustand eines Systems, wird dieses als vollkommen geordnet angesehen. Ein chaotisches System lässt keinen Zusammenhang zwischen seinen Elementen erkennen. Streng genommen sprechen wir dann nicht mehr von einem System, sondern von einer Ansammlung unabhängiger Elemente.

13.4 Ordnung und Entropie

Der Philosoph und Physiker Ludwig Boltzmann (1844 – 1906) hat (1872) den Begriff der Entropie aus dem zweiten Hauptsatz der Thermodynamik statistisch aus der Intensität der Bewegungen der Moleküle eines Gases gedeutet *(Boltzmann o. J.)*. Ohne hier auf die physikalischen Grundlagen der Thermodynamik und ihrem daraus abgeleiteten zweiten Hauptsatz einzugehen, leuchtet diese statistische Auslegung unmittelbar ein. Je stärker die Molekülbewegungen sind, desto unsicherer ist die Festlegung von Ort, Richtung und Geschwindigkeit der einzelnen Teilchen. Die Entropie ist hoch. Der Extremfall der maximalen Entropie ist dann erreicht, wenn die Wahrscheinlichkeit für alle Teilchen gleich groß ist, sich von einem Ort mit einer bestimmten Geschwindigkeit in eine bestimmte Richtung zu bewegen. Damit wird die Entropie statistisch als ein Maß für die Ordnung eines Systems definiert. Große Gewissheit über die jeweiligen Zustände eines Systems ist mit einem hohen Ausmaß an Ordnung verbunden, die Entropie ist gering. Am absoluten Nullpunkt (-273 Grad Celsius) erstarren alle Bewegungen. Die Entropie strebt gegen null. Bei chaotischen Systemen, in denen alle möglichen Zustände mit der gleichen Wahrscheinlichkeit auftreten, ist die maximale Entropie erreicht.

Diese Überlegung hat nun wiederum Léon Brillouin (1889 – 1969) auf den Kommunikationsvorgang zwischen einem Sender und einem Empfänger übertragen *(Brillouin 1962; Schmidt 1960)*. Je ungewisser das Eintreffen einer bestimmten Nachricht bei einem Empfänger ist, desto chaotischer stellen sich ihm die Zustände im System des Senders dar. Herrscht jederzeit Gewissheit über das Eintreffen einer Nachricht, strebt die Entropie des Systems gegen null (die

Ordnung ist maximal, es gibt keine Bewegung und auch keine Überraschung mehr).

Der zweite Hauptsatz der Thermodynamik besagt auch, dass die Entropie eines geschlossenen Systems nur zunehmen kann. Ohne Einwirkung (z. B. durch Energiezufuhr) von außen kann sie nicht abnehmen. Ordnung kann nicht spontan entstehen. Anders ausgedrückt: Bleiben in hohem Ausmaß geordnete Systeme (niedrige Entropie) sich selbst überlassen, streben sie immer einen Zustand größerer Unordnung (höhere Entropie) an und niemals umgekehrt. Diese Überlegung veranlasste den Physiker Rudolf Clausius 1867, das finale Gleichgewicht unserer Welt in einem Zustand maximaler Entropie als „Wärmetod" der Welt zu bezeichnen *(Carrier 2018)*. Das, obwohl aufgrund der geringen Dichte der Materie im Weltall ein solcher „Wärmetod" – gemessen an menschlichen Maßstäben – wohl unsäglich kalt wäre.

Die Entropie (Ordnung) eines geschlossenen Systems kann nur zu-, aber nie abnehmen

---

Anhand des „Maxwell'schen Dämons" *(Brillouin 1962)* lässt sich dieses anschaulich darstellen: James Clark Maxwell (1831–1879) stellte sich zwei mit Gas befüllte Behälter vor, die durch eine kleine Öffnung miteinander verbunden sind. Ein winziger, aber sehr behänder Dämon habe die Fähigkeit, die sich durch verschieden hohe Geschwindigkeiten auszeichnenden Gasmoleküle voneinander zu unterscheiden. An der Öffnung zwischen den beiden Behältern lässt er in Richtung A nur die schnellen Moleküle, in Richtung B nur die langsamen Moleküle durch. Auf diese Weise würden sich mit der Zeit alle schnellen Moleküle in Behälter A (hohe Entropie), alle langsamen in Behälter B (niedrige Entropie) befinden. Eine Art von Ordnung wäre entstanden, der zweite Hauptsatz der Thermodynamik wäre verletzt. Im nächsten

Schritt könnte dieses Energiegefälle wiederum genutzt werden, um z. B. diese „Ordnungsenergie" zurückzugewinnen. Es entstünde eine Art Perpetuum mobile zweiter Art.

In anderer Formulierung lautete Maxwells Frage: „Kann durch den Eingriff eines informierten Wesens oder eines ingeniösen Apparates, der sich selbst Informationen beschafft, die Entropie eines abgeschlossenen Systems verringert werden?"

Die Antwort darauf gab der Physiker Léo Szilárd mit einem berühmten Aufsatz in der *Zeitschrift für Physik* 1929 *(Szilárd 1929)*. Zusammengefasst war seine These: Damit Maxwells Dämon die schnellen von den langsamen Molekülen unterscheiden kann, muss er sie beobachten können. Diese Beobachtung aber bedarf eines Minimums an Energie. Da es sich um ein abgeschlossenes System handelt, kann diese Energie nur aus dem System selbst kommen. Der für die Beobachtung erforderliche Energieaufwand, etwa zum Betreiben einer Lichtquelle, erhöht damit die Entropie des Systems an anderer Stelle. Szilárd hat nachgewiesen, dass dadurch – auch unter der Voraussetzung, dass bei dieser Umwandlung keine Energieverluste entstehen – die Entropie des Systems in mindestens dem gleichen Maß erhöht wird, wie sie sich durch die Beobachtung und Selektion des Dämons verringert. Die Gesamtentropie des Systems bleibt gleich; der Maxwell'sche Dämon ist ausgetrieben.

Szilárd und Brillouin gingen jedoch noch einen Schritt weiter *(Szilárd 1929; Mirow 1969)*. Sie rechneten mithilfe der Erkenntnisse der Quantentheorie aus, mit welcher kleinstmöglichen Energiemenge eine ebenfalls kleinstmögliche Beobachtung gemacht werden kann. Sie kamen zu dem Ergebnis, dass eine solche Beobachtung zu einer minimalen Erhöhung der Entropie des sich selbst beobachtenden Systems um die von Max Planck 1929 nach dem Physiker und Pionier der statistischen Thermodynamik Ludwig Boltzmann benannte Boltzmann-Konstante (K_b = 1,380649 x 10^{-23} J/K) führt. Nun könnte man die kleinste zu beobachtende Unterscheidung – nämlich die, dass etwas ist (1) oder nicht ist (0) – als äquivalent zu 1 Bit bezeichnen. Im Umkehrschluss hieße das dann, dass die Beobachtung von 1 Bit Information mindestens den allerdings minimalen Energieaufwand erfordert, der durch die Boltzmann-Konstante definiert ist *(Wikipedia: Boltzmann-Konstante)*.

Diese Überlegung hat, nicht zuletzt wegen der äußerst geringen Dimension dieses Energiebedarfs, zurzeit noch eine eher theoretische Bedeutung, bildet sie doch eine Brücke zwischen der Informationstheorie und den quantifizierbaren Dimensionen der Physik. Denken wir allerdings an die ungeheure Menge an Informationen (gemessen in Bit), die in der Welt gespeichert und verarbeitet werden, und beziehen die vielleicht bald aktuellen Verarbeitungs- und Speicherdimensionen von Quantencomputern in die Überlegungen ein, können wir schon bald in relevante Energiedimensionen alleine aus diesen Überlegungen heraus kommen (ohne Berücksichtigung der ein großes Vielfaches dieser Energie ausmachenden Verlustleistungen).

Die Diskussion um den enormen Energieverbrauch, der mit der Generierung von Bitcoins und ihrem Einsatz verbunden ist, mögen ein Indiz für eine vielleicht zukünftig größere Bedeutung dieses Zusammenhangs zwischen Information und Energie sein.

13.5 Selbstorganisation und die Grenzen der Erkenntnis

Eine wichtige Schlussfolgerung aus der vorangegangenen Überlegung ist: Ein energetisch abgeschlossenes System kann sich nie vollständig selbst erkennen. Alleine durch die „ordnende" Beobachtung an einer Stelle schafft es, wegen des dafür notwendigen Energieverbrauchs, „Unordnung", d. h. Entropieerhöhung an einer anderen Stelle. In der Summe bleibt die Entropie des Systems im Grenzfall einer im energetischen Sinn verlustlosen Beobachtung maximal gleich, auf keinen Fall wird sie geringer.

Ein abgeschlossenes System kann sich nicht vollständig selbst beschreiben

Auf einer ganz anderen Ebene eröffnet diese Feststellung eine interessante Diskussion: Gehen wir davon aus, dass unser Universum ein abgeschlossenes System ist, dass also keinerlei Energiezufuhr von außen (woher eigentlich?) erfolgt. Dann kann dieses Universum aus sich selbst heraus auch nie wirklich vollständig beschrieben werden. Jede Beobachtung benötigt Energie, die nur aus unserem Universum selbst kommen kann. Das schafft neue „Unordnung" (Erhöhung der Entropie) an anderer Stelle und begräbt damit aus prinzipiellen Gründen die Hoffnung, dass wir jemals alles über den Zustand, das Woher und das Wohin unseres Universums erfahren können *(von Weizsäcker 1964)*. Das wäre nur möglich, wenn ein Beobachter außerhalb unseres Universums die Möglichkeit hätte, unser Universum in seiner ganzen Komplexität und Dynamik zu erfassen und - last, but not least - uns dieses auch noch mitzuteilen. Das würde, folgt man Ashbys „Law of Requisite Variety" eine zweite Welt von gleicher

Komplexität wie die unsrige erfordern. Nur dann kann alles gesehen und verstanden werden. Diese Idee reizt naturgemäß zu Science-Fiction-artigen Fantasien aller Art, die sich einer wissenschaftlichen Betrachtung entziehen.

Damit wäre dann, zusätzlich zum Maxwell'schen Dämon, auch gleich der Laplace'sche Dämon mit ausgetrieben. Der Mathematiker Pierre Simon Laplace hat 1814 im Rahmen einer Vorlesung die These formuliert *(Laplace 1814)*, dass es innerhalb eines geschlossenen mathematischen Weltgleichungssystems möglich sein müsste, unter der Kenntnis sämtlicher Naturgesetze und aller Initialbedingungen wie Lage, Position und Geschwindigkeit aller im Kosmos vorhandenen physikalischen Teilchen, jeden vergangenen und jeden zukünftigen Zustand des Universums zu berechnen und zu determinieren. Das widerspräche dem allerdings erst sehr viel später formulierten zweiten Hauptsatz der Thermodynamik, würde diese errechnete Gewissheit doch bedeuten, dass das System sich nicht in einem Zustand maximaler Entropie, sondern in einem Zustand minimaler Entropie befindet. Die aber wiederum kann nur erreicht werden, wenn dem System von außen Energie zugeführt wird (dann ist es nicht mehr geschlossen). Ohne eine solche Energiezufuhr greift die Überlegung, die den Maxwell'schen Dämon ausgetrieben hat.

Zu einem ähnlichen Schluss müsste man kommen, wenn diese Überlegungen in einen Zusammenhang mit der Frage nach der Selbstorganisation von Systemen gebracht werden. Der zweite Hauptsatz der Thermodynamik greift auch hier. Jedes Schaffen von Ordnung benötigt Energie. In einem geschlossenen System kann diese nur aus sich selbst heraus generiert werden. Im Idealfall einer verlustlosen Umwandlung von Energie in Ordnung und der Schaffung dieser Energie durch Vernichtung von Ordnung (z. B. durch Verbrennen) an anderer Stelle bleibt die Entropie des Gesamtsystems er-

13.5 Selbstorganisation und die Grenzen der Erkenntnis

halten, kann aber nicht verringert werden. Aus dieser Sicht tendiert jede Organisation im besten Fall eher zu einem beharrenden oder stabilen Gleichgewicht. In der Realität von Unternehmen allerdings entsteht durch Reibungsverluste (Ineffizienzen) aller Art eher eine Tendenz zu einer zunehmenden Unordnung, der dann durch Energiezufuhr von außen (z. B. Finanzen, Management, Maschinen) entgegengewirkt werden muss.

Neue Strukturen entstehen vor allem aus instabilen Zuständen fern vom Gleichgewicht

---

Wie und unter welchen Bedingungen können Organisationen dann überhaupt höhere Entwicklungsstufen erreichen? Eine Anleihe aus den Naturwissenschaften, genauer der Chemie, hat zu der Erkenntnis geführt, dass eine sprunghafte, revolutionäre Weiterentwicklung von Systemen eher aus instabilen Zuständen fern vom Gleichgewicht erfolgt *(Prigogine 1988)*. Dieser instabile Zustand kann bewusst herbeigeführt werden, um daraus eine höhere Ordnung zu schaffen.

Dieser Gedanke lässt sich auch auf komplexe Organisationen übertragen *(Mirow 2005)*. Auch in Unternehmen werden mitunter instabile Zustände bewusst herbeigeführt mit dem Ziel, dem Neuen, dem Unternehmerischen eine Chance zu geben und eine neue Ordnung fern vom herkömmlichen Regelwerk entstehen zu lassen. Es gibt viele Möglichkeiten, derartige Instabilitäten oder auch Suchprozesse mit dem Ziel einer neuen Ordnung zu gestalten. Das kann beispielsweise ein offener Suchprozess mit einer größeren Anzahl Beteiligter einer Organisation unter Einbeziehung externer Experten sein. Auch z. B. ein Führungswechsel, eine disruptive Innovation oder eine Einschränkung des finanziellen Spielraums können partiell zu Instabilitäten führen, aus denen eine neue Ordnung entsteht. Dieser Prozess bedarf in jedem

Fall der Zuführung von Energie wie z. B. Management, Kapital, Maschinen und Anlagen oder Know-how. Wichtig ist allerdings, dass dieser Suche nach einer neuen Ordnung auch Raum gegeben wird. Geht es nur um die Bewahrung des Bisherigen, ist der Ressourceneinsatz oft nicht gerechtfertigt. Eine bewusst herbeigeführte Instabilität darf allerdings nicht in einem Chaos enden. Das Unternehmen darf in seinen Grundstrukturen nicht so nachhaltig beschädigt werden, dass eine neue Ordnung nicht mehr entstehen kann.

Es geht darum, das Gleichgewicht zu wahren zwischen kreativem Chaos und Zerstörung, zwischen dem Entstehen einer neuen und lebensfähigen Ordnung und dem Untergang. Es gibt bislang kein Patentrezept, keinen Algorithmus, der einer verantwortlichen Unternehmensleitung das Gespür für die Kunst des Möglichen abnehmen könnte.

14

Literaturhinweise

Ashby, W. Ross: *An Introduction to Cybernetics*. London 1956

Bay, Lukas: „VW vorne, Daimler stürzt ab – Das sind die rentabelsten Autohersteller der Welt", in: *Handelsblatt* vom 04.12.2019, *https://www.handelsblatt.com/unternehmen/industrie/autoindustrie-vw-vorne-daimler-stürzt-ab-das-sind-die-rentablesten-autohersteller-der-welt/2446840.html*

Bertalanffy, Ludwig von: „General System Theory", in: *Biologia Generalis* 1 (1949), S. 114–129

Blokdyk, G.: *Open Innovation. A Complete Guide – 2020 Edition*. Windrose Ave/Texas 2021

Boltzmann, Ludwig: „Weitere Studien über das Wärmegleichgeweicht unter Gasmolekülen", in: *Sitzungsprotokolle der kaiserlichen Akademie der Wissenschaften 66*, S. 275–330

Boston Consulting Group: *Strategy alternatives for the British motorcycle industry*. London 1975

Bremer, Arthur (Hrsg.): *Die Welt in 100 Jahren mit einem einführenden Essay „Zukunft von gestern" von Georg Ruppelt*. 6. Nachdruck der Ausgabe Berlin 1910, Hildesheim 2010

Brillouin, Léon: *Science and Information Theory*. 2. Auflage, New York 1962, S. 120

Carnap, Rudolf; Bar-Hillel, Yehoshua: „An Outline of the Theory of Semantic Information", in: *MIT Report* 247 (1952)

Carnap, Rudolf; Stegmüller, Wolfgang: *Induktive Logik und Wahrscheinlichkeit*. Wien 1959

Carrier, Martin: „Wärmetod", in: Mittelstraß, Jürgen (Hrsg.): *Enzyklopädie Philosophie und Wissenschaftstheorie. Band 8: Th–Z.* 2. Auflage, Stuttgart 2018, S. 422

Chandler, Alfred J.: *Strategy and Structure.* Boston 1962

Cherry, Colin: *Kommunikationsforschung – eine neue Wissenschaft.* 2. Auflage, Frankfurt am Main 1967, S. 291–301

Chesbrough, Henry; Vanhaverbeke, Wim; West, Joel: *Open Innovation. Researching a New Paradigm.* Oxford 2006, S. 82–101

Dabrock, Peter: „Ich kann mir vorstellen, dass künftig jeder, der ein selbstfahrendes Auto besteigt, in eine App seine moralischen Präferenzen eingeben muss", in: *Spiegel* (Google-Beilage) 42 (2018), zitiert nach Precht 2020, S. 191, Anmerkung 111. Precht weist darauf hin, dass der Theologe Peter Dabrock Vorsitzender des Deutschen Ethikrates ist.

Damasio, Antonio: *Wie wir denken, wie wir fühlen – die Ursprünge unseres Bewusstseins.* München 2021

Doericht, Volkmar: „Strategic Visioning – Future of Business", in: Moehrle, Martin G.; Isenmann, Ralf; Phaal, Robert (Hrsg.): *Technology Roadmapping for Strategy and Innovation.* Berlin, Heidelberg 2013, S. 257–265, *https://doi.org/10.1007/978-3-642-33923-3_16*

Einstein, Albert: Brief an Nils Bohr datiert auf den 04.12.1926, zitiert bei *https://de.m.wikipedia.org/wiki/Gott_würfelt_nicht*

Friedrich von den Eichen, Stephan et al.: „Das Netz neu knüpfen", in: *Harvard Business Manager* 8 (2003), S. 99–107

Ginsburg, Simona; Jablonka, Eva: *The Evolution of the Sensitive Soul: Learning and the Origin of Consciousness.* Cambridge, MA 2019

Hahn, Dietger; Taylor, Bernard (Hrsg.): *Strategische Unternehmensplanung. Strategische Unternehmensführung. Stand und Entwicklungstendenzen.* 9. Auflage, Heidelberg 2006, sowie die dort angeführte Literatur

Hawkins, Jeff: „A Thousand Brains – a new Theory of Intelligence", Numenta, Redwood City Ca. 2021, ders.: „Wir haben 100.000 Modelle der Welt im Kopf" Interview mit Stieler, Wolfgang in: Technology Review 8/2021, S. 23–35

Henderson, Bruce D.: *Die Erfahrungskurve in der Unternehmensstrategie.* Frankfurt am Main 1974

Hidalgo, César: *Wachstum geht anders. Von kleinsten Teilchen über den Menschen zu Netzwerken.* Hamburg 2016

Hinterhuber, Hans H.: *Strategische Unternehmensführung. Das Gesamtmodell für nachhaltige Wertsteigerung.* 9. Auflage, Berlin 2015, sowie die dort angeführte Literatur

Iansiti, Marco; Lakhani, Karim R.: *Competing in the Age of AI. Strategy and Leadership when Algorithms and Networks Run the World*. Boston 2020, S. 204 – 212

in-manas: *https://www.in-manas.com/landingpage/*. Das junge österreichische Start-up-Unternehmen in-manas hat sich z. B. erfolgreich in dieser Nische positioniert.

Höpner, Axel; Rexer, Andrea; Afhüppe, Sven: „Siemens-Chef Kaeser fordert neuen Kapitalismus: ‚Arm und Reich zu sehr voneinander entfernt'", in: *Handelsblatt* vom 23. 01. 2019, *https://www.handelsblatt.com/unternehmen/industrie/interview-siemens-chef-kaeser-fordert-neuen-kapitalismus-arm-und-reich-zu-sehr-voneinander-entfernt/23918240.html*

Kahn, Hermann; Wiener, Anthony: *Ihr werdet es erleben. Voraussagen der Wissenschaft bis zum Jahre 2000*. Wien, München, Zürich 1968

Kirsch, Werner: *Kommunikatives Handeln, Autopoiese, Rationalität. Sondierungen zu einer evolutionären Führungslehre*. München 1992, S. 249 ff.

Kissinger, Henry A.; Schmidt, Eric; Huttenlocher, Daniel: *The Age of AI and our Human Future*, London 2021, insbesondere S. 135 – 177

Landau, Christian: *Wertschöpfungsbeiträge durch Private-Equity-Gesellschaften. Empirische Untersuchung europäischer Spin-off-Buyouts*. Wiesbaden 2010

Laplace, Pierre Simon: *Essai philosophique sur les probabilités*. Paris 1814, zitiert nach der dt. Übersetzung in: Ulises, R.: *Philosophischer Versuch über die Wahrscheinlichkeit*. Leipzig 1932, S. 1 – 2

Macho, Andreas: „Siemens: Vom Weltmarktführer zum Weltmarkt-Zuschauer", in: *Wirtschaftswoche* vom 21. 02. 2020

Matzler, Kurt et al.: *Digital Disruption. Wie Sie Ihr Unternehmen auf das digitale Zeitalter vorbereiten*. München 2016

Max-Planck-Gesellschaft: „Der Sitz des Bewusstseins", *https://www.mpg.de/8419486/sitz_des_bewusstseins*, 19. 09. 2014

Mirow, Michael: „Acht Thesen zur Bedeutung der Systemtheorie für die Gestaltung von Konzernorganisationen", in: Kahle, Egbert; Wilms, Falko E. P.: *Effektivität und Effizienz durch Netzwerke. Wissenschaftliche Jahrestagung der Gesellschaft für Wirtschafts- und Sozialkybernetik vom 18. und 19. März 2004 in Lüneburg*. Berlin 2005, S. 21 f.

Mirow, Michael: „Corporate Governance in internationalen Unternehmen", in: Werder, Axel v.; Wiedmann, Harald (Hrsg.): *Internationalisierung der Rechnungslegung und Corporate Governance*. Stuttgart 2003-1, S. 349 – 374

Mirow, Michael: „Deutsche Unternehmen im Wettbewerb der Wertesysteme", in: Rademacher, Michael; Kaufmann, Lutz (Hrsg.): *Unternehmensstandort Deutschland, unsere Stärken nutzen.* Frankfurt am Main 2007, S. 115 – 134

Mirow, Michael: „Entwicklung internationaler Führungsstrukturen", in: Marcharzina, Klaus; Oesterle, Michael-Jörg (Hrsg.): *Handbuch Internationales Management.* Wiesbaden 1997, S. 641 – 661

Mirow, Michael: „Shareholder Value als Instrument der internen Unternehmensführung", in: Bühner, Rolf (Hrsg.): *Der Shareholder Value Report.* Landsberg am Lech, 1994-1, S. 91 – 105

Mirow, Michael: „Von der Kybernetik zur Autopoiese – Systemtheoretisch abgeleitete Thesen zur Konzernentwicklung", in: *Zeitschrift für Betriebswirtschaft* 1 (1999), S. 13 ff.

Mirow, Michael: „Wertsteigerung durch Innovationen", in: Ringlstetter, Max J.; Henzler, Herbert A.; Mirow, Michael (Hrsg.): *Perspektiven der Strategischen Unternehmensführung, Theorien – Konzepte – Anwendungen.* Wiesbaden 2003-2, S. 338 – 340

Mirow, Michael: „Wie können Konzerne wettbewerbsfähig bleiben?", in: *Zeitschrift für Betriebswirtschaft* 64, Ergänzungsheft 1 (1994-2), S. 9 – 25

Mirow, Michael: *Kybernetik. Grundlage einer allgemeinen Theorie der Organisation.* Gabler 1969, S. 38 ff., 41 ff., 54 ff., 61 – 68

Mirow, Michael; Friedrich von den Eichen, Stephan: „Wie schaffen Zentralen Mehrwert – heute und morgen?", in: Wildemann, Horst (Hrsg.): *Personal und Organisation, Festschrift für Rolf Bühner.* München 2004, S, 159 – 176

Mirow, Michael; Knyphausen-Aufseß, Dodo zu; Schweizer, Lars: „The role of financial analysts in the strategy process of business firms", in: *Industrial and Corporate Change* Volume 20, Number 4, August 2011, S. 1153 – 1188, 1163 ff.

Mirow, Michael; Matzler, Kurt: „Wie mächtig ist der Mächtige?", in: Knoblach, Bianka et al. (Hrsg.): *Macht im Unternehmen. Der vergessene Faktor.* Gabler 2012, S. 27 – 42, 27 ff.

Morris, Charles W.: *Foundation of the Theory of Signs. International Encyclopedia of Unified Sciences.* Chicago 1938

Müller-Stewens, Günter; Lechner, Christoph: *Strategisches Management. Wie strategische Initiativen zum Wandel führen.* 5. überarbeitete Auflage, Stuttgart 2016

Nesshöver, Christoph; Herz, Carsten: „Neun verflixte Jahre", in: *Handelsblatt* vom 15.05.2007

Oetinger, Bolko von (Hrsg.): *Das Boston Consulting Group Strategie-Buch, die wichtigsten Managementkonzepte für den Praktiker.* 7. völlig überarbeitete und aktualisierte Auflage, München 2000, S. 339 – 378. Dort findet sich auch eine Fülle weiterführender Literaturangaben.

O. V.: „Plattformstrategie der Autohersteller – Produktivitätsexplosion durch Gleichteile", in: *Focus online* vom 09.09.2015, *https://www.focus.de/auto/news/plattformstrategie-der-autohersteller-produktivitaets explosion-durch-gleichteile_aid_663059.html*

O. V.: „Tesla kauft Grohmann Engineering", in: *Handelsblatt* vom 08.11.2016

O'Reilly, Charles A. III; Tushman, Michael L.: „The Ambidextrous Organization", in: *Harvard Business Review* April 2004, *https://hbr.org/2004/04/the-ambidextrous-organization*

Pfeffer, Jeffrey: *Power in Organizations.* Marshfield, MA 1981

Pinker, Steve: *Aufklärung jetzt. Für Vernunft, Wissenschaft, Humanismus und Fortschritt. Eine Verteidigung.* Frankfurt am Main 2018, S. 28 ff., 37, 533 ff.

Pinker, Steve: „The Mystery of Consciousness", in: *Time* vom 29.01.2007

Pinker, Steve: *Wie das Denken im Kopf entsteht.* S. Fischer Taschenbuch 2011, S. 84 ff., 30 ff.

Porter, Michael: *Competitive Strategy. Techniques for Analyzing Industries and Competitors.* 60. Auflage, Cambridge, MA 2004

Precht, Richard David: *Künstliche Intelligenz und der Sinn des Lebens.* Goldmann 2020, S. 146 ff.

Prigogine, Ilya: *Vom Sein zum Werden. Zeit und Komplexität in den Naturwissenschaften.* München 1988

Rosanoff, Martin André: „Edison in his laboratory", in: *Harper's Monthly Magazin* 9 (1932), S. 406, *http://harpers.org/archive/1932/09/0018333*

Sautoy, Marcus du: Der Creativity Code – wie künstliche Intelligenz schreibt, malt und denkt. München 2021

Schmidt, Ernst: *Einführung in die technische Thermodynamik und die Grundlagen der chemischen Thermodynamik.* 8. Auflage, Berlin, Göttingen, Heidelberg 1960, S. 113 – 125

Shannon, Claude E.: „The Mathematical Theory of Communication", in: *Bell System Technical Journal* 27 (1948), S. 379 ff., 623 ff.

Stadler, Christian; Hautz Julia; Matzler, Kurt; Friedrich von den Eichen, Stephan: *Open Strategy – mastering Disruption from outside the C-Suite.* Cambridge, MA, London 2021

Szilárd, Léo: „Über die Entropieverminderung in einem thermodynamischen System bei Eingriffen intelligenter Wesen", in: *Zeitschrift für Physik* 53 (1929), S. 840–856

Tegmark, Max: *Leben 3.0. Mensch sein im Zeitalter Künstlicher Intelligenz.* Berlin 2017-1, S. 79–87, 449

Tegmark, Max: *Unser mathematisches Universum. Auf der Suche nach dem Wesen der Wirklichkeit.* Berlin 2017-2, S. 418 f.

Tucher von Simmelsdorf, Friedrich Wilhelm Freiherr: „Das Managementkonzept Benchmarking", in: ders.: *Benchmarking von Wissensmanagement.* Wiesbaden 2000, S. 71–132

Tyborski, Roman: „VWs Software-Einheit Cariad will Bosch, Conti und ZF entmachten", in: *Handelsblatt* vom 09.09.2021

Varela, Francisco: „Two Principles for Self-Organization", in: Ulrich, Hans; Probst, Gilbert J. B. (Hrsg.): *Self-Organization and Management of Social Systems. Insights, Promises, Doubts and Questions.* Berlin 1984, S. 25–32

Vigen, Tyler: *Spurious Correlations.* Hachette 2015

Weizsäcker, Carl Friedrich von: *Die Geschichte der Natur.* 6. Auflage, Göttingen 1964, insbes. S. 31–48

Wertschaffung: Unter „Wertschaffung" wird hier verstanden: Gewinn abzüglich Kosten des investierten Eigenkapitals abzüglich Fremdkapitalkosten. Es reicht also nicht aus, nur einen Gewinn zu erzielen. Erst wenn die Kapitalkosten (Eigen- und Fremdkapital) verdient sind, wird vom Unternehmen Wert geschaffen.

Wiener, Norbert: *Cybernetics or Control and Communication in the Animal and the Machine.* Cambridge, MA 1949

Wikimedia: Portfolio, *https://commons.wikimedia.org/wiki/Hauptseite#/media/Portfolio*

Wikipedia: Benchmark, *https://de.wikipedia.org/wiki/benchmark*

Wikipedia: Black Box, *https://de.wikipedia.org/wiki/Black_Box*

Wikipedia: Boltzmann-Konstante, *https://de.wikipedia.org/wiki/Boltzmann-Konstante*, sowie die dort angegebene Literatur

Wikipedia: Data-Mining, *https://de.wikipedia.org/wiki/Data-Mining*

Wikipedia: Ehrbarer Kaufmann, *https://de.wikipedia.org/wiki/Ehrbarer_Kaufmann*: Die Bezeichnung „ehrbarer Kaufmann" beschreibt das historisch in Europa gewachsene Leitbild für die verantwortliche Teilnahme am Wirtschaftsleben. Sie steht für ein ausgeprägtes Verantwortungsbewusstsein für das eigene Unternehmen, für die Gesellschaft und für die Umwelt. Ein ehrbarer Kaufmann stützt sein

Verhalten auf Tugenden, die den nachhaltigen wirtschaftlichen Erfolg zum Ziel haben, ohne den Interessen der Gesellschaft entgegenzustehen.

Wikipedia: Intelligenzquotient, *https://de.m.wikipedia.org/wiki/intelligenz quotient*

Wikipedia: Mannesmann, *https://de.wikipedia.org/wiki/Mannesmann#Anfangszeit*

Wikipedia: Open Innovation, *https://de.wikipedia.org/wiki/Open_Innovation#Closed_Innovation*

Wikipedia: Plattform (Automobil), *https://de.wikipedia.org/wiki/Plattform_(Automobil)*

Wikipedia: Synergie, *https://de.m.wikipedia.org/wiki/synergie*

Yoshimori, Masaru: „Whose Company is it? The concept of the corporation in Japan and the West", in: *Long Range Planning* 28 (4) 1995, S. 33–44

15

Index

A

Abschirmung 10 ff., 185, 226 ff.
Akquisition 28
Akzeptanz, gesellschaftliche 225
Alcatel 142
Alstom 110
Amazon 141, 146, 149, 229 ff.
Analysis Paralysis 20
Apple 49, 63, 141, 146, 155 f., 180 ff., 234
Ashby, W. Ross 9 ff., 56, 70, 86, 101, 229, 253
Attraktivität 167 f.
– der Märkte 129, 137 ff., 150
Audi 159, 171
Autonomie 14 ff., 19, 23, 32, 106, 109

B

Basis 118
Bayer 200
Benchmarking 134 f., 144
Bertalanffy, Ludwig von 8
Beschleunigung 226
Bewusstsein 88 ff.
Black Box 91
BMW 171, 228
Boltzmann, Ludwig 249, 252
Boltzmann-Konstante 252

Bosch 52
Boston Consulting Group 163 ff.
Breitbandtechnologie 142 f., 173, 186, 204
Brillouin, Léon 249 ff.

C

Cariad 52
Chandler, Alfred 65
Chrysler 41, 115
Cisco 173
Clausius, Rudolf 250
Conti 52

D

Daimler Benz 41, 115, 228
Daten 147 ff., 230 ff.
Deutsche Bank 237
Digitalisierung 18 ff., 31 f., 44, 73, 78 ff., 117 f., 141, 146 f., 151, 225, 230

E

Economies of Scale 38 ff.
Edison, Thomas A. 188, 191
Effizienz, operative 144, 151

Einstein, Albert 12
Entnetzung 50 ff.
Entropie 89, 243, 247 ff.
Erfahrungskurve 133
Ergebnis 136
Erkenntnisgrenzen 253
Ethik 124 f.
Exekutive, Macht der 108

F

Facebook 61, 141, 146, 229, 234
Finanzkrise 115, 174, 236
Five forces 137 ff., 150, 168
Flex 63
Ford 159
Foxconn 63
Freiheit 77
Führung 32
- Macht der 105
- - und Autonomie 32
- und Autonomie 14, 19
Führungssystem, strategisches 207 f.

G

General Electric 52, 72, 108, 135
General Motors 159, 171
Geschäft 129, 147
- bestehendes 140
- Definition des 171
- in neuen Märkten 140 ff.
Globalisierung 121
Goethe, Johann Wolfgang von 95, 102 f.
Google 61 ff., 141, 146, 170, 229, 234
Grohmann Engineering 51

H

Halske, Georg 34
Handlungsfreiheit 13 ff., 19 ff., 86, 106
Heuschrecke 115
Hierarchie 14, 23

Hilgenberg, Dirk 52
Homunculus 95, 102 f.
Huawei 124

I

IBM 35
Information 19 f., 243, 247 f.
- Definition 244 ff.
Informationsüberflutung 20, 24
in-manas 139
Innovation 179, 185
- disruptive 180 ff., 191, 227
- inkrementelle 180 f., 184 f., 188
Intelligenz 83, 91, 95 ff.
- Definition 83
Intelligenzquotient (IQ) 85 f.

K

Kapitalmärkte 79
Kaufmann, ehrbarer 113, 124 ff.
Kernkompetenzen 46
Kodak 187
Kommunikation 194 ff., 246
Kompetenz 61 ff., 130 ff., 136, 148 ff.
Komplexität 6, 9, 225 f.
- Abschirmung 10
- aktive Bewältigung 10, 228 ff.
Komplexitätsfalle 6 ff.
Konglomerat 28 ff.
Konsequenz 144 f., 201 ff.
KonTraG 175 f.
Kontrolle 201
Korrelation 21
Kosten 59 ff., 131 ff., 136, 157, 160 f.
Kraftwerk Union (KWU) 43
Künstliche Intelligenz (KI) 80, 83, 88, 95, 99 ff.
- Ethik/Moral 97 ff.
- Missbrauch 101
Kybernetik 8

L

Laplace, Pierre-Simon 254
Law of Requisite Variety 9, 14, 56, 70, 86, 101, 229, 253
Leistung 160 f.
Leistungsversprechen 155 ff., 160
Leitlinie 33 ff.
Lucent 142

M

Macht 105 ff.
- Definition 106
- der Exekutive 108
- der Führung 105
- der Märkte 105 ff.

Mannesmann 183
Marktattraktivität 129, 137 ff., 150
Marktstärke 148 ff.
Maßnahme 144 f., 203
Matrix 67, 74
- Vorfahrtsregeln 69

Maxwell (Firma) 51
Maxwell, James Clark 250 f.
Maxwell'scher Dämon 250 f., 254
Mercedes 41, 171
Methodendisziplin 197 ff.
Microsoft 229 f.
Modellbildung 90 ff.
Monolith 44
Monsanto 200
Morris, Charles W. 247
Musk, Elon 50 ff., 227

N

Nestlé 60
Netzwerk 44 ff., 49, 185 ff.
Neun-Felder-Matrix 166
Nokia 182, 187
Northern Telecom 142

O

Ordnung 55, 89, 243, 247 ff., 254 ff.
Osram 52 f.

P

Pegatron 63
Philips 52
Planck, Max 251
Planungshorizont 217 ff.
Planungskalender 222 f.
Planung, strategische 129, 147
Plattformstrategie 158 ff.
Porsche 171
Porter, Michael 137 ff., 150, 168
Portfoliomatrix 162 ff., 168 ff., 176
Pragmatik 246
Premiumbereich 41, 62, 154 ff., 159, 171
Procter & Gamble 60
Prozessdisziplin 199 ff.

Q

Quartalsgespräch 220 ff.

R

Regionalität 69 ff.
Risiko 174 ff.

S

Salzgitter 183
Samsung 180
Scale 231 ff.
Scalekurve 133 f.
Schiedsstelle 71
Schumpeter, Joseph A. 3, 185
Scope 231 ff.
Selbstorganisation 253
Semantik 246

Siemens 28, 34 ff., 39, 42 f., 56, 72, 107 ff., 135, 139, 142, 173, 183, 186 ff., 200, 216
- Energy 110
- Healthineers 28, 109 f.
- Neuorganisation 56 ff.
Siemens, Werner von 34
Sinn des Seins 99 ff.
Škoda 159
Sonderprojekt 219
Standardstrategie 170
Stärke 167
Strategic Visioning 187 ff.
Strategiegespräch 209
- Berichtsstruktur 211
- Dauer 212
- Planungshorizont 217 ff.
- Sonderdurchsprachen 213
- Sonderprojekt 219
- Teilnehmer 210
- Unterlagen 213 ff.
- Zahlen vom Controlling 216 f.
Strategiekonferenz 208
Struktur 55 ff.
- folgt Strategie 65
Synergie 37 ff., 68
- Definition 38
Syntaktik 246
Systemtheorie 8
Szilárd, Léo 251

T

Tegmark, Max 96
Tesla 50 ff., 63, 157, 227 f.
ThyssenKrupp 65, 196, 200, 229
Toyota 159, 171

U

Uber 63, 157
Überleben 100
Umfeld 107
- gesellschaftliches 234 ff.
Ungewissheit 77
Unilever 60

Unternehmensorganisation 55, 67
Unternehmensstrategie 127 ff., 168
- Umsetzung 193
Unternehmenszentrale 75 ff.
Unternehmensziel 127 f.

V

Varian 28, 110
Vernetzung 44 ff., 49, 185 ff.
Visitenkarte, strategische 214 f.
Vodafone 183
Volkswagen 52, 65, 159, 171, 175, 228

W

Wachstum 172 ff.
Waymo 157
Weizsäcker, Carl Friedrich von 22
Weltunternehmer 69 ff.
Wertesystem 118, 121 ff.
Wertschaffung 113 ff., 119 ff.
Wertschöpfungskette 44, 50, 57, 60 f.
Westinghouse 43
Wettbewerbsstärke 114, 132 ff., 148
Wiener, Norbert 8 f.
Wirecard 126

Z

ZF 52
Ziel 144, 153, 203

16

Der Autor

Prof. Dr. Michael Mirow ist einer der Pioniere der strategischen Unternehmensplanung. Als Mann der ersten Stunde war er maßgeblich beteiligt an der Einführung der ersten systematischen strategischen Unternehmensplanung bei einem der komplexesten Unternehmen der Welt – der Siemens AG. Nach zahlreichen verantwortlichen Tätigkeiten in verschiedenen Bereichen und Funktionen des Unternehmens war er bis 2002 verantwortlich für die weltweite Entwicklung der Unternehmensstrategien des Unternehmens sowie die Gestaltung des Führungssystems. Von 2007 bis 2008 war er Mitglied des Aufsichtsrates der Siemens AG. Prof. Mirow lehrte als Honorarprofessor an der LMU München, an der TU Berlin und der Universität Innsbruck sowie zahlreichen MBA-Kursen. Seine Expertise bringt er weiterhin ein als Berater und Coach sowie als Beirat insbesondere von jungen Technologieunternehmen.

16 Der Autor

Er ist Autor zahlreicher Buchbeiträge und Fachartikel und Vortragender auf internationalen Kongressen und Tagungen zu Themen des strategischen Managements, Innovation sowie Organisations- und Führungsstrukturen.

Prof. Mirow wurde in Rio de Janeiro/Brasilien geboren, wo er auch den größten Teil seiner Kindheit und Jugend verbrachte. Er studierte Wirtschaftsingenieurwesen an der Technischen Hochschule Darmstadt und promovierte anschließend an der Johann Wolfgang-Goethe-Universität in Frankfurt am Main mit einer Arbeit über „Kybernetik – Grundlage einer allgemeinen Theorie der Organisation" – ein Thema, das ihn auch sein ganzes Berufsleben begleitet hat.